U0116698

香江佳城
香港華人古墓兩千年史

梁基永　著

責任編輯： 韓心雨

裝幀設計： 涂　慧

排　　版： 肖　霞

責任校對： 趙會明

印　　務： 龍寶祺

香江佳城：香港華人古墓兩千年史

作　　者： 梁基永

出　　版： 商務印書館（香港）有限公司

　　　　　香港筲箕灣耀興道 3 號東滙廣場 8 樓

　　　　　http://www.commercialpress.com.hk

發　　行： 香港聯合書刊物流有限公司

　　　　　香港新界荃灣德士古道 220−248 號荃灣工業中心 16 樓

印　　刷： 寶華數碼印刷有限公司

　　　　　香港柴灣吉勝街勝景工業大廈 4 樓 A 室

版　　次： 2023 年 6 月第 1 版第 1 次印刷

　　　　　© 2023 商務印書館（香港）有限公司

　　　　　ISBN 978 962 07 6700 5

　　　　　Printed in Hong Kong

版權所有　不得翻印

目　錄

引　言 …………………………………………………………………… i

上　篇　古墓中的半部香港史

第一章　上古至漢代古墓 ……………………………………………… 2

第二章　晉唐至宋元墓葬 ……………………………………………… 15

第三章　明代香港墓葬：並非空白期 ………………………………… 44

第四章　清代早期至開埠前墓葬 ……………………………………… 75

第五章　晚清至民國墓葬 ……………………………………………… 101

中　篇　香港古墓叢談

第一章　廣式墓葬的構件與工藝演化 ………………………………… 154

第二章　福德公、義塚與壽基 ………………………………………… 186

第三章　墓廬：禮失求諸野 …………………………………………… 201

第四章　繞不過的風水：香港堪輿觀念史 …………………………… 218

第五章　翰墨之光：墓碑中的香港書法史 …………………………… 233

下　篇　香港名墓探尋

結　語 …………………………………………………………………… 331

引　言

　　筆者撰寫本書初衷，是源於多年前，第一次閱讀《香港碑銘彙編》，這部三大冊的文獻綜錄，乃是研究香港以致華南歷史的重要工具書。筆者注意到，書中收錄的碑銘，最早是著名的西貢大廟灣南宋咸淳十年（1274）刻石，而緊隨其後的，卻是康熙四十九年（1710）的錦田便母橋碑。

西貢大廟灣南宋咸淳十年刻石，此石釋文中「一新兩堂」後一字泐，歷來釋讀為「續」，筆者根據現場勘察，認為釋作「構」較合理

從南宋到康熙末年，這差不多五百年中，香港的碑碣石刻，竟然是一片空白？

　　從出土文物可知，整個元明時代，香港有年款的文物，寥寥可數，能列舉出的，如元朗廈村東頭村出土的成化十一年（1475）款石柱礎，足以說明，明初此地已是文明之區。

　　香港因為獨特的歷史地理原因，躲過了近代多次的文物劫難，例如太平天國、抗戰、「文革」等。但是對香港歷史稍有涉獵者，都知道香港地面文物的一次重大浩劫，是清初的「遷界」，即清初為禁止華南沿海居民接濟反清之台灣鄭氏，從順治十八年（1661）開始，由兵部尚書蘇納海等倡議，頒布遷海令。遷海範圍各省不一，有的從海邊起算五十里，有的是四十或三十里。負責勘界的官員在界線上立碑，並設立墩台，派兵駐守，位於界外的居民須全部遷走，私自出界者為死罪。這次遷界在香港分三期執行，順治末年為第一期，康熙二年（1663）再遷，

水頭村「便母橋碑記」，康熙四十九年（1710）立石，火山巖石質

康熙三年（1664）的一次最為徹底，這次遷界的結果，是連香港所屬的新安縣也裁撤掉，因為新安縣大部分都在遷界之內，絕大部分村落哀鴻遍野、渺無人煙。整個新安歸併東莞縣，恢復了明代中葉的狀態。

　　康熙八年（1669），兩廣總督周有德與廣東巡撫王來任有感於沿海內遷居民的苦況，上奏請求復界，遂於是年准許遷回復業，但仍然規定以海邊為界，不得出海。

關於香港遷界時期的歷史，研究者不多，雖然從官方文件看，這段時期的香港理論上是「邊防禁區」，除了守軍之外，當然乏善可陳，可是經歷過漢唐到宋元明朝，這裏已經是海濱的一片沃土，各大家族在元朗附近的平原上，已經生息了數百年，這裏的房屋田產，是無法背井離鄉，帶到別處的。可以想像，在這片山高皇帝遠的偏僻之地，遺留下來的大量田宅，祠堂廟宇，必定成為守軍和潛入界內的當地人覬覦的目標，甚至本族人也很可能在遷走之前，將能拆走的盡量拆走。

這就是為甚麼現時香港的地面上，幾乎沒有明代及之前的完整民居和祠廟建築，也是史學界與文物學界的一個初步共識。筆者曾多年考察珠三角以及廣府地區的祠堂寺廟，在廣府地區，明代祠堂有相當數量的留存，其特徵也非常明顯，容易識別。

從香港現存最古老的幾座宗祠看（香港的廟宇和寺院現存最早的都是清中晚期建築，比祠堂晚得多），例如屏山鄧氏祠堂、龍躍頭松嶺鄧公祠等，從族譜記載來看都是明代始建。考察其細節，可以發現，地面鋪砌的紅砂巖地磚，紅綠砂巖柱礎等，均為典型的明代手法。但是兩座祠堂的樑架，下部雕鏤精工富麗，顯然是康熙末年的做工。

從松嶺鄧公祠的中座「萃雲堂」更可以看出明顯的痕跡，面向天井的一組綠砂巖柱礎，

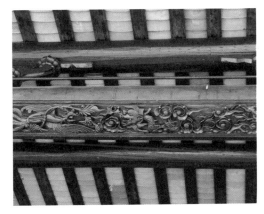

龍躍頭「松嶺鄧公祠」中座「萃雲堂」樑架木雕龍鳳花紋細部，為康熙中後期特徵，復界之後重修所置

為仰覆蓮花紋八角綠砂巖，這是典型的明代中後期手法，然而其上的樑架，無論用料和裝飾手法，與珠三角的康熙中後期祠堂完全一致。

年紀稍長的讀者，尤其是經歷過抗戰或者曾在內地生活過的，都有類似的經驗，即木頭和瓦片門窗這類容易拆解的建材，在以前都是很受歡迎的。一間荒廢的房屋，最先被拆走的，一定是木構和瓦片門窗，而石柱礎、牆和地磚，則不易搬動。這就完美地解釋了為甚麼香港目前找不到一座原裝的明代磚木建築，反而在東莞、增城一帶，並不罕見。

松嶺鄧公祠頭門明代八角形綠砂巖柱礎，與明代八角火山巖石柱

走筆至此，筆者要帶出寫作本書的緣起，即香港明代史跡並非一片空白，相反，香港仍保存了從宋到明的地面建築，這就是香港的古墓。

墓地俗稱「陰宅」，本來就是陽間建築的一種體現，在經歷了遷界的劫難後，只有安靜地避居在深山老林裏的這些古墓，躲過了洗劫。它們靜靜地守護着墓主，以碑銘上的文字，告訴來者墓主的身分，甚至還具備民居建築的形態，充分展示了香港明代到清代的某些建築特點。

廣東的習俗，一向重視祖先祭拜與安葬，現存的唐宋時代古墓，大部分經過後代重修和改建，保持原貌的鳳毛麟角，而明清古墓，在當時除了具有慎終追遠的意義，還多了一重顯示家族威儀的社會功用。在這種功能的驅使下，墓葬在地面的建築部分，愈發顯得複雜，裝飾功能明顯，並且重視碑銘文字與風水布局。

正因墓葬具有這樣複雜的功能，在香港金石文獻文物極為缺乏的情況下，這些隱藏在山林中的古代墓葬，就成為研究宋代以來社會史的第一手資料。墓主的身分、墓葬的形式、碑銘文字的含義，甚至裝飾上的藝術與書法價值，都是一部生動的香港風土歷史，並且很可以彌補香港沒有明代以前建築文物的遺憾。

香港開埠以來，呈現出另一種情形，從一個海邊的小縣，一下子成為東方的都會，在這一百多年中，香港墓葬也呈現出明顯的變化：一方面，墓葬的特色，從廣府系摻以客家風格，轉變為以近代廣式墓為主；另一方面，則是因為廣府墓葬文化已經深遠地影響到香港。

由於內地在 1949 年之後，一直在「移風易俗」的口號下改革殯葬，並且墓葬地的產權幾乎不受保護，因此廣式墓葬的研究極為缺乏。但事實上，近代廣式墓葬是一種極具藝術與人文價值的綜合建築。

晚清以來，廣府地區流行一句諺語：順德祠堂南海廟，番禺笨蛋修山墳。這是指南海、番禺、順德這三個廣府最核心、最富庶之地的建築之精美。順德以祠堂著稱，南海的廟宇最精緻，而番禺，最多的卻是「山墳」，此話怎講？

原來這裏的「番禺」，並非今日廣州下轄的番禺區，乃是指昔日的番禺縣所管轄，即今日廣州北京路以東和環市路以北的範圍，也就是越秀區北部和天河、白雲兩區的大部分，晚清以來屬於白雲山範圍。昔日這裏是省城的靠山，羣山連綿起伏，自宋代以來就是省城以及附近廣府地區上流社會的墓葬集中地。明清以來尤其是清末，白雲山墓葬的奢華精美，已經成為當時一景，甚至連外國遊客也將之製成明信片。可以毫不誇張地說，晚清的廣式墓，其藝術和建築價值與民居住宅中的「西關大屋」是等量齊觀的。

香港現存規模最大的古代廣式私人墓葬，大圍銅鑼灣山李母成太夫人墓，建於 1915 年，氣勢非凡，可比廣州白雲山的大墓葬

　　抗戰前的香港，其文化參照以廣州為最高標準，墓葬形式當然也完全照搬廣州，這就使香港保存了數量可觀的完整的廣府風格墓葬。雖然香港沒有保存「西關大屋」式青磚石腳的晚清廣式大宅（澳門有少量留存），然而值得慶幸的是，香港保存的近代廣式大墓，其年代與數量，剛好接上廣州白雲山的餘緒，成為廣式墓葬的最後一章。

　　更值得一書的是，香港在辛亥之後，開闢了屬於華人的永久墓園，這樣就將源自西方的公墓形式引入廣式墓葬中。在廣州，沒有完整保存1949 年之前的公共墓地，這是一大遺憾，而香港的公墓制度一直很健全，也使得其中的廣式名墓在一百多年中一直保存完好。如果說廣式墓葬是一部大書，那麼它的上半部在廣州，下半部則在香港。

香港擁有令人着迷的古墓資源，坊間此前也有不少關於香港古墓的書籍問世。不過筆者發現，這些書籍，絕大部分都是以談論風水為主，所謂覆墳證穴、尋龍問山，而真正從形制、工藝、銘文等方面進行學術的探討者甚少，尤其是研究香港舊文化者，往往對於廣府非常陌生，離開了香港的實例，不知道類似的事物在廣府是怎樣的，這樣談論各種建築或者文物，便很容易成為無源之水，原因很簡單，香港的風俗文化，與廣府息息相關。

由於篇幅和文化背景不同，本書只探討香港華人墓葬的歷史。1841年以來長眠在此的外國人墓葬，其實也是一部值得研究的大書，只能待有志者繼續開拓。筆者的專業是古代文獻學，古墓研究只是業餘愛好，希望這部小書能吸引更多的讀者，去關心和愛護這些屬於香港，屬於全體市民的珍貴遺產，更要知道這片土地上並不是沒有文化歷史，足有引以為自豪的亮色。

香港仔華人永遠墳場戴子豪墓前奢華精美的石雕羣，建於一九二〇年代

古墓中的半部香港史

第一章

上古至漢代古墓

提到香港古代墓葬或者出土文物的歷史，稍有涉獵者，多會舉出深水埗李鄭屋漢墓，然而香港迄今發現最早的墓葬，則是馬灣島上出土的新石器時期墓葬羣。

馬灣東灣仔北遺址

馬灣是一個小島，位置在大嶼山和青衣島之間，北面與新界的陸地隔海對望，昔日只有幾個小村落。馬灣靠近青衣島東面的一處平展的海灘，土名稱為東灣，1993 年，學者白德博士（Dr.S.M.Bard）考察當地遺址，認為可能存在新石器時代的文物，並且在 1994 年進行了小規模的試掘，發現了新石器時代晚期的墓葬。

當時大嶼山的新機場工程正在開展，馬灣的部分土地也被地產商購入，準備開發作住宅用途。古物古跡辦事處決定開展搶救發掘，並且在 1997 年與中國科學院考古研究所合作，進行了長達四個月的大規模發掘，根據古跡辦的網站資料，這次發掘從 1997 年 6 月 23 日開始，至 11 月 18 日結束，歷時四個多月，發掘了一千五百平方米的土地，共出土二十個古人類墓穴，其中一個是青銅器時代早期墓地，其他均是新石器時代晚期墓地。出土的墓穴中有十五個發現人類骸骨，憑着七副保存完好的骸骨，考古學家成功辨認出七具男性、兩具女性及六具兒童骸骨。

3

馬灣考古發掘的新石器時期墓葬，出土人骨及陶器製品等，圖片來自馬灣公園古跡館網站

墓穴內亦有一定數量的陪葬品，如陶製和石製的器具和飾物，加上墓穴的排列情況，推斷出馬灣東灣仔北在四千年前可能是古人類的墳場。其中唯一的青銅器時代早期墓地，位於遺址中部靠近山坡處，墓穴呈南北向，內有陶器陪葬物，屬於典型的粵東浮濱類型墓葬。

這就是香港目前出土發現最古老的墓穴，若以新石器晚期而定，則距今七千年左右。由於墓址大部分地面結構已經消失，對於當時墓地是否有封土或者標誌，已經無法考證。

值得注意的是，其中發現的一座定為「青銅時代」的墓穴，其中提到的「浮濱類型」，是一種流傳於福建和廣東東部潮汕地區的文化，其時代大約相當於商代末年。浮濱文化影響區域，大約相當於今日閩南語系的範圍，即福建南部和潮汕一帶，以普寧、揭陽為中心。在香港地區發現此類墓穴，可推斷其影響到達深圳一帶。

李鄭屋東漢墓

1953 年，由於大量移民從內地湧入香港，原有的房屋已經不堪負荷。1953 年聖誕節晚上發生在九龍的一場大火，令數萬人無家可歸。政府決定在深水埗興建徙置大廈。1955 年 8 月，在施工期間，工人們推平一座位於東京街的小山時，無意中發現了一座磚砌拱頂古墓。由於當年香港並未有專業的考古部門，工人們報告政府之後，由香港大學中文系主任林仰山教授（Professor F.S.Drake）率領該校師生和政府工務局

人員進行了發掘。

這是香港首次正式考古發掘出古代大型墓穴，古墓是一個「十」字型穹窿頂磚室墓，由前後左右四個墓室，以及一條羨道（磚砌通道）組成，正中央是前室，頂部為精美的穹窿頂，其餘三室底部方形，頂部則為磚砌單券頂。

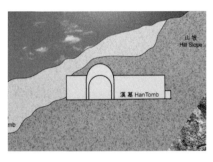

李鄭屋漢墓出土土層示意圖，攝自李鄭屋博物館展板

古墓發現之後，引起考古學界與史學界的強烈興趣，因為這是香港首次發掘出大型古代墓穴。首先是確定朝代的問題，墓葬雖然曾經被盜（羨道在發現時已經被毀壞），但仍然出土了五十八件陶器和青銅器，這些出土的器物，可以與廣東其他東漢地區出土的器物相對應，另外在結構方面，磚砌的「十」字型穹頂在東漢時期相當流行。

李鄭屋漢墓的出土器物考證和年代等，早已有學者考證備詳，不需要筆者在此饒舌，這裏僅再說一些此前未經詳論的細節供讀者參考。

有關漢墓的墓主問題

李鄭屋漢墓的墓主是誰？這是很多遊客在參觀之後都提出的問題，總括起來，大概有兩說，一是認為這是當時的本地富商或者來此做官的外地人，並且還有學者認為這裏在東漢時期可能有大型鹽場，墓主可能是鹽官；二是認為此墓並「沒有」發現骸骨，因此極有可能是衣冠冢或者預設的墓，而最終沒有真正下葬。此兩說並存，暫時無法舉出證據推翻對方。

筆者認為，第二說其實並不可信，因為此墓結構精良，墓主需花大

李鄭屋漢墓磚砌穹頂，可見地面與四壁都是磚砌，棺木在這裏不會直接與泥土接觸，風化到毫無痕跡是不可想像的

量人力物力建造，無捨棄之理，漢代也沒有所謂衣冠葬的風氣。那麼，為甚麼新石器時代的墓中都能找到骸骨，這座東漢的墓卻沒有發現骸骨呢？筆者曾經詢問過博物館方專家，答曰因年代久遠，已經風化無存云。

要了解風化，我們可以先看看，李鄭屋漢墓如果當年存在棺木，應該是放置在磚砌的墓室地面，而不是直接埋葬在泥土中。這樣的保存條件，是不可能將人骨和棺木完全風化的，上文提到，即使是青銅時代的土葬墓，當時並無棺木，骨骼仍然在出土時保存完好。何況保存在磚砌墓室中的棺木。如果我們審視一下廣府地區發現的漢墓，我們就會找到答案，例如廣州東郊麻鷹崗（今在廣州動物園內）1956 年發掘的一座東漢建初元年 (76) 的穹頂磚室墓，其中墓室內情況為：

> 墓早被盜，前室穹頂處，有一個僅可容身的破洞，洞口用大石覆蓋，前室的器物最凌亂，有城堡、灶、壺、三足鼎，多已殘缺。棺室內棺具人架無存。[1]

廣州地區出土的其他東漢墓，例如建設新村永元九年 (97)，西村克山永元十六年 (104) 等遭到盜墓的幾座漢墓中，都存在棺與人骨俱不存的情況。

從東漢盛行厚葬的風俗考察，可知當時貴族和富家的建墓，已形成一套專門的產業，如墓地開挖砌磚、明器的燒造等，而這些必定引起盜墓者的覬覦。從這幾座墓殘存的陶器可知，盜墓者年代應該不會距離東漢太久，否則對墓葬中的明器（指陶屋、陶鼎等價值偏低的殉葬物）不會不屑一顧。從這幾座墓的共同點看，東漢以及其後的一段時期，應該

1　《廣州市文物志》編委會：《廣州市文物志》(廣州：嶺南美術出版社，1990 年)，頁 113。

有一種迷信，即盜墓者需將棺和骨架取出，以某種壓勝法阻止墓主鬼魂追究盜墓者。因此李鄭屋漢墓無棺骨，與上述這些墓的情況是相符的，只是其真實身分，由於盜擾破壞，已很難考索。

李鄭屋漢墓出土陶器之一，反映東漢時期本地區民居的陶屋，這種陪葬品當時不值錢，因此未被盜墓者取去

墓葬中兩處文字的再考證

墓葬中最珍貴的部分，不是出土的陶器和青銅器殘件，而是幾種帶有文字的漢代墓磚。這些墓磚，平均長40厘米，寬20厘米，厚5厘米，多為素面，部分帶有文字和花紋，花紋有十多種，文字共有三種，即「大吉番禺」、「番禺大治曆」和「薛師」。

關於這三處銘文，最早考證的是饒宗頤先生，他在《李鄭屋村古墓磚文考釋》中，首先指出了「大吉」和「大治曆」均為吉語，即祝頌之意，然後饒氏指出：

李鄭屋漢墓磚上的「番禺大治曆」及花紋磚

至磚文上番禺一地名，亦大有研究價值。九龍原屬寶安，寶安置縣，蓋始於東晉咸和六年。在未置寶安之前，其地屬於何縣，向有屬南海縣（《太平寰宇記》引《南越志》）、屬博羅縣（《元和郡縣志》卷三十五，《嘉慶一統志》，《新安縣志》，道光《廣東通志》沿革、《廣州志‧古跡》皆同）、屬番禺縣（明代《東莞志》，明《一統志‧東莞縣》，《方輿紀要》卷一百一，洪齮孫《補梁疆域志》）三說。《漢書地理志》番禺有鹽官，三國吳時因有司鹽校尉之設。（中略）今觀李鄭屋村古墓磚不稱寶安，不稱東官，而云「番禺大治曆」、「大吉番禺」，可推知自晉以前，其地實屬番禺所轄，則三說之中，以屬番禺為是。[2]

2　饒宗頤：〈李鄭屋村古墓磚文考釋〉，《「中央研究院」歷史語言研究所集刊》（第39本上冊，慶祝李方桂先生六十五歲論文集）（台北：「中央研究院」歷史語言研究所，1969年），頁41-44。

饒氏精通古文獻，本文對於李鄭屋的銘文考據，也是權威的釋讀。此段的結論也就是後來「墓主鹽官說」的濫觴。然細察文中所提，「不稱寶安，不稱東官」則亦有可商榷之處。

東漢崇尚厚葬，東漢墓在廣州附近出土並不少見，而其中銘文提到的地名，似僅有「番禺」一種，友人陳鴻鈞兄曾撰文統計，東漢時期墓葬中出土帶「番禺」（包括「蕃禺」）款者，有遠至廣西貴縣羅泊灣出土銅鼎銘文上之「蕃」字，難道當時番禺縣管轄範圍遠至今日廣西一帶？至於「大吉」二字後綴其他地名者，尚未發現。若以饒氏所論，似乎應該同時發現其他縣名之銘文，據陳鴻鈞統計，目前所見，廣東地區東漢墓文物銘文中縣名僅見番禺一地。

這就引出一個問題，即此銘文中之「番禺」，究竟屬行政概念，抑或是一個地域文化概念？蓋秦漢之時，並非如後世之重視行政區劃，而「番禺」二字，始見於戰國，《水經注・浪水篇》：「浪水東別經番禺，《山海經》謂之賁禺者也。」《山海經》載「桂林八樹，在賁禺東」，郭璞注：「今番禺。」漢初的史料亦多處提到「番禺」，或亦書作「蕃禺（隅）」。[3]

《周禮・夏官・職方氏》提出了「九服」制理論，將京師之外劃分為九等地：侯、甸、男、采、衞、蠻、夷、鎮、蕃。最外者稱蕃，蕃禺者，禺通隅，即區域，番禺即外蕃居住的區域，這是一整個地區的統稱，類似於今日說廣府方言區。陳鴻鈞又引邱立誠等人的觀點，認為「番禺」可能為古越語的音譯。[4] 因此饒說九龍此地東漢屬番禺，恐亦未盡然也，墓磚亦未必為本地所製作（見後文）。當時應有較成熟之燒造磚窯，此

3　陳鴻鈞：〈廣州秦漢考古出土「番禺」銘文考略〉，《西漢南越國史研究論集》（南京：譯林出版社，2015年）頁32。

4　同上。

種裝飾磚應為一種常用文字，類似於後世之「長發其祥」之類。再推論下去，如果東漢此地未必屬番禺縣所轄，則鹽官一說，似乎也有商榷的空間。

其次則為「薛師」二字，此處更有趣味者，饒氏以其書法家與文字學家眼光，考證出隸書的「薛師」二字，可謂巨眼。饒續考證說：

> 薛師二字當是造磚者題其姓及職名。廣州西村大刀山晉墓永嘉六年磚，左側每見「陳仁」篆書二字，孫詒讓《溫州古甓記》載建元永和升平磚，均有「陳氏」二字，皆識造磚工匠名氏。惟此磚稱薛師，師則為職名，如漢代銅器，陽嘉三年扶侯鐘云「雷師作」（《小校經閣金文》卷十二，十四頁），又「都尉師」勾兵（《小校經閣》卷十四，六頁）並其例證。「薛師」即工師之薛姓者也。[5]

饒說是也，然亦有可補充之材料，饒舉出大刀山墓之例，只是工匠名，而無「師」字，所舉青銅器銘中之「師」後有「作」字，與此相去稍遠。其實清代既已發現磚文上有某師之名品，即金石大宗師阮元（1764-1849）所藏之「蜀師磚」，阮元因收藏了八塊銘文特別的古磚，特意命名其書齋為「八磚吟館」，並且寫了八首詩，其中關於「蜀師」銘文的一首，序言中說：

> 吾鄉平山堂下浚河得古磚，文二，曰「蜀師」，其體在篆、隸間久載於張燕昌《金石契》中，未知為何代物。近年在吳中屢見「蜀師」古

5　饒宗頤：〈李鄭屋村古墓磚文考釋〉，《「中央研究院」歷史語言研究所集刊》（第 39 本上冊，慶祝李方桂先生六十五歲論文集）（台北：「中央研究院」歷史語言研究所，1969 年），頁41-44。

磚，兼有「吳永安三年」及晉「太康三年七月廿日蜀師作」者，然則蜀師為吳中作磚之氏可知。[6]

「蜀師磚」近代以來多有出土，多發現於江南一帶，上面有長方形的戳記，內有「蜀師」二字，字體近於漢代金文，即篆隸之間。阮元經過考證，認為蜀師是西蜀即今日四川一帶的製陶工匠名稱。

從李鄭屋發現的「薛師」銘文看，兩字作陽文凸起，是燒造時已製好模具有此二字，則這姓薛的是燒磚的工匠或者窯戶的名字。與阮元發現的三國時期吳地蜀師磚屬於同一種狀況。有趣的是，再考證一下「薛」

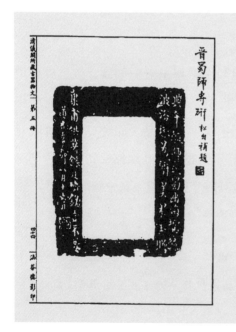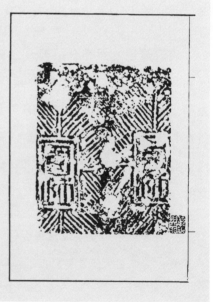

參考圖：東漢「蜀師磚」拓本

6　阮元：〈吳蜀師磚考〉，《揅經室集》，三集卷三，《四部叢刊》影印清道光刻本。

姓的來源，此姓在今日的廣東比較少見，例如明末順德名士薛始亨等，但根據薛氏宗譜，廣東薛姓在唐代末年才從北方南下定居，則東漢時期這位工匠大概率不是本地人。又薛姓中，有一支居住於四川，後來稱為「蜀薛」者：

> 薛齊字夷甫，永子。巴，蜀二郡太守，蜀亡，率戶五千降魏，拜光祿大夫。徙河東汾陰，號蜀薛。有二子，懿、始。[7]

由此大致可以推斷，這位姓薛的製磚匠人，可能來自於當時擅長製作陶磚的四川地區，阮元發現的吳磚來自三國，東漢距其只有幾十年時

李鄭屋漢墓中出土極少數的金屬器之一，已殘損之青銅盤殘件

7　周慶義、周瑾編：《薛氏家族人物志》（太原：山西人民出版社，1990 年），頁 9。

間，兩者間的同源關係不言而喻。

在磚墓中鑲嵌一些帶有銘文、花紋的磚，類似於今日裝修廚房時偶爾在瓷磚中砌一些水果花草圖案。所謂古今同理，李鄭屋漢墓中發現的花紋，有雙魚和簡單的龍紋，這些都與廣東地方特色有關，而「薛師」僅此一例，則屬商標式的功用無疑。

漢墓因為經過盜擾，今天只能看到數十件陶製殉葬器，和極少量殘破的銅器，不過從出土的陶屋模型中，已經可以窺見當時東漢香港地區的房屋樣式，與廣府出土的基本一致。

李鄭屋漢墓在 1957 年已經建成陳列所和保護性建築，開放給市民參觀，也是香港目前唯一一座列入「法定古跡」的古代墓葬，雖然迄今未能考證其墓主的身分，至少能說明在漢代，香港地區已經擁有相當發達的生活水平，並且與廣府地區關係密不可分。

第二章

晉唐至宋元墓葬

李鄭屋漢墓出土之後，香港地面發現的魏晉至唐五代墓穴，數量極少，因此本章只列舉幾處墓葬出土的情況，附在宋元古墓之前介紹。

魏晉至唐五代古墓

大嶼山的白芒附近，位置相對平坦，一直有先民居住，為配合香港新機場的建設，1991 年開始由香港中文大學主持，先後在鹹角、白芒一帶發掘了新石器至唐宋時期的多處遺址，其中 1991 年在白芒的晉代文化層中，發現了一座小規模的晉代墓葬。根據發掘報告，這座晉墓規模為：

> 土坑墓，長 142 厘米，寬 71 厘米，土坑內隨葬 8 件陶器，2 件為四繫耳青瓷罐，出土狀況是 2 個瓷罐並列擺放，罐上擺放 4 個小青瓷碗，其上再擺置 1 個較大型青瓷碗，形成 2 瓷罐，4 小碗，1 大碗三疊之堆放，另 1 件瓷碗邊有鐵剪等其他遺物。罐 2 件，泥條盤築成形，撇口，溜肩，鼓腹，平底，全身青釉保存完整，光滑，肩上有弦紋，貼有四耳繫，底部有繩切痕跡，口徑 8.2 厘米，高 12 厘米。

除此之外，此墓還出土了東漢的「五銖錢」一枚，這是一枚背面有北斗星魚刀紋樣的壓勝錢，曾經有學者考證這是一枚東漢時期的壓勝五銖，不是普通的貨幣，而殉葬用壓勝五銖錢，則反映香港地區深受中原

地區的葬俗影響。[1] 同時出土的一件鐵剪，則可見當時鐵器工具在香港的推廣使用情況。

南北朝的墓葬，香港出土數量也極為稀少，據現時已發表論文所得，僅有如下幾例：

1983 年香港考古學會在大嶼山貝澳鰂沙堤遺址進行發掘時，發現了兩座南朝墓，人骨已腐，葬式不明，共出土了青瓷 8 件，包括六繫罐 1 件、長身小罐 1 件、碗 6 件。

1989 年，香港考古學會在南丫島沙埔村沙堤遺址亦清理了一座南朝墓，此墓墓坑不明顯，人骨保存完好，沒有隨葬品，只發現銅髮簪 1 件、銀耳環 1 對。

1997 年，古物古跡辦事處在沙埔村進行搶救發掘時又發現了一座南朝墓，大部分人骨已腐，隨葬品只有 1 件青瓷碗。此外，在南丫島深灣、赤鱲角虎地灣和東涌沙咀頭亦曾發現過青釉六繫罐，是典型的南朝至隋代器物。上述在香港境內零星發現的六朝墓葬和器物，說明當時香港人口稀少。[2]

香港出土的晉和南朝墓，其陪葬物都很簡單，也和當時廣東其他地區的普通墓葬非常接近，陶罐與碗的工藝價值不高，也足以反映當時這裏不僅人口稀少，生活水平也不高。

目前唐代墓葬在香港尚未見發現，唐代在香港設立的官方機構為「屯門鎮」，又稱「屯門軍鎮」，設於開元二十四年（736）正月，設兵

1　吳榮曾：〈香港大嶼山白芒晉墓出土五銖厭勝錢考略〉，《中國歷史文物》2005 年第 2 期。
2　楊式挺：〈香港澳門五十年來的考古收穫〉，《新中國考古五十年》（北京：文物出版社，1999），頁 514。

深圳寶安區晉代孝子黃舒之墓

二千。屯門並不僅指今日青山一帶的範圍，屯門鎮轄區包括今日寶安縣的沿海區域，因為這裏屬於扼守珠江口的重要地理位置，波斯、阿拉伯、印度等國家人士從海路到中國貿易者，都必須途徑這裏再北上廣州或者福建沿海。[3] 這一時期可能因為屬於屯兵

地區，漁民及山區居民稀少之故，未發現古墓出土。又據陳伯陶《東莞縣志》卷二十九：「隋廢東官郡，有唐一代舊志尤為闕略，此亦足見一斑也。」[4] 香港地區在隋朝廢東官郡之後，劃歸廣州府管轄，此地官民數量的減少，應該與此也有關係。

附帶一提，昔日新安縣即今日香港加上深圳範圍內，唯一保留下來的一座唐以前名人的墓葬，是晉代孝子黃舒的墓。黃舒是廣東歷史上有名的孝子，其墓今日保存於深圳寶安區，對於參考本區晉代墓葬有一定意義。

最早記述黃舒事跡的史書，是南朝沈懷遠所著《南越志》：

> 寶安縣東有參里，縣人黃舒者，以孝聞於越，華夷慕之如曾子之所為，故改其所曰參里也。[5]

明代東莞知縣董裕稱讚黃舒：「此嶺表人士之初也。曲江諸賢，猶在其後。」[6] 這裏所說的「嶺表」就是「嶺南」。董裕的評價認為，黃舒不

3　蕭國健：《香港古代史新編》（香港：中華書局，2019 年），頁 58。

4　陳伯陶：《東莞縣志》，卷二十九（東莞：東莞賣麻街養和印務局，1927 年），頁 9。

5　（宋）樂史：《太平寰宇記》，卷一百五十七。

6　徐朔方箋校：《湯顯祖集》（第 2 冊）、《湯顯祖詩文集》（下冊），頁 1133-1134。

僅是本地的驕傲，而且是整個嶺南地區的人文初祖。明代大文學家湯顯祖被貶官至廣東的時候，還曾為撰《東莞縣晉黃孝子特祠碑》。東莞劃出新安之後，黃舒也成為了新安縣首屈一指的鄉賢。

深圳寶安區晉孝子黃舒墓墓碑細部，晚清花崗巖石質

黃舒墓長期湮沒不彰，族譜上記載，他的墓地在「步涌村豬母崗」。2001年，學者和考古專家在草叢中發現了這座古墓。墓地今日被列為深圳寶安區文物保護單位，墓式為青磚砌砂手墓，青磚有橫砌與人字型混合式，碑為花崗巖石質龕式碑，上端有浮雲湧月裝飾，正中楷書一行：晉欽旌孝子始祖考鄉賢參里黃公之墓。

此墓碑無年款，從青磚混合砌的方式看，屬於清代中期之後重修形式，墓碑亦應為清代後期重立石，不過從墓地位置與形式看，仍然對本區晉代墓葬有一定參考價值。

北宋古墓

香港地面現存宋代古墓，相比起鄰近的東莞和深圳而言，數量並不少，且保存較為完整，但存在的問題，則是經過後世多次重修，已很難見到最早的面貌。

現存最早的宋代古墓，屬於江西移居入粵的鄧氏家族墓羣。其入粵的始祖，是北宋年間的江西吉水人鄧符。

鄧符生卒年無考，原籍江西吉水，其曾祖鄧漢黻，官至承務郎，父

親名鄧旭。鄧符的生平，現存各宅的族譜記載頗有出入，總體而言，說他在崇寧二年（墓碑記載，一說熙寧年間）中進士，曾赴廣東陽春縣任縣令。前往陽春的途中，路經今日香港元朗錦田一帶，喜歡此地依山臨海，土地肥沃，於是在任滿之後，舉家移居此地。更重要的一點，則是鄧符精於風水堪輿之學，他看出此地風水極佳，不僅自己舉族遷居，還將自己曾祖到父親的幾代骨灰，都從江西吉水遷葬到此，這就是香港老輩津津樂道的鄧氏傳奇風水名穴羣。

為敍述方便，先按照其家族輩分介紹，新界鄧族以鄧漢黻為一世祖，漢黻生二子鄧冠和鄧纓，為第二世，鄧冠生鄧旭，為第三代，鄧旭生鄧符，為第四代。[7] 以下先介紹前四代墓地情況。需要說明的是，鄧氏各房族譜，因傳抄關係，內容存在前後不一致，錯漏非常多的情況，因此有關墓主身分的敍述，可能各家說法不一致，筆者僅據較常被採信的說法，或略加考證，並不一定準確。況且宋代族譜，流傳至今其內容多不可考據，僅供研究香港古墓史作為輔助證據而已。

鄧漢黻墓在元朗橫洲之丫髻山，丫髻山只是一座普通小山，既不高也沒有甚麼樹木，但其山形奇特，遠看左右兩處高聳，中間平整，就像小孩的丫髻，因而得名。光緒《廣州府志》之《輿地略》記載說：

> 丫髻山在縣東南大井村側，兩峯並峙，相去百餘丈，中平如衡，下有鄧符墓。[8]

按照堪輿家言，這種山形稱為「展誥」，即形如展開的誥命的兩頭，

7　此據龍躍頭鄧氏手抄世系，鄧氏後人藏本。

8　〈輿地略〉，載（清）史澄等編：《廣州府志》，卷十一，光緒五年原刻本，1879 年。

鄧漢黻墓經過近年重修之後，只保存了吐
葬形式及康熙年間原碑

鄧漢黻墓康熙年間重修所立碑，黑石質，
只能辨認部分文字

宜出官貴。鄧漢黻的墓地名為「玉女拜堂」，現存形式為清代重修，壟
環外有一重護嶺，壟環與護嶺皆砌人字型青磚。

　　碑龕由三個方形花崗巖石砌成，龕內花崗巖石質碑，因長年風化，
已很難辨認，只能看出中間兩行楷書，右側一行有「承務郎」字樣，右
側銘文若干行，僅能辨認「坑」字等。此碑從材質與字體看，與鄧符墓
等同屬康熙初年重修所立。

　　鄧漢黻為江西吉安府吉水縣白沙里人，在宋初開寶六年（973）經
珠璣巷來到廣東寶安，他到達元朗岑田，在此建房佔籍居住，據族譜記
載，此地名為「程坑」，喝名（即堪輿名）「玉女拜堂」，夫人秦氏，生兩
子。「承務郎」即唐代之員外郎，宋代低級文官，秩八品。

　　新界鄧氏，奉漢黻為入粵一世祖，然而關於鄧符的記載，族譜又

鄧冠墓「金鐘覆火」全貌，除了康熙年間原碑，均為近年重修

說鄧符中進士之後，從江西到廣東陽春途中，經過岑田（即今錦田），喜愛此地山水而遷居，並且還把曾祖幾代的骸骨遷葬於此。若以鄧符崇寧二年（1103）中進士論，則距離鄧漢黻遷居已經140年，中間經過如何，已不可詳考。

此墓經過多次重修，現存樣式乃二〇〇〇年代初期翻新，除墓碑與碑龕為清初原物之外，壟環與護嶺之人字青磚，乃仿照清代中期樣式重建，拜台方形石質，置於墓碑前，碑龕上方以花崗巖雕圓形「官帽」形裝飾，也是摹仿明清兩代做法。

鄧漢黻生二子，長子名冠，又名粵冠（次子纓後代無考），墓地在今日山貝山上，黃屋村後山。此山並不高，據鄧氏相傳，墓地喝名為「金鐘覆火」。

今日所見鄧冠墓，為鄧族後人在2010年重修，幸而保留了清代初年的碑記。墓形式與鄧漢黻墓相似，為兩層砂手式青磚墓，壟環後一重護嶺，均以人字形青磚砌成。正中碑龕以淡青色花崗石砌成，龕內鑲嵌黑色碑石一方，正中一行文字為：「宋貢元二世祖考粵冠鄧公，妣安人詹氏之墓」，右側一段銘文，對於研究宋代葬制頗有意義：

> 公諱冠，追號粵冠，乃始祖承務郎長子，宋初擢貢元，配安人詹氏。生一子旭，嫡孫符，登崇寧進士，官陽春令，精通堪輿，奉公與安人合葬土名元朗山，術家呼為金鐘福地形，盡山水之勝，自宋迄明五百餘年，墓貌常新，有隆弗替。因錦田房夢麟等，各將父母陪葬公

左右二穴，以致公無專墳，碑石不立，今將修祠剩銀，置蹕附墓祀產，因搜麟等所刊公墓碑，內稱麟等快覩公塋，圖厚公祀，願出田陪葬，永克祭產，有稽批示，現存孫秩家收執。壯等於祠祭之日，合族擇吉重修立石，以安先靈，以昌厥後。康熙五十一年歲次壬辰十二月十七日丙辰，五大房子孫重修立石。

此碑文透露出一些重要信息，除了開頭提到鄧氏的世系，與族譜相符之外，又說子孫有鄧夢麟者，曾經將父母陪葬在「公墓左右二穴」，注意這裏說的左右二穴，並非像鄧符墓（見後文）那樣，是陪葬在砂手兩側，而是足以使「公無專墳，碑石不立」。可以想像一下，若鄧冠墓最初的規模，是一座略具磚石的墓，則「左右二穴」並不會導致其「無專墳」，唯一的解釋只可能是，鄧冠墓從北宋到明代，都只是一座草墳，並沒有立

鄧冠墓碑銘細部，黑石質，可見「金鐘福地」字樣

碑。因此在明代鄧夢麟安葬父母時，以灰砂或者磚石砌墓，才使得夾在中間的鄧冠墓「無專墳，碑石不立」。銘文的後半段意思較含糊，從文意揣測，似乎是五大房子孫不滿意夢麟侵佔祖墳的行為，因此在修祠堂時，專門留了一筆款項，作為遷走鄧冠墓左右陪葬墓的專項資金，並刻石以作記。查閱現存鄧氏族譜，鄧夢麟為鄧繼統之子，生活年代大概在明朝末年，這時期新界地區經濟較活躍，宗族與風水觀念更風靡，因此才有覬覦祖墓的行動。

鄧旭墓「半月照潭」原為灰砂夯築墓，近
年重修之後改為青磚砌的舊廣式風格，背
後穴場來龍來自於大帽山主峯

鄧旭墓道前鄧爾雅篆書書對聯

　　此墓與鄧漢黻墓一樣經歷多次重修，幸而保留了康熙末年的原碑，
對於研究宋代至明代香港的葬俗和經濟發展情形，均有價值。至於碑文
上記載的喝名為「金鐘福地」，而傳說中則名為「金鐘覆火」（見後文），
墓的前方，可遠眺其遠孫郡馬鄧自明的「狐狸過水」墓。

　　鄧氏第三世鄧旭的墓地，地名稱為「半月照潭」，位於今日荃景圍
路邊的小山坡上。這座小山坡形狀半圓，昔日從青衣一帶海面上，可以
遠眺這座半圓的小山，猶如半邊明月，照在海上。而此山的來龍，則是
其後靠大帽山的巔峯，如從大帽山俯瞰，則青衣猶如禽星匐匐，其氣勢
自是不凡。

　　在鄧氏宋代的幾座大墓中，以「半月照潭」的來龍最為雄厚，因為
直接來自香港最高的大帽山主峯，因此這一座墓的風水傳說也最多（見
後文），可惜現在因城市發展，其周邊環境已經有較大改變。現在墓地
所在的「半月」（即半圓形小山丘）已經被荃景圍公路削去了半邊，以高

聳的混凝土擋土牆作加固，而行人則不知道其上面深藏着這座宋代的古墓。

墓地佔地約 1000 平方米左右，有值守人的房屋一座。並且有近代所豎立「鄧氏地界」方尖碑。墓地入口，為一對石柱，上有近代香港著名篆刻書法家鄧爾雅（1884－1954）所書的篆書對聯：「園林半喬木，圖畫在雲台」。款為：甲午之秋，集白樂天杜子美句，仿反正篆，高密七十七世孫，南街宗子爾雅敬題。

鄧符以下的五大房子孫中，有一支分房到東莞，稱為南街鄧，即鄧爾雅所屬的宗支。這幅對聯稱頌祖墓的環境幽美，「雲台」是漢代宮廷的一處樓閣，其中懸掛功臣的圖像，因此下聯的意思是讚頌鄧氏子孫的賢能。「反正篆」是晚清一種文字遊戲，即對聯採用篆書，每一個字都是左右對稱。從宣紙上看，正反面都可通讀。這副對聯是鄧爾雅最晚年的作品，非常可貴。

拾級而上，可見墓地氣派高大，從高空俯瞰，墓地呈鐘形，壟環後有兩重護嶺，青磚砌作人字形，轉角處均用花崗巖裝飾。在鄧氏宋代諸墓中，鄧旭墓規模最大，規格也最高。

碑龕以花崗巖砌成，正上方浮雕浮雲湧月花紋，形制古樸。正中鑲嵌黑石質墓碑一方，石已呈片狀，部分脫落，文字只有部分能釋讀，正中一行為：宋三世祖封承直郎日旭鄧公墓，左右兩側夫人名已剝落。左側立碑年款只見「二十九年」字樣，按清初有

鄧旭墓壟環與兩重護嶺細部，原來的灰砂已經換成青磚，碑框與碑石為清代原物

「二十九年」者，只有康熙二十九（1690）年和乾隆二十九（1764）年兩個較為接近，從形制看，似立於康熙較為合理。承直郎從宋代到明代都是文職小官的加銜。此碑從上世紀九十年代的舊照看，保存仍然較好，當時墓為灰砂砌，二〇〇〇年代初大規模重修之後，將壟環和護嶺改為青磚與花崗巖，碑石卻出現剝落現象，殊為可惜。

此墓僅存的古物，除了原碑和碑龕之外，則是一對矗立在墓兩旁的華表，華表香港本地人又稱為「名望柱」，象徵祖先的功名與名望，這對華表以角礫巖石雕成，為六角石柱，左側一根在涼亭側，右側一根在樹叢中，不易發現。從形制看，可能為康熙朝原物，這也是香港古墓中現存最早的華表實物，柱高約 2.5 米，柱頂似有殘損。

鄧旭墓昔日遠眺青衣島與荃灣海面，氣勢磅礡，可惜因荃灣的開發，目前遠景已經全部被工業大廈所遮擋，據說上世紀新界鄧族曾多次與政府交涉無果，只能請風水師設法化解云云，今日所見的半月照潭，只能依稀想像昔日的光景，地面的文物則只有剝落的墓碑和一對華表矣。

在鄧氏的族譜中，還記載了康熙年間重修此墓時曾立有一方碑記，此碑今已不存，對於研究此墓原貌頗有意思：

> 公字日旭，乃承務郎公之孫，冠公之子也，姚孺人葉氏、廖氏，生一子符，登宋崇寧進士，公與二姚合葬土名曹公潭，地形呼七星伴月，壬山丙向之原，歷宋元明，至皇清康熙癸丑年，約有六百餘載，世承福蔭，科甲代不乏人，公之封塋，永稱福地，曾被不肖子孫，將其祖念台，侵葬旭公墳內，以致墓貌失色，茲合族各房，協力維新，乃于癸丑年冬十二月二十五日重修（下子孫署名略）。[9]

9　《錦田鄧氏族譜》卷六，光緒鈔本。

此處可知，古墓另名「七星伴月」，並且曾經被子孫盜葬，可知當時墓的規模也並不宏大。

以上入粵前的三代，據鄧族相傳，都是第四代鄧符（鄧符協）所點的穴，鄧符協精通風水，他選擇從江西舉家南遷元朗，並且將曾祖父到父親幾代的骸骨，都遷葬至此，可見他對這片土地的情有獨鍾。

鄧旭基碑經過重修後，風化加速，現在已經剝落

據鄧氏族譜的記載，鄧符字符協，鄧漢黻的曾孫，崇寧二年（1103）進士，官廣東陽春知縣，署南雄府承務郎。性好置田，以資四方來學者，姊廖氏、胡氏，生二子。鄧符協又在桂角山下修建了香港歷史上第一座有記載的書院「力瀛書院」，為本地文教之始。[10]

北宋的進士題名，今日大部分已經缺失，因此已無法考證鄧符科名的具體情況，按照鄧族記載，鄧符在前往廣東陽春上任途中，經過今日錦田一帶，喜愛此地肥沃，風水上佳，何況其曾祖父曾經寓居於此，因此舉家南遷。

鄧符墓是唯一見載於古代兩種《新安縣志》的古跡，可知最晚在清代初年，鄧符以及其墓地的風水傳說，已經成為新安重要的人文古跡之一。康熙《新安縣志》記載：

10　鄧族族譜現存多種，多屬手寫傳抄本，此據各種傳抄本綜合所記載內容。

鄧符墓是唯一記載於古代兩種
《新安縣志》的香港古墓，背後的
丫髻山相傳為「展詰」形，象徵子
孫出貴人

> 鄧符墓，在橫洲丫髻山。[11]

這是康熙《新安縣志》中記載新安古墓之首，然而為何鄧符祖上三代古墓卻無記載，頗耐人尋味。

鄧符墓地在丫髻山下，名為「仙人大座」。從名字可知其氣勢也不一般。如前所述，丫髻山形狀猶如展開的誥命橫幅，鄧符墓正在兩丫髻之中部下方。現存墓為青磚砂手吐葬式墓，所謂吐葬，即在墓碑部分以土或磚石堆砌出半圓拱形棺狀部分，碑石通常鑲嵌在露出部分的前方，遠看猶如棺木半吐出地面而得名。這在明代廣東地區墓葬中較為常見（見後文）。

據鄧族相傳，鄧符的墓，曾經在宋末到明代中期失祭，即湮沒無法找尋，直到明代嘉靖四十五年（1566）才由族人鄧靈苑、鄧元輝叔姪在草叢中尋回。

若讀者今日探訪丫髻山的「仙人大座」古墓，會發現其所在的位置，其實在一個較為平坦的坡地上，丫髻山樹木一向不多，非常容易尋找，然而明初到嘉靖的一百多年中，竟然無人過問，也可以側面佐證了，宋代本地區的墓葬形制一定非常簡樸。

鄧氏族譜中記錄了一篇明代後裔鄧蒸所撰寫的重修碑文，對於了解明代時期此墓的情況有重要價值（部分明顯錯別字筆者加括號改正）：

---

11 〈地理志〉，載康熙《新安縣志》，卷三，國家圖書館藏康熙原刻本。

承務公生於宋，仕於宋，其始卒之與月日不可得而詳，而其後則特且盛，共墓額則纍纍然猶存也。公之墓於茲者，四百餘年矣，乃有裔孫曰靈範，承家君命往屯門，過屏山，（中略）行半里許，酋（猶）及見始祖之墓，又至始祖墓過半里，乃得見承務公墓云。（中略）於是埋（買）舟楫，載祖爺，且（具）酒餚，親往祖墓，立命去其荊棘，剪其榛蕪，墨以銀錢而草奠，（中略）因具灰石，募工匠造墳，祈請而遂焉。墓丫髻山，寅申方，屬九都，地稍北數煙，則大井村也，堪輿家以地之肖仙人大座形，極山水之勝，其左一穴，則九世孫彥通之墓，公墓舊有壇石誌銘，遭世亂而（缺字）以故公之始卒行實，皆不可考，有諱漢黻者，則公之曾祖也。[12]

按鄧族手鈔族譜，錯誤不少，此記中除錯字明顯外，墓地所在並不屬「九都」，康熙《新安縣志》中將新安劃分為七都，其中錦田屏山屬五都。（至嘉慶間已經不再以都劃分行政區域）再查另一種康熙四十六年鈔本《鄧氏族譜》，有署名鄧垂範所撰寫的《四世祖重修》文，與此非常接近，但記載較簡略，與上述鄧蒸碑文的共同點，都指出了「其墓額纍纍然猶存」，「其壇隧則頹落，其草木荊榛蓊如也」，並且補充說碑石「遭元亂而煨，以致公之行實莫可稽考」。

以上為明代中期鄧氏後人對於重新發現鄧符墓的記載，撥開其中的錯記，大致可以獲得的信息是，鄧符家族原籍江西吉水，他的曾祖父曾經來新界寓居，鄧符本人從北宋末年獲得進士功名，並且在廣東做官，後來帶着族人來到錦田定居，並且將幾代先人移葬於此，這大體上是不會錯的。值得注意的是，鄧符的墓，原狀如何雖不得而知，但是明代中

12　周樹佳：《香港名穴掌故鈎沉》（香港：天地圖書公司，2020 年），頁 84。

鄧符墓的康熙年間重修墓碑，黑石質，楷書字大部分能夠辨認

葉的情況，則是只剩下石額（指碑龕的石額，可能有裝飾花紋）和一些簡單的石構件。兩篇文章都說因為墓碑缺失，致使鄧符生平不可考，這似乎說明，北宋時期，香港地區的墓碑（或墓誌）中，已有記載生平的習慣。

明代的這次重修，規模如何，現在已經很難想像，唯一留存的特點，則是吐葬的形式（見後文），這是明代廣東地區的風俗之一，現在墓地留下有價值的文物，只有三方碑文，即鄧符的墓碑與左右掛榜的兩方附葬碑文。

鄧符墓碑為黑石質，正中楷書：「四世祖宋進士陽春令承務郎符協鄧公，安人廖氏胡氏之墓」。右側楷書誌文，記載內容大略如明代所述，先列其先世情況，再述分支到新安東莞的子孫繁衍，隨後一段記載為：

> 自宋元明，至皇清甲戌，歲六百餘年所矣，世承科甲，代不乏人。

這一段與上引鄧旭墓的銘文如出一轍，只是年代不同，此墓重修時間為康熙三十三年甲戌（1694），比鄧旭墓遲了二十年。碑刻左方落款為：康熙三十三年歲次甲戌八月初七，五大房子孫立。由於康熙《新安縣志》已有記載此墓，早於康熙甲戌的重修，可以推斷明代的重修有相當的規模，否則不會引起修志者的重視，列為新安古墓之首。

鄧符墓左右砂手（即掛榜）有兩座附葬墓，碑文今日已漫漶，家族相傳情況較混亂，有說為鄧氏五世或六世墓，又有記載為為家族九世孫的墓，年代大約在明代初年。

鄧符生卒年不可細考，若以崇寧初年中進士計算，則其生活年代當在南北宋之間，因此「仙人大座」可以作為香港北宋墓的最後一例，其後則是南宋時期。

新界現尚存一例特殊的古墓，其墓主為北宋人，而修建時間則較晚，情況類似鄧符遷葬先人的骸骨，即上水華山的侯五郎等合葬墓。

鄧符墓掛榜兩側附葬墓，這種掛榜附葬式屬明代風格

侯氏為新界五大氏族之一，遷居到新界的時間，僅次於鄧氏，按照現存上水各房侯氏族譜，都奉北宋時期侯五郎為遷居一世祖。

按照各種侯氏宗譜記載，侯氏祖先為漢代的大司徒侯霸，其後宗支不可考，至北宋時期，宋仁宗天聖元年（1023），侯五郎在番禺出生，族譜記載，他是進士，侯五郎卒年在宋神宗熙寧八年（1075），五郎娶孫氏，生一子，名十六郎，即侯氏二世。

曾經有學者譚思敏指出，侯氏奉漢代的名臣作為祖先，其實並不可考。[13] 作者並引《金錢村侯氏族譜》原文，謂「歷漢而晉，歷唐而宋，我祖五郎公，始自番禺遷居至此」，文中的「歷」字，原文如此，也可見昔日鄉村文士之水平，侯霸至侯五郎的歷史，僅由八字即可概括。譚氏未及細考侯五郎此人，但似乎覺察到侯氏後代對於祖先的事跡，其實並不了解，只是將有進士光環的侯五郎作為遷居一世祖，對比鄧族有宋代皇室宗親，文氏有南宋忠臣，這似乎是侯族一種豎立宗族威望的手法。

13　譚思敏：《香港新界侯族的建構：宗族組織與地方政治和民間宗教的關係》（香港：中華書局，2012 年），頁 126。

新界華山麓的侯氏三代祖先墓，其中右側一穴傳為侯五郎墓

　　筆者曾經翻查各種版本的《廣東通志》與《番禺縣志》，特別是後一種，宋代的進士題名還是比較完整的，然而整個北宋並沒有一位姓侯的進士，若以侯五郎的生卒看，只有一種可能，就是他像鄧符一樣中進士之後再遷居，因此他的科名不可能不見於記載詳細的《番禺縣志》，並且「五郎」也不像一個真實的名字而近似宋代稱呼男士的暱稱（其子十六郎也是同一情況）。因此這位始遷祖及其進士的身分，始終未能確考。

　　新界侯族奉祀的侯五郎，墓地在河上鄉的華山，土名埔仔嶺，位置並不高，為三穴並列的砂手式墓。三墓之碑文，均不能辨認，據侯氏族人口述，正中為十一世侯卓峯墓，卓峯墓右側 [14] 的，才是始祖侯五郎的墓穴，至於為何不把始祖安葬中間，相傳為營葬時將金塔（廣東人俗稱骨灰罈為金塔）混放，只好將錯就錯云云。

14　作者按，本書中凡提及墓左右側，均以墓碑方向為準，即站立在墓碑同方向之左右，凡提及墓碑上銘文之左右，則以面向墓碑讀字方向為準，下同。

三座墓穴中，正中一穴為鴨屎石（火山角礫巖）[15]碑龕，碑與碑龕為一體，文字幾乎已全部漫漶，只能依稀辨認中間一行墓主名稱，右側為銘文，左側一行能看到「大清乾隆五十四」等字。碑龕上方，雕刻浮雲湧月紋樣，碑龕作亭子立面，左右兩側石柱，柱礎為六角形，瓦脊上裝飾龍船形脊，為本地乾隆朝流行紋樣（見後文）。

　　中間一穴墓主侯王佑，號卓峯，為侯五郎十一世孫，生活在明代初年，原配黃氏，又娶鄧氏，側室施氏。卓峯墓右側一穴，墓主即前述侯五郎，若家譜中生卒年無誤，則為北宋初年人，墓碑為黑石質，中間斷裂，全碑已無一字能辨認。從石質分析可能為清初所立。卓峯墓左側一穴，情況大致相同，碑文亦完全不可辨認。據侯氏族人記載，為卓峯之孫侯珵之墓。

侯卓峯墓碑，乾隆年間重修後風格，柱礎形式與乾隆建築相符

相傳為北宋侯五郎墓的墓碑，黑石質，乾隆年間重修所換，已不能釋讀

15　一種火成巖，含有不少氣泡小洞，硬度較高，在珠三角一帶丘陵上分佈普遍，其特點是呈赭石色，較為古樸。

此三座墓現為水泥鋪砌，部分台階花崗巖石質，除碑三方為古物外，其餘大部分為現代重修。值得欣慰的是，雖然碑文基本漫漶，侯氏族人重修時仍然保留，總算有一定文物價值。此墓為香港風水名穴之一，有所謂「九曲入明堂」的格局（見後文）。

南宋古墓

南宋時期，香港地區經濟進一步興旺，北宋時南下的南方士族已經在此開墾和繁衍，並且通過聯姻等方式與中原大族甚至是皇室發生聯繫，其中比較重要的則是鄧族與「皇姑」的關係，其重要人物則是被稱為「稅院郡馬」的鄧自明。

鄧自明墓喝名「狐狸過水」，位於元朗凹頭東成里附近一處小山崗，此山土名佛凹嶺，形遠看似一頭狐狸徘徊在田野，前方正是山貝河環

鄧自明郡馬墓喝名「狐狸過水」，現存墓址曾經在明代被盜葬，兩旁的六角形石柱為清初形制

抱，故得名「狐狸過水」，今日墓穴正前方有新界環回公路經過，昔日一片明堂的田野也建起了不少高樓，已經不復昔日景象。

墓主鄧自明，按照各種鄧氏族譜記載，為鄧氏入粵第八世祖，其父鄧元亮，為江西贛縣知縣，鄧自明本身並沒有甚麼官銜，南宋高宗紹興年間（1131－1162），鄧元亮在亂軍之中，收留了一位女孩，看她知書識禮，就好生對待，並許配給兒子鄧自明，這名女孩為鄧氏生下四個兒子。鄧自明過世之後，鄧夫人看到南宋朝廷局勢逐漸明朗，於是對兒子說，自己的身分，其實是宋高宗的妹妹，也就是當時皇帝的姑姑。並且讓兒子帶着宮廷的信物，到臨安城找到皇帝相認。趙氏族譜中並沒有具體說到這位皇帝是誰，按照族中人稱呼趙氏為「皇姑」，則皇姑的輩分應該與高宗之養子孝宗相同，稱其為「姑」則當為孝宗之子光宗朝的事情。

趙氏族譜記載，皇帝聽說有皇親流落邊陲，並且被鄧氏族人收留，大為感動，即欽賜已故的鄧自明為「稅院郡馬」，並賜其四子以「國舍」之銜。這則傳說在明代初年，已經廣為流傳（見後文）。至今鄧氏子孫，遍布東莞深圳和香港各地，其祠堂都以「稅院家聲」或「稅院流芳」以示標榜。至於老皇姑的墓，則保存在東莞，因不屬本書討論範圍，故不作介紹。

按宋代有「稅院」之設，南宋時期，設在臨安的為都稅院，下面各州府則有商稅院，不過鄧自明在世時，並沒有做官，查有宋一代史料，亦未見有將稅院與郡馬並提的官職設置，南宋時若以郡馬銜作官職，例如郡馬都尉等則有之，不過亦極為罕見。[16]

16　例如明代徐枋《居易堂集》卷十二〈明故吏部尚書安節袁公墓志銘〉，曾經提到袁氏祖先，在宋末的時候娶了南宋璞王的女兒，授駙馬都尉銜。康熙刻本卷十二，頁172。

鄧自明墓碑為民國二十一年（1932）臘月重立，墓碑為吐葬式

鄧氏族中尚有另外一種說法，「稅院」二字意為皇帝因感念鄧氏功勞，將當時香港所屬的東莞縣的稅收，撥作皇姑的脂粉錢，因此有「稅院」一說。又宋代亦無「國舍」一職，故此鄧氏的這些記載，只能留待進一步的考索。

現存鄧自明墓，經歷過明代到清代重修，現存面貌為清代中後期制式砂手墓，墓共三穴並排，正中一穴為鄧自明墓，墓碑正中宋體楷書「宋封稅院郡馬自明鄧公之墓」，右側的一段銘文，大意為鄧自明娶了宋皇室之女後，隱居錦田莊舍，紹熙年間，自明已歿，皇姑遂命兒子鄧林上書宋光宗，追封鄧自明為稅院郡馬，並且賜田十頃云云。此銘文與鄧氏宗族傳說大略相近，紹熙為南宋光宗趙惇年號，前後共五年，「稅院郡馬」之事不見於正史，若鄧氏傳說無誤，則皇姑當為高宗之女，光宗之父宋孝宗是宋高宗趙構之養子，因此孝宗與高宗之女實為堂姐弟（或堂兄妹）關係，則光宗稱呼「皇姑」，於輩分相宜。

自明墓左側一穴，有兩碑並立，吐葬式，雙碑龕為圓拱型，為鄧從光與鄧善長之墓，鄧從光號萬里，從錦田遷居屏山，故為屏山鄧氏之祖，從光屬於自明一系的子孫，因此得與善長一起葬於郡馬墓側。此兩碑立於乾隆二年（1737），黑石質地，楷書。右側一穴為鄧聯峯墓，墓碑為民國四十一年（1952）所立，紅筋石質。

鄧自明墓經歷多次重修，南宋原貌已經不可見，現存吐葬形式為明

代特點，尤其是左側兩並排之圓拱碑龕，仍然保留明代形制。三穴皆採取壟環加一重護嶺式，壟環兩側，均有六角形望柱一對，這種形式為清代乾隆年間流行風格（見後文），推斷為乾隆初年重修所加。鄧氏子孫在近年重修時，刻有碑記兩方，鑲嵌於自明墓與從光墓掛榜位置。「狐狸過水」喝名，在三穴墓碑上都有記載，因其名字特別，此墓亦吸引堪輿愛好者頻繁光顧，不過由於現代建設影響堂局，昔日墓前可俯瞰山貝河，今日被高速公路所阻隔，狐狸已不復能過矣。

香港現存始建於宋代（或墓主為宋代人）的古墓，在新界尚有少數，例如錦田紅墳嶺有宋代鄭禮墓，墓碑已嚴重風化，左側僅可見「大清康熙三十四年歲次乙亥」字樣，左側一段墓誌，較為模糊，能釋讀者大意為墓主名禮，字知幾，號元和，鄭禮的曾祖號柏峯，原籍南雄，宋熙寧三年進士，朝奉大夫，宦遊至寶安，目睹此地山水明秀，遂卜居於此云云，鄭禮乃鄭柏峯之曾孫。

鄧自明墓左側兩穴明代鄧氏族人墓，仍保留吐葬形式，碑文為乾隆年間所重立

周田村侯氏宋代祖妣墓，形制簡樸，乾隆年間重修，代表了宋代樸素的風格

按《廣東通志》所記，北宋熙寧間無鄭姓進士，不知碑誌所據為何，此種中進士後途徑寶安見山明水秀的套路，與鄧氏家族所述如此相似，倒值得歷史學家做一番考據。墓碑上記載，鄭禮沒有做過甚麼大官，與夫人卓氏同葬於此，若以其曾祖父在熙寧年間（1068-1077）活動推算，鄭禮大約為公元1137年前後人，即相當於南宋初年。此墓經多次重修，僅存康熙原碑得以保留，亦屬大幸。

上水週田村小學旁，有兩穴並排的砂手式古墓，以石塊砌成，左側一穴為「侯太祖母淑德陳氏孺人墓」，左側落款為「乾隆三十七年」（1772）。右側一穴，碑文較模糊。據侯氏族譜記載，陳氏孺人乃上水侯氏第三代祖妣，上文已記載侯氏位於華山的「九曲入明堂」穴，侯氏三世祖名侯汝忠，是侯氏十六郎的長子，族譜記載汝忠生於宋神宗熙寧五年，終於高宗紹興三十二年（1072-1162），享年九十，在當時相當高壽，陳夫人卒年按此推知，當在南北宋之間。右側為侯氏十九世祖味庵公墓，是在光緒二年丙子（1876）遷葬於此。

此墓形制古樸，兩墓砂手與其後護嶺，均以天然石砌。此種做法，近似於新界常見的乾隆年間葬式，應屬乾隆時期重修所為。但個中透露出的信息，則是乾隆年之前，此墓形制一定更為質樸，也許只是草墳而不立碑。

其他小族姓尚保存古物的宋代墓，還有元朗威龍嶺的宋二世祖駱氏等合葬墓，墓主有三名，二世祖名益修，南宋人，墓碑已破碎，大概能

辨認此墓為駱益修與陶氏夫人墓，附葬十二、十三世兩位處士（即未曾出仕者）子孫。此墓為青磚砂手墓，壟環為人字形青磚，掛榜為橫砌青磚，欄口為一整塊花崗石。護嶺一道，則為天然石砌，外抹灰砂。此墓碑落款為道光十年（1831），與前述乾隆諸碑差別不大，人字形的青磚砌作則為典型的乾隆後興起的形式。

總結一下香港現存宋代古墓，雖然墓主身分大概可考，但基本上屬於後世重修的樣式，最早的可以追溯到康熙年間。廣東地區現存的地面墓葬，仍然保存宋代原構的，已經縹不可尋，因年代久遠，後世子孫多有重修。以廣州白雲山地區為例，馬嶺歐陽氏宋代祖墓及御書閣李氏宋墓等，屬於保存有較早期構件的宋墓，但外觀已與明清較為接近。從文獻上考索，據族譜記載，鄧氏「仙人大座」曾有石額和一些石構件，但這些構件屬宋代原物還是明代改建，則更不可考。

元代古墓

元代統治中原近百年，但香港地區元代墓葬並不多，其原因則為南方為宋代最後覆亡之地，老百姓對宋室保有忠誠，其墓碑多不署元代年款，即使墓主確實生長於元朝。

僅見的極少數元代墓葬，有沙頭角公路萬屋邊村的鄧氏「寒牛不出欄」墓。此墓自深圳梧桐山發脈，經過深圳河為過峽，結穴於萬屋邊村後山。此墓屬於木星橫龍形，意思是坐落於來龍的垂直方向，其背後卻有一金星小山坡作靠，較為罕有，喝名含義為此墓遠眺向南方向，明堂有一道凸起的小山脊，其形平坦如欄，墓穴所在山坡形如瘦削之牛，穴場所在正是牛脊下垂之處，墓碑上之喝名則為「黃龍戲珠」。

萬屋村後山鄧壽祖墓「寒牛不出欄」，月池與拜台之間
高度不小，且有踏腳石，為明代遺制

鄧壽祖墓碑，火山巖石質，道光
年間重修所立，有傾斜仰角

　　墓主為鄧氏六世祖鄧壽祖，墓碑為灰色火山石，墓碑正中為：「六
世祖考元提領忠武校尉壽祖鄧公、誥封淑德安人鄭氏之墓」。右側落款
為：「道光二十八年廈村錦田二鄉子孫同立」。左側銘文大略謂鄧壽祖
父親名鄧辛翁，是郡馬鄧自明的玄孫。而志銘上又記載了鄧壽祖的子孫
名，其中鄧洪惠即錦田鄧族的有名人物。

　　按忠武校尉是元代武官加銜，屬從六品，墓為砂手式墓，雖然經近
年重修，仍然保留不少早期形制，墓碑為吐葬式，壟環後護嶺一重。壟
環外為子孫基一重，兜金一重，兩層之間層高達 40 厘米，各有踏腳石
一方在右側，這是明代後期至乾隆年間的手法（見後文），估計此墓在明
朝已經重修，因此形制較符合明代特徵，如吐葬，台階高低差較大等。
墓碑上部裝飾為浮雲湧月，字體為楷書體，值得注意的是墓碑碑體與碑
龕為一整塊雕成，而墓碑平面與碑框有一定傾斜角度，顯示這是一種堪
輿學上的考量，角度稍微上仰，這是較早發現有扭轉墓碑角度的一處實
例，顯示道光朝時期開始出現這種信仰。

另一處墓主為元代人的墓，則是位於上水雙魚河畔，即今日馬會會所路邊，地名「天罡莆」的廖氏一世祖，此墓喝名「鰲地」，以小山天罡莆為穴星，雖然來龍不高，不過前看水田原野，明堂開闊，遠處深圳河邊界諸小山丘猶如禽星匍匐，主出人丁。

上水天光莆廖仲傑墓的六角形外觀，六角形墓包為宋元兩朝廣式墓流行形制之一

廖氏為新界五大族姓之一，其開基祖廖仲傑，祖籍福建汀州，移居今日新界一帶，最早在屯門落腳，後來輾轉定居上水雙魚河一帶。此墓原本只有廖仲傑夫婦合葬，後來在明代又附葬長房七世祖與三房八世祖，遂成為今日的規模。

正中一穴為廖仲傑墓，墓碑為鴨屎石質，碑與碑框為同一石鑿出，上方為浮雲湧月紋樣，正中為「宋先祖考仲傑廖公府君」及侯氏夫人的名諱，右側為銘文一段，簡單記述廖氏乃上水鄉開基祖，妻侯氏，並記載本山坐向，左側有「嘉慶二十年」年款及重修子孫名。據廖氏子孫所述，墓中所安葬，是廖仲傑的衣冠，因廖仲傑晚年回到福建老家，並在福建終老，子孫因此建此衣冠冢方便拜祭。

廖仲傑生卒年，廖氏族譜均無記載，各種廖氏宗譜之中，有生年記載的，是廖仲傑的長孫廖如圭，生於明洪武七年（1374），據族譜記載，廖仲傑回福建時，有如圭的兒子應武陪伴。假設廖如圭20歲左右生應武，則在洪武朝之末年，此子能陪伴曾祖父回鄉，至少也要十五歲左右，則廖仲傑回鄉時間，當在永樂朝初年。按此時間推斷，則廖仲傑實

參考圖：廣州白雲山象牙峯宋代歐陽氏家族墓的六角形石碑龕
及石構件殘存

生於元代中期，墓碑上所記「宋先祖」，則為一種漢族情結使然。與鄧
氏祖先出仕元朝，墓碑上大書元代國號有所不同，因此將廖氏「鰲地」
墓歸於元代。

　　廖仲傑墓的形制，在香港現存古墓中較為特別，與其兩旁的明代墓
不同，此墓的外形為八角磚塔式，堪輿角度上當然認為是「萬年龜」形，
含祝頌長壽之意。不過此墓經過明代與清代乾隆、嘉慶兩次重修，形制
已改變，因此元代時是否已有此八角磚塔，仍屬疑問。考察現存廣府地
區一些南宋墓遺構，例如白雲山象牙峯宋代歐陽應元家族墓中，就有八
角形的石拜亭頂遺存，可見在宋元之間，這種結構曾經流行。[17]

　　廖仲傑墓的結構，依次為護嶺，壟環，掛榜，踢靴，拜台兩重，以
及外圍寬大的月池與台基組成。壟環及山手均為青磚砌成（兩旁明代墓
見後文），掛榜，踢靴及山手磚為橫砌，壟環磚則為「人字形」，屬混合

<hr />

17　陳建華主編：《廣州市文物普查彙編白雲山卷》（廣州：廣州出版社，2008 年），頁 90。

青磚式。另左右兩側各有后土之神一座，則為嘉慶年間重修時所立（見後文）。廖氏族人在上水繁衍頗眾，一九三〇年代開設有「鳳溪中學」，至今每年重陽節，廖氏子孫以及該中學學生均組織大規模祭祖，在墓前拜祭可多達數百人。

第三章

明代香港墓葬：並非空白期

「空白期」是一個文物學上的概念，指某地區或者某年代缺乏標準的紀年器物或文物，因而導致該年代記錄缺乏的狀況。較為人所熟知的，如瓷器上的空白期，指明代初年的正統、景泰、天順三朝，因這一時期並沒有官窯燒造有年款的器物，造成了研究這一時期瓷器的困難。

明代（1368－1644）接近三百年的歷史，在香港這片土地上，卻謎一樣地特別缺乏文物和實物建築。從近年發現的宋王台古代村落遺址可知，宋元之後，這個村莊就開始神秘消失，直到清代末年才重新有人居住。而從權威的《香港碑銘彙編》一書，我們可以發現，香港現存的古代石刻，除了最早的南宋大廟灣刻石，排在第二位的就是元朗的便母橋碑，刻於清康熙四十九年復界之後，即香港似乎並沒有明代碑刻存世。如此看來，香港地面現存的明代建築和文物實在是稀如星鳳了。

造成香港明代文物空白期的原因，學界對此也有不同看法，主流的觀點，則是說明代早期開始一直有海禁政策，因此海濱之地居民內遷。據民間傳說，香港不少建築始建於明代，例如大嶼山大澳的天后宮，西貢蠔涌的車公廟等，但今日無論從現存建築和碑刻文物上考察，均不見明代的痕跡。考古出土的器物，則有元朗東頭村所發掘的一件刻有「成化十一年立」（1475）款的石雕柱礎，是迄今發現的極少數香港本地明代有紀年文物之一。

從廈村發現的柱礎，雕刻精緻，手工並不差於同期的廣東製作，可見香港明代並非不毛之地。從南宋開始，這裏不少地區已經頗為興旺，新界的平原更是南遷士族開墾的樂土。所幸的是，香港保留了幾處完整的明代墓葬，基本還是原來的樣式沒有破壞。筆者考察所得，可以肯定地說，香港現存原汁原味的明代建築，都保存在地面古代墓葬中。從這幾處明代墓葬，可以找出明代香港先民活動的痕跡，甚至留下了歷史名人的題記和書法，這足以填補香港文化史的空白。

明代初期：珍貴的香港第一古碑

如前所述，香港之前發布過的古代石刻銘文之中，除了布袋澳天后宮的南宋咸淳石刻，就是康熙末年的便母橋，香港的考古和文物工作者，一向對遍布鄉村郊野的明清古墓涉獵較少，其實，香港現存最古的碑刻，仍然聳立在粉嶺郊外的山坡上。

這座明代景泰年間（1450－1456）的古墓，墓主為新界望族之首的鄧龍岡，根據鄧族的家譜記載，鄧龍岡（1363－1421）生於元代至正二十三年癸卯，卒於明永樂十九年，得年 59 歲（虛歲）。他是龍躍頭鄧氏重要的一個成員，迄今保存在龍躍頭村的「東閣圍」就是他所創建的一處圍村。其夫人葉氏，卒於景泰元年（1450）。

鄧龍岡墓於 1978 年重修，墓已改為近代的砂手墓，正中為鄧龍岡及葉氏夫人墓，兩側為「鄧太祖墓」，可能原碑已無法辨認墓主，故重修時只書太祖的名字。鄧氏夫婦墓由於過度重修，除了保留吐葬的形式（見後文）外，已無太大文物價值，但是墓前的一方墓誌，卻具有很高的歷史意義。

明代鄧龍岡墓誌銘全貌，黑石質，上方的凸起部分，疑似在墓中用作部分支撐功能

鄧龍岡墓誌之右側可見陳璉與羅亨信兩人官銜

　　這方明代墓誌為黑石質，高約 1 米，寬約 60 厘米，上方有凸起方形部分，其餘三面平整，凸起部分應為原來放置於墓穴中之鑲嵌作用，也就是說這方墓誌原本置於墓穴中，在後來重修時被立在墓前。

　　墓誌上方為篆書「故處士鄧公墓誌銘」，書體圓轉有致，下方則為楷書誌文。右側兩行為此墓誌的撰寫者與書寫者名銜：

　　　正議大夫資治尹禮部左侍郎致仕同邑陳璉器甫撰

　　　通議大夫都察院左副都御史同邑羅亨信書並篆

　　墓誌銘由名家書寫的習俗，在唐代已經形成，宋代開始，又流行起撰文與書寫分屬不同人的形式，並且以名家撰寫更顯墓主身分的高貴，這方墓誌的兩位撰寫者，都是廣東明代赫赫有名的高官。

　　先說撰文的陳璉（1370－1454），東莞人，字廷器，別號琴軒，洪武

47

二十三年舉人，入國子監，選為桂林教授，在任期間，嚴守規約，以身作則，永樂間歷許州、揚州知府，升四川按察使，豪吏奸胥，悉加嚴懲，宣德初為南京國子祭酒，正統初任南京禮部侍郎，致仕，在鄉逢黃蕭養起義，建鎮壓制御之策。陳璉博通經史，以文學知名於時，文詞典重，著作最多，詞翰清雅，著有《羅浮志》、《琴軒集》、《歸田稿》等。

書寫碑文和篆額的羅亨信（1377－1457），字用實，東莞篁村人，明代名臣，永樂二年（1404）進士，授工科右給事中。後因科內辦事官校勘關防文書遲誤，被貶到交趾鎮夷衞（今越南）為吏，洪熙元年（1425）重新起用。羅亨信回京都後，先後任山西道監察御史，後升為右僉都御史，奉命到陝西監練八衞兵守備邊疆。正統朝也先進犯北京，史稱「土木堡之變」時，羅亨信堅守宣府，宣府成了牽制也先兵力、配合北京軍民守城唯一的一座漠北邊城，使也先最終失敗。景泰帝即位後，提升羅亨信為左副都御史，進三品。景泰元年（1450）春，羅亨信擒獲與敵人在城下私自議和的宦官善寧，皇帝賜璽書褒揚他「為國除患」。次年七月，皇帝許其辭官回鄉，天順元年（1457）十月去世，享年81歲。

這兩位都是明代初年廣東最有影響的官宦以及文學名家，陳璉以詩文著稱，存世有《琴軒集》，羅亨信的書法，則更屬稀世。

墓主鄧龍岡，原名鄧寶安，其父親即龍躍頭「松嶺鄧公祠」主祀的鄧松嶺，龍岡為其獨子。雖然鄧龍岡一生不曾出仕（所以墓誌上稱他為「處士」），不過他在鄧氏遷居龍躍頭的一支宗族上，卻是一個重要人物。在這篇墓誌銘中，陳璉特意先提到鄧氏先世與南宋皇室的關係，其中有提到「自明尚宋宗姬，封稅院郡馬」一句，這是目前所見到關於鄧自明「稅院郡馬」的最早文字記載，可見在明代初年，鄧氏娶皇室宗姬並追封稅院郡馬已經在東莞一帶流傳。

鄧龍岡的生平，談不上有甚麼傳奇，陳璉的《琴軒集》今有傳世，其中收錄有不少他為別人寫的墓誌銘，但是這篇墓誌並沒有收入其中，作為廣東文獻和香港文獻，這篇明代名人所撰寫的墓誌，當然有其獨特的價值，這是香港目前所知最早的由名人所撰寫的本土人物傳記。墓誌雖然沒有年款，但是從敘事可知，鄧龍岡卒於明永樂十九年辛丑（1421），然而羅亨信的致仕，在景泰二年（1451），當時香港還屬於廣東東莞縣管轄，因此羅亨信署款為「同邑」，以羅亨信在朝中的地位，鄧氏能夠請他書寫這樣長篇的墓誌銘，也只可能在其致仕回鄉之後。陳璉則卒於景泰五年（1454），因此本墓誌銘的年代是非常清楚的，在1451年至1454年之間，若以「碑銘」而言，這塊屬於目前當之無愧的「香港第一古碑」（此前發現的南宋咸淳石刻屬於摩崖刻石）。

鄧龍岡墓所在位置，族譜上稱為「橫眉山」，山的來龍從和合石而來，今日多稱為「畫眉山」，可惜的是因為上世紀七十年代的重修，今日墓地已經看不出甚麼明代痕跡，除了保持原有的吐葬形式之外，墓碑均為新修，幸而這方墓誌得以保存。

碩果僅存：唯一保存完整的明代古墓

香港現存地面建築，雖然傳說之中有始建於很早年份的，例如晉代杯渡禪師南來創建的青山禪院，流浮山靈渡寺，還有很多自稱始建於宋代到明代的古廟，祠堂等等，然而經歷了多年的自然破壞，特別是清初的遷界等人為損毀，基本上在民居祠堂寺廟上，找不到一處完整的明代原構。少數能保留一二的，例如龍躍頭「松嶺鄧公祠」頭門的石墩、綠砂巖八角柱礎等，屬於明代中期原物，但是木雕樑架，瓦頂等均為康熙

中後期重修。香港目前唯一保留了原汁原味的明代地面建築，只有幾處明代古墓，可以說是彌足珍貴。其中歷經數百年無任何改動者，只有一座而已。

這座保存完整的明代古墓，坐落在馬鞍山下，喝名叫「將軍下馬三杯酒」，是新界五大氏族中文氏的祖墓。它的位置較為偏僻，因此遊人極少到訪，也使其保存了完整的明末風貌。沿着馬鞍山濾水廠旁邊的水泥路，走大約兩百米，可見右側出現本地村民的墓地，從這裏往上走，要經過一條頗為陡峭的小徑，才能到達墓址。

這個墓地佔地大約兩百平方米，有趣的是，墓地這塊氈唇完全是風水學上所說的天然而成：背後的馬鞍山主峯落脈至此，忽然有一方平整的泥地，而墓地左側山手，距離山坡不到一米，也就是說這塊地並非人工開鑿而是天然生成的，否則大雨天山泥傾瀉而下，墓地會被淹沒或者滑坡落入山崖中。

墓地共三座，以明代流行的灰砂夯土做法砌成，三墓均為吐葬，墓上中間隆起砌作半露之棺木形，向壟環一側較低，墓碑一側較高，遠望猶如棺木半露於地上。正中一穴與左側一穴並無墓碑，墓碑位置以灰砂砌出龕形空間，上方為如意紋。左側一穴同，然左側保存較差，灰砂棺狀部分已開始傾斜。

最具價值的則是右方一穴，此墓灰砂棺外側中間部分為一小龕，上方以小塊紅砂巖為楣，下部為須彌座式，龕中鑲嵌一方黑石碑，正中為楷書字：明顯考心乾文公之墓。右側為銘文，依稀可見年款為「禎元年戊辰」（「禎」上一字漫漶），按崇禎元年戊辰為 1628 年，這是標準的明代紀年實物。墓碑上其他字多已漫漶風化，能讀出部分如：

文心乾基碑全貌，香港目前發現古代碑刻中排名第二

參考圖：廣州大學城明代曾豫齋墓踏腳石及其上的如意雲紋樣

　　字彥明別號心乾生於……萬曆戊戌二十六年……禎元年戊辰……
二十七日辰時陪葬土名馬鞍山……祖塋之右……號南軒者術精堪
輿……中一壙是也其左一壙則公之大父雙源處士之宅兆云

　　碑上多字風化，但從可見的字中，大致可以判斷，墓主為文彥明，
號心乾，萬曆二十六年為西元 1598 年，由於萬曆以上文字缺失，不能
肯定此為其生年，若其生於萬曆二十六年，則下葬之年他應該三十歲。
由於其左側兩墓均無碑，這方碑還記錄了正中的一方是曾祖文南軒公，
左邊（即損毀最嚴重的）是他的大父（即祖父）雙源公。

　　這三座相連的古墓，墓主並不是甚麼名人高官，只是三位普通的新
安人，文南軒是一個風水師，文雙源是「處士」，即沒有功名的布衣，文
心乾似乎也沒有甚麼功名。這樣的古墓在內地不算奇特，但是在香港卻
具有重要的意義。

　　首先這塊墓碑從取材到書寫雕刻方式，都保存了明代末年的原貌，

這就使其成為現在發現的唯一一塊明確紀年的明代墓碑。它的發現，刷新了香港明代文物的歷史。在此之前，文物界只知道香港的刻石最早是宋代，對此古墓均沒有記載。若以「碑」而言，它則是香港古碑之第二位。

這塊碑石的另一意義則是它標示了香港明清墓碑的形式：中間書寫墓主姓名，右側為銘文（墓誌），記錄墓主的生平與本墓地名，嗚名等，左側書寫下葬或重修日期。這種形式從明代定型，一直到現代仍然在使用（現代只流行於新界原居民地區）。此墓因未經重修，左側的年款部分為空白，也佐證了其明代原裝的可能。

其次是這古墓的形制，由於有明代準確紀年，且四百多年並未大規模重修，其墓碑與夯土的情形，與鄰近地區的明代墓葬非常接近，因此可以作為鑒定明代香港地區古墓的標準，據此可知很多現存明代香港墓葬的重修程度。文心乾墓的形制，在香港明代墓中也是唯一的一例，其墓龕以明代常用的灰砂夯土砌成，這種灰砂中，摻入本地常見的河砂和卵石，比珠三角所用的灰砂粗糙。碑龕的制式也比較獨特，其須彌座裝飾以如意紋，簡樸大方，仍保留明代中期風格，而與此可相印證的，則是前述龍躍頭「松嶺鄧公祠」頭門門墩上，同樣裝飾有類似的如意雲紋，與珠三角地區同時期的建築如出一轍。有趣的是，須彌座本以灰砂砌成，卻在外層塗一層厚的紅色，看上去似乎是一整塊紅砂巖雕琢而成。實際上只有碑龕楣是用真正紅砂巖，座子與整塊碑龕都是灰砂漆紅色，由於長期風化，碑龕的紅色已經脫落，須彌座因位於下部，紅色保存較好。紅砂巖是明代常用的一種石料，產自珠三角的東莞番禺一帶，本身並不算名貴，在珠三角明末清初建築中較為常見，然而考慮到這座古墓的陡峭，若工匠背負大塊的紅砂巖上山，殊費工料，因此聰明的匠人使用了模仿紅砂巖的做法。碑龕楣上的一方則使用了真正的紅砂巖，因這個位

文心乾墓碑龕細部，從風化後的灰砂可見整座墓碑都曾經髹以紅色，模
仿紅砂巖的效果非常逼真

文心乾墓碑龕特寫之二，龕楣由於承重需要，用上一塊真正的紅砂巖，保護了古碑四百多年沒有損壞

置承托上方的灰砂，有支撐作用，若全用砂砌則容易崩塌，事實證明工匠的做法非常聰明，既省料又有裝飾效果，支撐了四百多年也沒有問題。

　　從這座古墓的壟環上遠眺，可以眺望到很壯觀的景色：近處的馬牯纜村和低矮的馬草壟山是它的案山，平坦而低，明堂開闊。中間是寬闊的大鵬灣海面，令人稱奇的是與之隔海相望的深涌一帶遠山，正對穴星的砂山，形如帳幕，遠近三層，一層比一層高，而三層的尖峯差不多都在同一線上，偏一、二度對着中間的主穴，這樣的氣象，在香港現存古墓中也是不多見的，可見明代堪輿師的功力。

　　墓主人是新界五大族中文氏的先祖，文氏的祖先是南宋著名英雄文天祥的堂弟文天瑞，他從宋末江西吉安遷居新安一帶，文天瑞的第四代孫開始移居今日香港大埔泰亨村，據筆者向泰亨村文氏後人採訪所得，墓主是泰亨村開村的第二代。從今日大埔泰亨村文氏宗祠牌位上，筆者

從文心乾墓護嶺上遠看，吐露港外的幾重山是其朝砂，左側是文雙源墓，圖片中間凸起的為文南溪墓，右側為文心乾墓，注意圖片左側山手部分距離天然的懸崖只有一米左右，這片山崖天然生成一片氈唇，令人稱奇

找到了文心乾的牌位：

明十一世六屋祖考著，字彥明，號心乾，妣淑德聶氏孺人神位

由此牌位可知，文心乾原名著，字彥明，夫人聶氏。若文著為十一世，則南軒應為第八世，雙源為第九世，然而宗祠現存牌位中未見此二人。據村中族人傳說，祖先有遺訓，此墓縱有錢也不能重修。因祖先南軒公是堪輿師，其遺訓也得到了後輩的恪守，這座古墓在香港眾多有後人拜祭的明清古墓中，歷經四百多年仍然保持原貌，要感謝這位南軒公的遠見。

此墓的喝名頗有氣勢，名為「將軍下馬三杯酒」，筆者初不明其所指，後來實地尋訪才知道，此墓背後即馬鞍山主峯所在，遠看就是一副巨大的馬鞍，前案為馬牯纜村與馬牯纜山，是一個低矮的山坡，牯纜

即馬的韁繩，寓意將軍從馬鞍上下來，將韁繩拴在海濱休息，所謂「三杯酒」，則是墓地前方吐露港海上的一處小島，此島有五個小石峯，中間的三個大小相等，當地漁民稱為「三杯酒」，兩側則為一對大茶杯，這個喝名只在家族相傳中記載，墓碑上僅寫有「馬鞍山」字樣。

墓地所用的灰砂夯土砌法，是以一定比例的河砂（海沙含鹽分，不堪使用）混合粗礫石，再加上糯米和紅糖，反覆搗製而成。這種做法雖然一直沿用到民國時期，不過這座墓整座以灰砂砌成，

文南溪墓灰砂棺與如意雲狀小龕，中間並無墓碑

除墓碑和碑楣上用了兩塊整石之外，不見一塊磚頭。這種做法，與後來清代常見的青磚砌墓有很大不同，而與廣府地區現存的明代墓非常接近。由此可知青磚砌墓是在清初才出現的，明代的香港墓，應該與廣府地區風格一致。

另一值得注意的是正中與左側墓的裝飾風格，此兩墓均無碑，可能與風水有關，三墓均為吐葬法，以灰砂砌半截棺狀露出地面，這種葬法，在明代廣東沿海一帶流行，如陽江電白一帶，至今仍可見不少明代墓採取此種形式。灰砂砌成如意雲紋小龕的裝飾手法，似乎也是明代慣用。與此墓近似的，則有元朗大樹下天后廟後山的「宋故陳公墓」，其不設墓碑而僅用如意雲紋小龕的手法，與此墓非常接近。考慮到陳公墓的書法風格和文字語氣，筆者認為陳公墓重修於明末的可能性相當大。

與此墓接近的一些明代墓，也可以從風格上判斷其重修的程度與早

晚差別。比較接近的是上水金錢村鰲地的廖氏七世祖樂得公與八世祖培岡公的兩座墓，兩座墓正中為元末廖仲傑墓（見前文），陪葬兩人分別為其七世與八世孫，按廖仲傑在元至元年間定居上水，則其七世孫應該在明中晚期左右過世，因此兩座廖氏墓均採用吐葬式，與中間廖仲傑墓的八角塔式不同。此墓墓碑已於嘉慶年間重修，所用為鴨屎石，碑飾也改為祥雲湧月，但墓式仍保留了吐葬的形式，可以信為明代遺風。

　　吐葬是華南地區葬俗之一，其特徵為墓壟環的平地上，以石砌或灰砂，砌成半露的棺木形，靠近壟環一側向外傾斜，內高外低，從外面看，形似棺木露出一半在外而得名。這種葬法，在《葬經》中有所記載：

上水金錢村廖氏祖墓仍保留吐葬方式，墓碑為清代嘉慶年重修

吐葬法，有橫吐，直吐，斜吐之不同，俱以太陽脈之旺處分葬，而截其上，截之近太陰者，砌一空壙而下截，稍鋤尺許，結壙，置棺，與上空曠相連，則殺氣和，而生氣結矣。[1]

按照堪輿家言，選用吐葬或吞葬，是以該墓所處地形而定，並非一概而論，又有說濕潤多水之地宜吐葬，以免棺木受地下水影響。但是從以上幾例明代遺址看，「將軍下馬」的地形較高且陡峭，並非蓄水之地，而鰲地則濕潤多水，因此推測吐葬為明代香港地區較為流行的一種手法。

山景村明代歇山頂式大墓

香港還保留有一處非常珍貴的明代廡殿頂式大墓，即屯門山景村後山的鄧國恩墓。

據鄧氏族譜所記，鄧國恩生於明弘治七年甲寅（1494），卒于嘉靖三十二年癸丑（1553），為新界廈村鄧氏族人。據族譜所記，此地原名河田，此墓在乾隆二十三年（1758）重修，但保留了明代的仿民居制式，尤為難得。

墓坐落在今日山景村後山坡花圃之後，以青山為祖山，昔日前方為魚塘和平整的田野，前眺屯門河與青山灣，前

明代鄧國恩墓外形猶如兩進的民居建築，是香港唯一現存實例，外立面保存了乾隆年間建築特徵，而壟環上的歇山頂則是明代風格

1　周樹佳：《香港名穴掌故鈎沉》（香港：天地圖書公司，2020 年），頁 114。

參考圖：廣州大學城明代曾豫齋墓前的踏腳石

方遙對九逕山為琴星，氣勢不俗。這座墓的最大特色，則是使用了仿明代建築的兩重歇山頂式。墓為砂手式，前有三級明堂，最前方為半圓形兜金月池，第二級與第一級子孫基地台為灰砂所砌，比較重要的一點則是兜金月池與第二級拜台（孫基）之間，有兩方對稱的方形石階。這兩方台階，毫不起眼，也沒有甚麼裝飾，有甚麼玄機？

原來這正是明代大墓的一種特點，明代墓壟環前的兩級子孫基之間，高低差比較大，而明清兩代都有「六十歲以上老人才能上山拜老太公」的習俗。因此在存世的明代原狀墓子孫基前，會發現有左右兩側的方形凸起，其作用為方便老人跨過較高落差的階梯。同樣的階梯，可見於廣州增城的湛治中墓，墓前有兩級子孫基，各保有一對這樣的踏腳灰砂。又廣州大學城曾世昌墓前，更有一對以鴨屎石雕成方形的踏腳石，這兩座墓都是明代嘉靖至萬曆時期原貌，與鄧國恩墓年代非常接近。幸運的是鄧墓這兩方踏腳石雖經重修仍然保留（左側一方已改為水泥），

60

在香港現存明代墓中，經常可以見到這樣的遺構，筆者考證，香港保留這個習慣一直到乾隆中期（見後文）。

鄧國恩墓的明代原構，則是墓頂（即第二進歇山頂）下的須彌座。這是一座灰砂座，其裝飾為如意雲紋，外髹紅色，模仿紅砂巖的外貌，上文曾經說過，文心乾墓的基座與此非常接近，可以推論這是明代廣府慣用的手法。至於歇山頂的瓦脊，從灰砂用料看似乎已經是乾隆朝改動過。外立面的裝飾很有特色，這是模仿一座祠堂的造型，三開間四柱，正中鑲嵌墓碑。左右兩側柱為方形，柱礎亦為方形，內側兩柱為圓形，柱礎亦相對為圓形。從柱礎看，與新界現存較為標準的乾隆朝宗祠（如屯門屯子圍陶氏宗祠）柱礎形制最為接近，且圓柱有收分現象出現，因

鄧國恩墓全貌，可見墓前兩級踏腳石，其中右側為明代原物

鄧國恩墓正面立面之灰塑柱，帶
有乾隆朝建築特徵

鄧國恩墓歇山頂特寫，可見花崗巖龍船脊的角度較為
誇張，應屬乾隆時加建

此判斷為乾隆朝重修時改動。兩側掛榜的碑龕中只有兩方光滑的大石而
無碑文，不知原來是否有碑。

　　鄧國恩墓現存碑刻為乾隆二十三年所立，正中為鄧國恩及夫人名
諱，右側為墓誌銘，墓誌銘略謂墓主名世榮，字國恩，是明初鄧洪惠（即
代弟從軍者）的曾孫，也是鄧氏入粵始祖鄧漢黻的十八世孫。此地土名
為河田凹，辰戌向（即座東南偏東，向西北偏西），由於墓地歷經多年，
因此子孫重修，左側為乾隆二十三年十一月十九日落款及眾子孫名字。

　　值得注意的是鄧墓的石脊，兩條石脊均為花崗石質，墓碑上的一
方，花紋左右側為雲紋，正中為葫蘆。墓頂一方，花紋左右為雲紋，正
中為仙鶴與魚圖案。這種古樸的裝飾紋樣雖然具有早期特徵，然而其石
材與四根望柱一樣，屬於花崗巖石，與明代常用的鴨屎石不同，因此仍
然只能推斷為乾隆重修時模仿原物所複製。另外這石雕龍船脊的上翹角
度，與存世其他香港乾隆重修的明代墓（例如屯門五渡水「五龍爭珠」）
碑龕瓦脊灰塑幾乎相同，因此可以判定為乾隆年間所替換。

參考圖：廣州蘿崗明代湛樵蓮墓灰砂砌廡殿頂結構，注意看四簷滴水的歇山頂方式與鄧國恩墓完全相同

　　墓後方有兩重護嶺，首護嶺正中有灰砂雲月，二護嶺正中則無雲月。按照明代做法，並無護嶺形制，應屬後加，鄧國恩墓雖然經過重修和改動，但仍然保存了明代的樣式和裝飾手法，值得珍視。

鄧國恩墓歇山頂下須彌座細部仍然帶有明代遺風

　　將墓穴上方修建為陽宅的形式，是明代中後期廣府地區盛行的形式，可與之參考的，如廣州增城區明代名臣湛若水之孫湛蓮樵墓，其墓碑上方的歇山頂形式與鄧國恩墓極為接近（唯一不同的是湛墓未經清代重修，沒有加建龍船形屋脊），可

鄧國恩墓右側之明代鄧氏墓，保存了明代普通墓葬的面貌

知均屬於同一時期風格。值得指出的是，鄧國恩墓頂的歇山頂式建築，在香港明代留存建築中是唯一實例，雖然經過清代改建，仍然具有很高的文物價值。

此墓左側還有一座明代鄧氏族人墓，形制較為質樸，僅得一層，無山手及壟環，但其做法為將海邊常見的砂質巖石橫砌成立面，石砌手法較為早期，應該屬於明代香港地區普遍低下階層墓葬的原貌（從其古樸的外表看乾隆時並無大改動）。

另一處保留了明代小屋形式的古墓為屯門青山的鄧育侯墓，墓地位於青山禪院山門附近的散石灣路，沿散石灣路上山，可見這座墓坐落在山麓的斜坡之上。

墓地佔地不大，坡度較為陡峭。由於經歷後代重修，因此整體均為新建，墓為山手墓，從後山起依次為壟環、拜台、子孫基、月池。壟環內為吐葬式，正中為石棺及磚砌小屋一所，上覆以瓦頂，中鑲嵌鄧育侯及夫人袁氏墓碑，為 1999 年重立。子孫基與月池之間，仍保留有一對踏腳石，為明代特徵。此墓的價值，在於仍然保留了吐葬與小屋結合的特色，墓左側又有「李太白王野人呂純陽賴布衣」神位，這在香港古墓中是有趣的一例（見後文）。

始建於明代的古墓，在香港各地仍有不少保留，但多數經歷不同程度的重修，上述幾座是原貌保存較為完整的，明代墓能保存至今而不失祭的，基本都和大族有關。新界另一望族鄧氏的祖墓中，始建於明代比較有特色的則數錦田水頭村的「荷葉跋龜」鄧洪儀墓。

屯門散石灣明代鄧育侯墓的仿祠堂碑龕，此墓雖已翻新，仍保存吐葬及墓前廡殿頂形式

水頭村「荷葉跋龜」墓，可見後方的小山丘，即荷葉所在

「荷葉跋龜」是鄧氏著名風水名墓之一，其位置在水頭村後山。這座山並不高，大約 20 米，其形如倒覆的荷葉，從山頂往下俯視，可見山腳有數處石曜微微拱起，形似荷葉的捲邊，墓地點穴在向着小河的捲邊上，形似河邊荷葉上蹲伏（「跋」為粵語，意為蹲伏）的小龜而得名。

此墓主人鄧洪儀，為明初錦田鄧氏家族的重要人物，一生充滿傳奇。他是鄧氏錦田村開村祖的九世孫，今日水頭村內尚存一處名稱奇特的祠堂「鎮銳鋗公祠」，所供奉的就是鄧洪儀的三個兒子。元朝末年，東莞人何真起兵反抗蒙古人，佔領粵東粵西大部分，後來歸順朱元璋，獲封東莞伯，何真死後，兒子何榮襲爵，何榮曾為涼國公藍玉的部屬，洪武二十六年（1393），朱元璋懷疑藍玉叛亂，誅殺藍玉，何榮也被殃及，其叔何迪怕禍及自身，遂起兵反抗，但被迅速平定。鄧洪儀的弟弟鄧洪贄娶了何迪之女，株連獲罪，發配充軍。鄧洪儀考慮到自己已生育三子，而弟弟尚無兒女，於是提出自己代弟充軍，讓弟弟留在錦田鄉下。充軍到邊陲之地三年後期滿，鄧洪儀獲釋回鄉，卻因身無分文，流落江南，被一戶黃姓人家收留，並且將女兒許配，生一子即鄧鋗。後來鄧洪儀病死在江南，遺命妻子黃氏有機會帶着兒子回錦田認祖歸宗。

黃氏帶着鄧的骨灰和兒子千里南下，找到鄧氏族人，鄧族人感其孝行，在觀音山下修建了凌雲靜室供其拜佛養老，這就是今天香港三大古寺之一凌雲寺的由來。而鄧洪儀的骨灰則安葬在村後的小山上，即「荷葉跋龜」。

這裏並排的三座墓，分別是正中的十五世祖鄧洪儀墓和他的兩位後人，十七世祖鄧南溪（鄧銳之子，過繼鄧鋗）和二十一世祖鄧儲角墓。鄧洪儀生活年代是洪武至宣德初年，則鄧南溪生活年代應該在正統至成化左右，至於鄧儲角，墓碑上顯示他下葬時間已經是康熙十二年了。鄧

洪儀墓下葬在宣德初年，則應該保有最
接近元代香港地區墓葬的特色。首先是
墓並非採用吐葬式，而是在壟環內以灰
砂砌一長方形碑龕，龕頂裝飾為一灰砂
覆盆，呈漆紅色（估計原為紅砂巖，因
不耐風化而重修後改）。從側面看，此
龕仍保留了吐葬法的某些特點，突出地
面，只是不再沿用從外向壟環傾斜的棺
型外表。考慮到這三座墓都曾經在清代
重修，因此明代的痕跡不甚明顯。

鄧洪儀墓方型碑龕側面，可見覆
盆裝飾細部，認真觀察可見覆盆
在祥雲湧月的位置有改動痕跡，
為嘉慶重修時所改，可能覆盆為
原狀

　　三座墓的墓碑都是清代重刻，鄧洪
儀墓碑為道光二十八年重刻，右側寫有
「座甲向庚，俗呼荷葉跋龜」字樣，記錄了這墓的喝名。所用為鴨屎石，
祥雲湧月裝飾。鄧儲角墓重修於嘉慶十一年，鄧南溪墓重修於嘉慶十七
年，筆者認為，最可能保留原狀的就是其突出地面的部分，這種以方形
碑龕覆盆式裝飾的手法在新界極為罕見。

　　這座小山很容易就爬到山頂，在「荷葉跋龜」的另一面，可以找到
另一座鄧氏古墓，這裏倒是保存了晚明的一絲痕跡。這座墓知名度不如
「荷葉跋龜」，它位於兩個小山坡連接的山脊下方，又由於其相連共四小
坡，在堪輿上稱為「四金降水」。墓山手右側，有天然石曜一方，為此
墓特色。墓主人為鄧洪儀的夫人張氏（有記載為黃氏者，實誤），也就
是鎮銳兩子的生母。此墓左側紀年為「康熙四十三年」，與明代相距僅
數十年，其刻石所用的黑石碑，與文心乾墓非常接近，只是風化程度稍
好。這座墓最大的特色，則是山手裝飾為一對紅砂巖的六角柱，熟悉嶺

鄧洪儀夫人墓碑，刻於康熙四十三年，是現存香港最古老的碑刻之一

鄧洪儀夫人墓全景，墓後方即荷葉小山，山手的一對紅砂巖六角柱非常引人矚目，注意墓前右側的天然石曜

南建築裝飾風格的人都知道，紅砂巖和六角柱，都是明代末年到清初流行的廣府風格元素，與之相接近的，則有「狐狸過水」郡馬墓，可見這種六角柱在晚明清初曾十分流行於香港地區。

粉嶺和合石附近，有不少原居民的早期墓葬，除了前述廖氏一世祖「鰲地」外，廖氏二世祖的「虎地」也保留了一點明代的特徵。「虎地」位於粉嶺和合石後山，這個小山與前述鄧龍岡墓一樣，均以橫眉山（又名畫眉山）為祖山，只是落脈不同。

墓地喝名為「虎」，其形勢也很陡峭，也有人認為這個「虎」指的是「壁虎」，故此墓地又名「壁上掛銀燈」。若從現場勘察，這座墓地確實位於較為陡峭的山坡，從山坡往下，墓地依次由護嶺，壟環，拜台及兩重月池組成，由於山坡的角度，拜台與月池之間，其高低落差竟然接近1.5 米，雖然明代流行拜台與子孫基（或者月池）的高度差較大，可是像

「虎地」廖自玉墓，注意其陡峭的高度，使月池與拜台高度差竟達到四級台階

「虎地」廖自玉墓碑，乾隆年間補立，黑石質

虎地廖自玉墓側鑲嵌的堪輿地說碑記

「虎地」這樣的高度差，在香港現存古墓中是絕無僅有的，因此這裏的台階做了三級，才能供拜祭者到達墓碑前。

現存三座墓碑皆為吐葬形式，保留了明代結構，正中一座為廖仲傑的獨子廖自玉的墓碑。廖自玉墓碑為黑石質，正中為楷書「宋二世祖自玉廖公廖公府君」及歐氏夫人名諱。按廖仲傑為元末生人，其子更不可能生於宋，「宋二世祖」不過為表示不肯臣服蒙元之意。墓碑右側為簡單的廖自玉生平與本墓坐向，左側年款為「乾隆五十八年十二月十一日」。左側一穴，因墓碑漫漶，較難辨認，右側一穴，為廖氏七世祖墓，始建年代應為明代末年，亦為乾隆年重修。

廖氏「虎地」較有文物價值的，除了三方乾隆墓碑之外，則數鑲嵌在墓地山手上的一方乾隆年間墓誌銘，這是香港目前保存最早的清代墓誌之一，並且有書寫者署款，對於研究本地的書法史和堪輿學說有一定價值（見後文），另外這塊墓地兩旁還有兩方「本山后土」碑，黑石碑上有落款為「嘉慶四年」（1799）這是目前香港所見最早有標準年款的后土碑刻，詳後文再述。

前述曾經提及，明代用於建築的石材比較流行的是紅砂巖，這種石頭色澤暗紅，廣泛分佈在珠江口沿岸如番禺到東莞一帶，因石質較軟易於加工，成為明代至清初常用的建材，現存珠三角一帶，明代大墓用紅砂巖砌成的並不罕見，在香港則保存了唯一一座全用紅砂巖砌作的明代古墓。

這座墓位於香港與深圳邊界的松園下村後山，與蓮塘口岸和深圳鹽田只有數百米距離，昔日位於禁區內，因此保存完整，且未經重修。

據當地村民傳說，墓主為何氏南溪公。松園下村民多姓何，且大有來頭，據族譜記載，為元末明初受封東莞伯的何真（1321－1388）後裔。

沙頭角松園下明代何氏紅砂巖基全貌，以三層紅砂巖砌成，正中碑龕尺寸
較小，黑石質，符合明代形制

松園下何氏明代墓尚未風化的紅砂巖細部，可見當年砌作之嚴謹，雖然風
化，仍未開裂

參考圖：廣州白雲山明代隆慶年間黃天嚴墓，三層石砌及小碑框均與松園下何氏墓非常接近，兩墓均無護嶺

此墓共三穴，橫排，正中一穴，為壅環式墓，僅有一重壅環，以三重紅砂巖砌成。由於紅砂巖易風化，已經嚴重殘損，僅有底部數塊仍然保持完整。從殘餘的石塊看，當年的打磨與砌作工藝非常高超，故此數百年後仍未開裂與倒塌，已屬幸運。

正中為紅砂巖碑龕，僅存外形，看不出原來是否有裝飾。正中鑲嵌一小方黑石墓碑，其尺寸與馬鞍山文心乾墓碑接近，可知為明代原碑，可惜的是因風化嚴重，已完全無法釋讀。不過作為明代留存的原石，這是迄今發現的第三方明代原裝碑刻，亦屬可貴。

此墓左右兩側各有一墓，左側一穴，保存情況更差，只能依稀辨別為草穴。右側一穴，則利用天然的巖石作為左側山手，另一側以花崗石砌作山手，兩墓均無碑，據鄉民口述為何南溪後代之墓。可與之相比較的，如廣州白雲山明代隆慶庚午（1570）款的黃天嚴墓，此墓形制、碑龕等均與此非常接近。與此相比，廣府附近的石砌壅環墓，層數均為三層，則可能屬於當時的一種規範。[2] 作為香港唯一的原裝明代紅砂巖砌作墓，何南溪墓雖然較為簡樸，其文物價值也是不言而喻的。

其他保存有明代特徵的墓葬，還有元朗南坑排的鄧喬林墓，他是鄧族分支到元朗屏山鄉的一支。鄧喬林墓為單層壅環山手墓，無護嶺，這很符合明代廣府墓葬無護嶺的特徵。護嶺在清末改為青磚砌人字形，

2　陳建華主編：《廣州市文物普查彙編白雲山卷》（廣州：廣州出版社，2008 年），頁 111。

南坑排明代鄧喬林墓，兩座小墓保存吐葬形式，小碑框也符合明代形制，月池前有踏腳石一對

鄧喬林墓咸豐年間重修所立碑文，碑框為鴨屎石質地，此質地清代已經不流行

碑龕仍然保留了明代低矮的特點，四周為灰色火山石砌方框，碑已在清代重修，現存碑文為清代咸豐十一年（1861）重立，墓主為明代十一、十二、十三世三位鄧氏族人。在碑龕前方的拜台上，有兩個吐葬小墓，半圓形的墓包由幾塊花崗巖石鑿成，較為特別。前方各有小碑龕兩個，碑文已漫漶，拜台與子孫基之間，高度落差較大，有踏腳石兩方。除此之外，此墓的台基有兩級，亦即在壟環之外，有兩級台基，俗稱「子基」與「孫基」，這種形制亦為明代大墓所具有，如廣州大學城的明代曾豫齋墓即是一例。

　　粉嶺蓬瀛仙館旁邊的停車場後山，有兩座相連的古墓，靠近仙館圍牆的一座，是始建於明代的彭養拙夫婦墓，此墓位置低矮，但佔地廣闊，按照碑上的銘文，此墓喝名為「父子鳴琴」，地名

粉嶺明代彭氏墓「父子鳴琴」，仍保留明代仿祠堂外立面

沙田排頭村明代墓獅，可見尾部原來與山手石欄相連處被截斷的痕跡

叫大岇嶺，所葬之人是粉嶺原居民中彭氏的祖先。這個特殊的喝名，大概和墓前曾經有過平坦的小山坡（堪輿上俗稱琴案）有關，不過現在已經填平成為停車場。按照墓碑上的記載，這座墓在乾隆四十年和民國五十三年兩次重修，因此外形上看不出明代遺風。不過若參考鄧國恩墓，則可以發現，「父子鳴琴」墓碑的外立面，仍然保持了模仿祠堂的建築形式，這應該就是乾隆四十年重修時所改的樣子。

香港目前保存的墓主為明代人的古墓，尚不在少數，因為明代中後期從廣東福建移居香港的人數逐漸增加，篇幅所限，只介紹能儘量保留明代結構，或者部分保存清代文物的典型個案。對於重修後已無文物價值的只能割愛。而部分明代墓主的古墓在清初修築，則放後文介紹。

最後值得一提的，是有一處明代墓葬的裝飾，這是一對砂巖質地的石獅子，擺放在港鐵沙田站出口，排頭村的藍氏宗祠外，這對獅子造型奇古，砂巖質，兩只獅子側頭對視，從尾部皆有斷口可以判斷，這是一對用於古代墓葬山手上的裝飾獅子，稱為山手獅，明代末年大墓上常有此種形制，見於珠三角一帶，例如小欖李孫宸墓即有類似製作。這對獅子造型穩重，兩獅前爪下均為繡球，與清代墓獅以球和幼獅分公母不同，可能為附近明代大型古墓的遺構，今日被當成普通的裝飾擺放在一對清代的石雕柱礎之上。

第四章

清代早期至開埠前墓葬

在本書開篇中，已經介紹過清代廣式墓葬，是清代廣府建築文化的一個重要組成部分，倚靠着清代中晚期以來廣東雄厚的經濟實力，使廣府人更重視祖先的墓葬營造。為了使讀者更清晰理解這份可貴的遺產是如何演變的，在本章開始前，有必要先介紹一下成形之後的廣式大墓典型結構，及各部分的名稱。雖然此前的章節已經有部分提到這些術語，但並未形成較為規範的結構，只有到了清代後期，廣式大墓才蔚然成風，甚至影響遍及海外。

以下兩張圖分別為筆者家族譜所刊載的白雲山頂蓮花台梁母陳太夫人墓圖片，及香港昭遠墳場何莊的張公德輝墓圖片，以說明廣式大墓各部分術語。

陳太夫人墓始建在咸豐六年，今日尚保存較好，屬廣州文物保護單位。從後山開始，第一層為護嶺，護嶺顧名思義，即保護墓地本身不被山泥或者雨水沖垮。護嶺的設置，在明代並不流行，僅於清代康熙晚期開始出現。護嶺通常為一道，但是晚清時期有出現兩道，稱為二護嶺，顯示墓主身分和財富。晚清同治光緒時期，奢華之風興起，最誇張的護嶺，是在廣州白雲山的盧廉若墓，達四層之多。

護嶺之後為半圓形壟環，也稱作環壟，其作用是半圓地保護墓地本身，墓碑通常鑲嵌在壟環的正中。碑龕的尺寸，明代較低矮，清代較高昂。碑龕所在的平面，稱為拜台，拜台上的墓穴，早期無拜桌，後期才

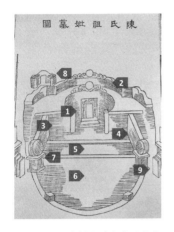

筆者家譜上木刻的陳太夫人墓結構圖，今存白雲山蓮花台，圖中各標示分別為：1-壟環，2-護嶺，3-掛榜，4-砂手，5-拜台，6-月池，7-石鼓，8-后土，9-旗杆夾，共四對，其中一對高聳的為進士旗杆夾

圖中各標示分別為：1-護嶺，2-壟環，3-掛榜，4-踢靴，5-子孫基或稱拜台，6-月池或稱兜金，7-來龍，8-敕書亭或稱誥命碑

出現拜桌。

　　壟環外的一重方形台基，稱為子孫基，第一重稱子基，部分大墓有兩重稱為孫基。壟環向台基一側的平面展開部分，稱為掛榜，掛榜在清末發展為鑲嵌墓誌銘或者附葬子孫妻妾墓碑之用。

　　若台基超過一重，則掛榜又會向外伸展一層，這部分稱為踢靴，踢靴面積比掛榜小，通常不鑲嵌，極少數大墓有兩重踢靴，例如香港玉山草堂李氏夫人墓，在掛榜與踢靴轉角處，清末出現各種柱頭裝飾，更為精美。

　　台基之後，通常是墓地最外一重的月池，又稱「兜金」，在明代已經出現，其最初的用途是收納從壟環和護嶺上流下的雨水，再從某一角度

流出墓外。

墓地後方或者左右側，通常有「后土」神位，清後期廣府盛行買官，遂又流行誥命或者敕命的碑亭，見後章詳述。

月池前方，若有子孫功名的家族，則在墓前豎表示功名的旗杆石，因香港地區參加科舉考試獲得功名者較少，因此香港目前僅發現一例墓前豎立旗杆石的實例（見後文），華表則有少數實例。華表與功名無關，只要墓主或後人曾經獲得官職，即可豎立，在香港有少數實例，現在能見到最高的官職是二品銜資政大夫（粉嶺蝴蝶山陳氏墓）與昭遠墳場的何東（賞戴花翎資政大夫）。

以上為較為標準的清代廣式大墓成熟時期構造，下面按香港現存的各時期實物，分述其流變特點，俾讀者能明晰不同時期有何演變特色。

清初至康熙時期

清代順治年間，廣府地區經常處於南明朝廷與清兵分別統治之下，其情形較為複雜，香港亦未曾發現署款為順治年間的古墓，因此只能將整個清代初年一起討論。

河背水塘清初鄧翠野青磚大墓

香港大部分古墓，因為近代的經濟騰飛，絕大部分都經過後代的重修，極難保持原狀，只有個別隱藏在深山老林或者被湮滅而失祭的古墓，才能完整保留。

河背水塘是香港比較隱世的一處水塘，平時遊客較少，在水塘旁的山坡上有一處墓地，為錦田鄧氏明末祖先鄧翠野墓，喝名「真武踏龜

河背水塘鄧翠野青磚明式大墓側影，可見方折的交椅式墓形，頗為大氣

蛇」，因坡度非常陡峭，曾多年失祭，卻因此保存了更多的古樸特色。

墓地位置較高且狹窄，因此以當地河灘的大型石塊砌作台基，墓為交椅式，全用青磚砌成，分為三層，第一層是方形護牆及墓包，墓包呈方形，亦用青磚砌成，拜桌一方，白色灰砂質地，裝飾為如意雲紋。

第二層為方形拜台，掛榜為青磚砌成。第三層為半圓形月池，踢靴部分為灰砂牆。子孫基與月池之間高度約為 60 厘米，有兩塊踏腳磚台階方便上下。此墓的方整形制與青磚砌墓包的形式，與增城湛若水墓的構造最為接近，也說明此墓與明代的沿襲關係。

整座墓雖然簡樸，但氣勢方整軒昂，儼然有明式家具簡潔中見大氣的遺風。墓碑為黑石質，已碎裂，筆者只發現有「士」、「德」楷書字樣的碑石殘塊，此墓主為錦田鄧族的鄧翠野，他的曾孫即香港唯一的文進士鄧文蔚，鄧翠野的卒年在萬曆末，據鄧族相傳及此墓下方的地師林氏

河背水塘鄧翠野明式大墓的方形墓包，俗稱「豬子肚」，為明代遺制

墓誌銘記載，鄧翠野的下葬時間約在順治初年至康熙初年之間，因此仍然保留了不少明代的特徵。例如拜桌的如意雲紋裝飾，與前揭文心乾墓等較為相似。

之所以判其年代為順治至康熙之間，形制有二：其一是建墓的材料，已經用上了青磚，迄今在香港和廣府其他地區，尚未發現有明代墓地面建築使用青磚的實例。值得一提的是青磚全部作橫砌，顯示清初並無人字形磚的砌法。

其二則是墓的右方，即現在登山的狹窄小路一側，有一座青磚砌的「后土神位」，此神位根據位置與用材判斷，與墓本身為同一時期建成，即非後代加建。

后土神位在晚清成為廣式大墓的標配，很多小型墓穴，也往往有此。可是我們若考察現存的明代墓穴，會發現並沒有原裝的后土神（不討論後代加建例子），一些典型的大墓，例如增城的湛若水墓，廣州蘿崗湛蓮樵墓，廣州大學城曾勉齋墓等，從現狀與發掘報告可以看出，這些典型的官宦大墓都沒有后土神位的設置，其他小型墓穴更無論矣。再看香港本土，筆者多次在文心乾墓附近考察，未發現有后土的痕跡。沙頭角何氏紅砂巖墓與屯門田心村鄧氏墓的后土，均為後代加建，更可佐證明代並沒有在墓後方或左右修建后土神的習俗，據學者考釋，墳墓旁的后土神信仰與滿清入關後的習俗有關（見後文）。

此墓的另一重要性，則是其屬於明代方形交椅式大墓在香港的唯一留存。明代廣府墓葬在廣府其他地區，有兩種常見形式，其一是圓形的

壟環，以石構為主，其二為方形交椅式，通常規模較大。圓形的以廣州大學城曾豫齋墓為典型。方形的多見於增城南海一帶，如增城湛若水墓，湛蓮樵墓均屬此種，特點是不設壟環，亦無護嶺，僅得一重高大的後牆，牆身作山字形，兩側依次減低高度，山手亦用磚牆或灰砂牆夯築。墓包作吐葬式，通常為方形隆起，墓碑在前端。

參考圖：廣州增城明代湛治中墓，其形制與此墓相仿，但以灰砂夯築

前揭明代墓無護嶺，是筆者通過比對多處廣府古墓所得出結論，後來在廣州郊外的蘿崗區找到一處文獻上的補證，在九龍鎮的鎮龍村有數座陸北莊家族墓羣，營建年代在明代嘉靖（1522－1566）年間，光緒年間重修時立有一碑記，其中特意提到：

參考圖：廣州大學城明代曾勉齋大墓，圖片中可見，這樣規格高的大墓，既無護嶺，亦無后土，可見這兩種附件在明代均無

河背水塘鄧翠野大墓灰砂拜桌如意雲紋裝
飾，仍然具有明代遺風

督修二十傳孫孟昌照舊重修，向無更易，只增建護嶺、半月池，以納元氣，大清光緒七年歲次辛巳重修。

從碑記可知，光緒重修之前，這座明代的大墓沒有護嶺，這種方形交椅制式直到清初仍然流行，河背水塘墓就是香港僅存的一例。

鄧翠野墓下方，有一座規模較小的墓穴，這是一位林姓地師的墓，據墓前立於乾隆十六年（1751）的墓碑誌文所述，林姓地師名已失考，他與鄧文蔚的父親，即後文所述鄧嵩閣是好友，在他的指點之下，鄧嵩閣為父親營造了這座青磚大墓，後來鄧文蔚中了進士，鄧家感其恩情，將他接到家中住了幾年才過世，並且在他身後將其安葬在翠野墓下方，以示感激。按鄧文蔚在康熙二十四年（1685）中進士，由此可知鄧翠野墓的營建應該在順治末至康熙初。

河背水塘鄧翠野墓屬於香港罕見的順治康熙時期大型墓葬實例，與之接近的，則有粉嶺大刀刃山巔的鄧嵩閣墓「五點梅花」。

鄧嵩閣為錦田開基祖鄧洪儀的一支，據家族相傳，他出身貧寒，但是努力學習風水堪輿之學，為自己勘察了粉嶺大刀刃山巔的這塊墓地，因附近有五個山頭拱護，喝名「五點梅花」，亦有說「五點梅花」為江西派的葬法之一。墓地位置，比河背水塘的鄧氏無名墓更難到達，沿大刀刃山走到山頂之後，山路可通往蝴蝶山下，這時候在半路拐入小路，約走四十分鐘左右，可到達穴場，由於太崎嶇陡峭，當年修築一定頗費工錢，也因此至今保存原狀，未經維修。

大刀刃山鄧嵩閣墓「五點梅花」，墓包仍然為方形凸起，正中的方形石塊並非墓碑，而是墓包塌陷，拜桌插入空洞中

鄧嵩閣墓的位置較高，穴場所在的一片平地（術語「氈唇」）亦與河背水塘墓一樣，是在陡峭山坡上以人工開闢，以石砌作台基鞏固，但歷經三百多年仍然未塌陷，亦可見地氣之堅實與工匠的功夫。墓地為青磚加灰砂砌成，第一重為護嶺，圓形護嶺以青磚砌就之後抹灰砂，在護嶺正中，以灰砂浮雕浮雲湧月圖案，這是目前發現最早期的此類圖案之一，明代墓葬已開始出現浮雲湧月圖

鄧嵩閣墓俯瞰，可見剛剛出現護嶺的形制，已經開啟清代新的風格

案作裝飾，但在香港地區未見實例。清初古墓開始出現護嶺的最初期模式，此墓屬於雛形。

第二層為圓形壟環，正中灰砂部分殘留有一圓形底座痕跡，推測原來正中鑲嵌有灰砂或石質寶珠一座（參見上述「荷葉跋龜」墓裝飾）壟環正中，有青磚砌墓包，但因墓地塌陷，已陷落泥土中，拜桌亦已垂直插入泥土（從照片可見，此方形塊即拜桌，非墓碑）。

墓碑為黑石質，僅存一塊，大字楷書，可見「公」、「人」、「之」三字，「公」與「人」字為兩行，可知此為夫婦合墓。右方小字則可見「龍游知縣」、「手扦」、「康熙庚戌七月」等小字。

按照鄧族傳說，此墓為鄧文蔚之父鄧嵩閣手自選定，鄧文蔚官職正是龍游知縣，因此小字可佐證無疑。庚戌為康熙九年（1670），不知是否鄧嵩閣之卒年。前文曾述，鄧文蔚中進士在康熙中葉，而他赴任龍游知縣時在途中病故，則知此碑之立，必在康熙晚期或者稍後，這也符合鄧文蔚出身貧寒，後來中進士後才發家的史實，可知此墓的修建時代，當在康熙後期甚至雍正時期。

鄧嵩閣墓碑殘片，可見「龍游」、「手扦」等字樣，與鄧氏族譜所記相符，可確定墓主身分

這也可以解釋此墓融合了一些明代後期的元素，以及開啟了乾隆墓的風格，例如，掛榜靠近壟環的一側，立有矮小望柱一對，這種望柱，為明代所流行，參見增城湛治中墓，可見在掛榜和壟環轉角裝飾六角望柱是明中期以來的風尚。此墓的望柱為磚石砌成六角形，再以灰砂浮雕出柱礎與六角邊形，有趣

鄧嵩閣墓康熙年間原裝后土神位，無神名刻石

的是最外層的灰砂，染成暗紅色，可知剛修成的時候完全像紅砂巖的效果，這種手法仍然沿用了文心乾墓的方式，既節省了紅砂巖用料，也省了抬到這個高度的工錢。這種手法一直到乾隆中葉，仍然在香港地區流行（見後文）。至於康熙墓保存有原裝紅砂巖望柱，則可參見前述鄧洪儀夫人墓，以及「狐狸過水」鄧自明墓等。

子孫基與月池之間，也保留了左右的踏腳台階，屬早期手法。后土神位在墓地左側，與河背水塘墓形制相仿，以青磚和灰砂砌出方形交椅式台座，未見有鑲嵌碑刻作神位。

香港現存康熙年款的墓碑，尚有前述鄧氏「仙人大座」以及「金鐘覆火」等數座，但是這幾座大墓歷經重修，不及上述幾座能保留康熙時期原貌。從這些重修的墓看，時間均集中在康熙五十年之後，也可以推

鄧嵩閣墓砂手兩側以灰砂仿紅砂
巖六角柱式，柱礎有明代遺風，
雖經風化，紅色依稀可辨

斷出，因康熙初年「遷界」與「復界」的破壞後，新界地區在康熙晚年已經迅速恢復了元氣，部分大家族已經有能力爭取功名，並且大規模地修復祖先墓地，從側面佐證了香港康熙朝的歷史。

　　另一個值得提出的則是康熙時期，墓碑的形制，沿襲了明代的末期的特點，即正中為墓主名，右側小傳，左側為樹碑或重修日期及子孫名，這種固定格式一直沿用至今，與文心乾墓不同的是，康熙朝開始出現了墓地的風水「喝名」，例如前揭宋代鄧冠墓，在康熙五十一年（1712）重修立的墓碑上，就寫有「地形金鐘福地」字樣，這是目前所見最早期的標示風水喝名的實例之一，也顯示了清初堪輿學的發展。

　　值得介紹的尚有今日新界大欖轉車站天橋下方，有一穴不起眼的古墓，這就是香港清代唯一的文進士鄧文蔚的墓，喝名「獺地壠」。鄧文蔚字豹生，號泉庵，乃前述鄧嵩閣的長子，順治十四年（1657）中舉，康熙二十四年（1685）中乙丑科三甲進士，官授浙江龍游知縣，不久過世。他是元朗舊墟的倡議者之一，也是香港地區唯一清代的本土文科進士。

　　鄧文蔚墓現存的建築均為上世紀七十年代重修，墓碑上正中文字為：清欽賜進士，文林郎，浙江衢州府龍游縣知縣，加授儒林郎十七世祖考泉庵鄧公，應贈七品孺人，加贈安人十七世祖嫡妣文太君墓。這方墓碑較好地保存了清代的文字，「儒林郎」為清代七品官的加銜，鄧文

蔚授龍游知縣，與此相配。其夫人的「應贈七品」，乃指按清代制度，丈夫若獲贈品級誥命或敕命，應同時贈夫人，但文氏夫人並未獲得文書，僅「按例應贈」而已。

「獺地窿」安葬的是香港清代唯一的文進士鄧文蔚，此為墓碑記

鄧文蔚父親據說精於堪輿之學，此墓喝名「獺地窿」（「獺」粵音「塔」，本地人不識此字多讀「賴」，實誤），原來的位置，乃是水邊一低矮山坡，俯瞰前面錦田平原的田地，較為開闊，獺乃水邊之小動物，以魚為食，前有池塘田地，則可保豐足，但後來政府修建公路，在鄧氏後人力爭之下，才得以原址保留，但正前方已經被道路天橋所覆蓋，面貌全非，只是作為香港歷史上唯一的文進士墓保留下來。

香港較少發現雍正（1723－1735）年款的古墓，考慮這一朝時間短，故此將雍正與乾隆朝一同討論。

乾隆朝（1736－1795）時間跨度長，經濟發展較快，香港一地留存的乾隆年款墓不在少數，不過考慮到大部分經過重修，僅以兩例保存較完整的作為典型介紹。

乾隆中期的實例，其一是流浮山脈圓頭山的鄧偶王墓，喝名「獅子望樓台」。圓頭山又名大頭山，是流浮山的一脈，穴場位置頗高，這裏也是新界鄧族較早的活動範圍，山下有著名的古剎靈渡寺，從靈渡寺側小徑上山，大約一小時左右，可到達此墓，墓址背靠圓頭山主峯，遠眺後海灣，與深圳隔海對望，前方有案有旗，氣勢不凡。也因這裏的高聳而未經破壞與重修。

圓頭山鄧偶王墓「獅子上樓台」全貌，可見背後的圓頭山氣勢非凡，拜台月池之間仍然保留踏腳石的明代形制

　　墓碑年款為乾隆二十二年（1683），修墓的材料是因地制宜，用當地山上的石塊砌成砂手式墓，再以灰砂批蕩。從殘存的灰砂看，也是選用當地的砂土製作。石塊經過打磨，大小搭配得宜，在邊角處則以小塊青磚收口。

　　護嶺一共兩重，前述明代墓通常不設護嶺，康熙時才逐漸興起，而對比起鄧嵩閣墓看，此墓已經多加了一重，是乾隆朝的一種新趨勢。兩重護嶺正中無裝飾。壟環與子孫基高度約為40厘米，無台階，子孫基與月池高度約為50厘米，左右兩側各有踏腳石一方，仍然保存了明代遺風。

　　壟環正中為墓碑框，以灰砂雕成，仿廡殿頂建築式，上部以灰砂雕

88

出瓦筒，滴水，龍船形瓦脊等，雖然簡樸但是非常具體生動。兩側柱為稜形，下為六角形覆盆柱礎，非常符合清初廣府建築的柱形。柱與碑框均塗紅色，模仿紅砂巖建築，這也是明代的遺風。廡殿頂部，有灰砂所塑寶珠，形狀扁圓，頂端凸起，形如官帽。

　　墓碑為黑石質，中間為墓主鄧偶王與夫人廖氏名諱，右側為楷書小傳，鄧偶王為明初鄧洪贄七世孫，生活在明代萬曆四十一年癸丑（1613）至康熙三十二年（1693），在清初而言算是很長壽。鄧偶王的曾孫鄧啟良，見祖先棺柩久未安葬，於是發奮學葬術，尋覓得此地，喝名「獅子望樓台」，左側年款為「乾隆二十二年二月」從修墓年款可知，鄧偶王過世六十年後，曾孫才為他找了這塊寶地。有趣的是年款的左側，即墓碑最左方，刻有「地師楊振與扦」字樣，這是目前所見最早刻有堪輿師名款的實例之一。

鄧偶王墓碑及碑龕細部，碑龕為灰砂仿廡殿頂式，龍船形屋脊，上有官帽形寶珠，下方兩柱也具有乾隆朝柱礎風格

鄧偶王墓碑左側年款及地師名款，黑石質

鄧偶王墓后土紅砂巖楷書刻字「本山后土神位」

鄧偶王墓呈現出來一些乾隆朝的新特點，例如護嶺數量的增加，不再使用吐葬或者壟環內作凸起墓包的方式，這種形式一直沿用至今。至於墓碑框的仿廡殿頂式，則是對於明代使用小屋方式鑲嵌墓碑的一種演變。

另一處特徵則是后土神位出現了銘文，前述康熙朝的兩處古墓中，後土神位僅以紅色砂巖鑲嵌或者無碑，鄧偶王墓左側有磚砌后土神位，交椅式，正中鑲嵌紅砂巖碑一方，上面楷書刻：「本山后土神位」，這是目前香港所見最早的刻有后土神名的實例。

拜台下方為子孫基一層，踢靴兩側，有灰砂批蕩六角形望柱一對，殘存有紅色，可知仍然保存了明代的形制。月池為半圓形，延伸向山崖下方，以大型石塊作為台基。

在屯門青山背後，有一大片較荒涼的腹地，稱為「五渡水」，這片沙礫山地土地貧瘠，卻有五道泉水從青山巔發源流經此地，因而得名，也因為人跡罕至而保留了一些古代墓穴，其中較為重要的則是乾隆中期的鄧族古墓，喝名「五龍爭珠」，為鄧昌復及其子合葬墓。

墓碑年款為乾隆二十三年（1758）二月，即去「獅子望樓台」不過一年左右時間，此墓形制與結構，與鄧偶王墓大致相同，為單護嶺式壟環山手墓，以石塊加灰砂砌成。背後為一重護嶺，正中無雲月圖案。壟環內以灰砂批蕩，正中為灰砂砌廡殿式碑龕及墓碑，碑框形式與鄧偶王墓同，只是廡殿上瓦筒數量，鄧偶王墓為六筒，此墓為八筒。

五渡水鄧昌復墓全貌，踏腳石已經消失，看來乾隆時期踏腳石已經可有可無

　　墓碑為黑石質，中部已破碎，但右側銘文仍可釋讀，墓主鄧昌復，為錦田鄧洪贄六世孫（即鄧偶王父輩），生於萬曆甲午（1594），卒於順治癸巳（1653），康熙甲辰（1664）卜葬於此，乾隆年間重修時，將其子旭善合葬並重新修墓立碑。

　　此墓形制與鄧偶王墓相同，考慮到兩墓修建時間相差僅一年，因此工匠也可能屬同一批，但值得注意的是，雖然此墓拜台與子孫基之間仍然有約 40 厘米的落差，但並未設有踏腳台階，說明乾隆中葉開始，踏腳台階這種源自明代的制度已經逐漸廢弛。踢靴兩側，有望柱一對，同樣為六角形裝飾，六角覆盆柱礎，有收束，符合乾隆中期柱式，外髹紅色仿紅砂巖。從上述例子可見，因紅砂巖較為名貴，且高處搬運困難，

明末清初大墓中，凡是位置在高處的古墓，只用仿砂巖的顏色裝飾，而位置較低的，如荷葉跋龜鄧氏夫人墓，和鄧自明墓等，則使用真正的紅砂巖望柱作裝飾。

墓左側有后土神位，亦為磚砌交椅式，與鄧偶王墓不同的是，這裏的神位中間是一方青磚，上以楷書鎪刻「本山后土神位」字樣，外塗灰砂，並曾染成紅色。

同屬乾隆朝的一些經過重修的墓，也有少部分保留了碑龕的仿廡殿頂特徵，如前述侯氏「九曲入明堂」墓，又如上水「象地」的另一穴侯卓峯墓，墓碑年款為「乾隆四十八年重修」，此墓為三座並列的砂手式墓，單重護嶺，碑龕仍然保持了乾隆朝的廡殿頂形式，八筒瓦，瓦脊仍然作龍船形（這種外形非常具有時代特徵，因此能據以判斷田心村明代墓的石雕瓦脊乃是乾隆朝重修所換）。兩側柱形經過修正，仍能依稀看出六角柱的痕跡。

鄧昌復墓壆環兩側的灰砂仿紅砂巖六角柱，在乾隆之後，這種六角柱逐漸消失

上水象地侯氏家族墓，重修於乾隆末年，保存了乾隆朝的廡殿式碑框及黑石碑

嘉慶至道光朝

　　嘉慶一朝是整個廣式墓葬審美的變遷時期，這時期呈現出兩個重要的特徵，第一是墓碑的形式，從此前的碑框加黑石墓碑式，轉變為碑框與碑石由同一石整體雕琢的碑式。其二是建墓的磚砌法改變，從平行的青磚砌過渡為「人字形」砌法，這兩種方式定型之後，一直沿用至今。

　　建築材質的流變，雖說與材料的產地影響有關，例如紅砂巖流行於明代及清初，是因為珠江口一帶番禺和東莞中山，均有紅砂巖的分佈，因此影響廣府對於建材的審美。不過另一重要因素，則是工具的進步。明代與清初流行的紅砂巖，鴨屎石等，硬度較低，容易切割及加工。乾隆後期開始，因開採石材的工藝進步，廣府本地原來漫山遍野的花崗巖，得到大規模的開採，因此也使原來成本高昂的石材和加工費用得以節省，也使碑框和碑石一體化成為可能。

　　迄今可見較為早期的碑框一體的實例，即上文提到的「九曲入明堂」正中一穴侯卓峯墓，此墓今日已經完全漫漶，據記載，約二十年前仍可見左側「乾隆五十四年」（1784）重修字樣，上引鄧氏在乾隆中期的兩穴墓均為黑石碑，而在乾隆最後期開始出現一體的墓碑。嘉慶一朝，這種碑完全成為風氣。

　　嘉慶朝早期的墓，典型的如屯門嶺南大學北門外側的陶清河夫婦合墓，墓地雖然歷經重修，仍然保留了原碑和制式，設有護嶺一重，上方有橢圓形寶珠，較為接近乾隆風格，壟環內有黑石墓碑一方，正中楷書「九世祖考處士清河陶公，妣淑德孺人鄧氏之墓」，年款為嘉慶五年（1800），從右側銘文可知，陶清河生於萬曆丙申（1596），卒於順治乙未（1655），本山土名為白墳錢。

　　保存原貌的嘉慶朝墓，如上引上水金錢村天光莆「鰲地」的廖仲傑

屯門陶清河墓全貌，護嶺的寶珠形式略帶早期風格

屯門陶清河墓碑，顯示墓主為明末清初人，娶鄧氏，重修於嘉慶五年

墓，此墓碑年款為「嘉慶二十年乙亥」（1815），灰色火山石質地，上為浮雲湧月圖案。三座墓地壆環與護嶺均為人字形青磚砌成。而掛榜，踢靴等則仍用橫直砌法，這種混合的形式較符合嘉慶時期人字形剛剛興起時的做法。按照傳統，「人」字磚象徵家族人丁興旺，是暗喻吉祥之意。

天光莆的廖氏墓，因位置低矮，因此重修較多，若舉嘉慶原狀的實例，則有大欖轉車站後山「四排石」上的鄧柱我墓，喝名「龍形」。此墓面朝掌牛山，前列兩重案山，氣勢開張，因位置較高，因此得以保留原狀。

鄧柱我墓全貌，可見人字形與橫砌磚均有出現

鄧柱我墓黃色磚與青磚混合使用的情況在嘉慶之後不再出現

墓為三穴並排砂手式墓，護嶺一重，為青磚加灰砂砌成，正中有灰砂雕成浮雲湧日圖案。壟環內為人字形青磚砌成，正中一穴，碑框碑文均為火山巖，碑文正中一行為「明二十一世祖處士柱我鄧公，淑德孺人陶氏之墓位」，右側記錄鄧柱我世系及本山方位，地名為「龍形」，並且小字註明「前後左右不許附葬」，左側年款為「嘉慶二十二年十二月重修」。墓主鄧柱我，即前述「五點梅花」錦田鄧嵩閣的父親，此墓據說也是由精於堪輿的鄧嵩閣所扦，在嘉慶末年重修。因此墓地保存了一些清初的元素，但更多則是嘉慶朝的風格。

鄧柱我墓抱鼓上的灰塑鬥勾圖案細部

墓地的青磚砌法，壟環內為人字形，掛榜，砂手，踢靴等則保持橫直砌法，這種混合砌法與廖仲傑墓「鰲地」是一致的。值得注意的則是此墓在踢靴之外，又加砌了兩側青磚加灰砂的裝飾性護牆，白色灰砂批出仿古玉器的「鬥勾式」紋樣，這種裝飾紋樣在清末盛行於廣府民居的牆頭與屋簷，但在墓地上使用則屬初見，從鬥勾的結構看，較為質樸大氣，比起同治光緒時期的秀氣繁瑣有所不同。

鄧柱我墓最早應該在清初安葬，故此又保存了一些早期元素，例如子孫基的青磚，使用了原有的青磚與黃色方磚混合砌成，黃色的方磚尺寸較大，是明末清初特色，早在「五點梅花」與河背水塘無名墓中，已經出現黃磚與青磚混合使用的情形，推測在晚明至清初兩種磚曾經混合使用，但此墓在嘉慶重修時，肉眼可見部分換用了尺寸較小的青磚（與今日新界民居使用的尺寸相同），而原來墓的尺寸較大的早期磚，則利

用來砌護嶺及子孫基，上以灰砂覆蓋，既起到廢物利用之效，又可以節省搬運物料費用。

嘉慶朝款的另一典型案例為前引鄧氏明代名穴「荷葉跋龜」鄧南溪及鄧儲角墓，此墓碑年款為「嘉慶十一年歲次丙寅」（1806），除了一重壟環，無護嶺及墓碑突出，保留了明代吐葬痕跡之外，其餘形制均顯示嘉慶朝特點，如壟環用人字形青磚砌成，掛榜則為橫直砌青磚。又墓碑頂以「官帽式」灰砂圓形裝飾，也近似於上述「龍形」鄧柱我墓。

香港現存嘉慶朝保留原碑的古墓，尚有數例：

上水侯氏「側面虎」高祖侯帝厚及鄧氏夫人，子侯彥彩墓，嘉慶乙亥九月重修，此墓為清代堪輿名家鍾苑聲所點穴，後代重修時在墓碑上以灰砂作綠色蝙蝠一頭，十分醒目。

鄧氏風水穴之「鳳凰鬱」（又名鳳凰笏）為明代十二、十三世祖合墓，現存黑石碑一方，年款為「嘉慶四年十一月重修」，此墓僅得墓碑為文物，其餘均為近年重修。

嘉慶朝的又一新特點，是后土碑開始出現年款，目前香港可見有年款最早的實例，見於粉嶺橫眉山廖氏「虎地」，在墓的兩側各有一座后土碑，黑石質地，正中一行：本山后土神位，左側款為：嘉慶四年重修。與此年代接近的，則有天光莆廖氏「鰲地」大墓兩側，亦各有一座「本山后土神位」，年款為「嘉慶二十一年正月吉旦重修」，這兩穴廖氏后土神具有標準年款，頗具歷史意義。

道光朝古墓，香港現存尚有數例，清宣宗崇尚節儉，在朝廷的帶動下，廣式墓葬在道光朝呈現一種儉樸的風氣，不論在廣州或者香港現存古墓中，道光朝的都顯得低調質樸。

道光朝的廣式墓葬，呈現出乾隆嘉慶朝與清末的各種混合特色，例

如黑石質地的石碑與質地較硬的花崗巖石碑混合使用，值得注意的是，香港現存規模較大的道光墓地，多屬花崗巖石質。如前述鄧氏「荷葉跋龜」鄧洪儀墓，重修立碑為道光二十八年戊申（1848），碑石與碑框同為花崗巖石質，鄧氏的另一名穴，即前述元代鄧壽祖墓，喝名「寒牛不出欄」，位於沙頭角萬屋村後山，此墓碑重修時間同樣為道光二十八年，可能此年鄧氏子孫籌款重修了一遍遠年的祖墳。鄧壽祖墓的墓碑與碑框為同一石塊整雕，費用較高，字體也大略接近。

道光朝的黑石質墓碑，仍然佔一定比例，如石壁水塘後山道光二十五年（1845）重修並立碑的鍾公與夫人鄧氏墓，兩墓並列，以河灘石砌成壆環與護嶺一重，外塗灰砂，黑石質墓碑，樸實無華。墓碑上鍾公的功名為「恩進士」，在香港地區較為少見，按恩進士並非真正的進士，乃是清代「恩貢」的別稱，是屬於貢生一類的功名。

道光朝墓碑的一個新趨勢是字體開始出現宋體字，宋體字並非源自宋代刻書，而是從明代出現的一種印書用字體，在乾隆嘉慶朝尚未見

鄧氏「荷葉跋龜」墓之道光二十八年所立石碑

石壁水塘鍾氏夫婦墓，墓主身分為貢生，建於道光二十八年

實例。目前香港發現較為早期的宋體字墓碑，如麻南笏的道光十年孟冬（1830）的李公之墓，花崗巖石質，三行款字均為宋體字。

說到香港開埠之前的道光墓，則不能不提在堪輿界眾口相傳的港島柏架山上，將軍石下方的沙田曾大屋開基祖先，曾冠萬營造的「曾氏福德公墓」，此墓原本規模應該頗小，只是在近年曾氏後人重修過後才形成今日之水泥墓樣式。不過墓碑則仍然是道光原物，這是一方花崗巖質地墓碑，高不到 60 厘米，正中為楷書：曾氏福德公之墓，右側為「道光十七年丁酉」字樣，左側為「祀主曾奕賢立」，此墓傳說非常奇特，曾奕賢即沙田著名古跡「曾大屋」（山下圍）的主人，據說他在早年貧寒的時候，曾經在九龍半島一帶做石工。一天晚上他看到對面港島的山上升起幾團燐火，每晚如是，於是他上山觀察燐火所在，卻只看到一片突出的小平地，他轉念一想，可能是塊風水寶地，可是自己家貧，無力將家鄉五華的先人骨殖移葬過來，又想起之前在觀塘茶果嶺開石時，曾經撿到兩片無主的骨殖，何不將其安葬於此。結果安葬之後，他獲得一筆意外之財，靠這樣致富發家云云。

傳說版本紛紜，也有人懷疑過墓碑的真偽，不過考察這小墓碑，卻是頗符合道光中期香港墓的特色：書法款字，與「荷葉跋龜」道光款非常接近，這是很難做到的一點，具有時代風格。其次則是選材，這方墓碑的材質是灰白色花崗巖，白色中帶有黑色小斑點，這種材質在道光之後才用於廣式墓碑，有趣的是，這種材質，在香港普遍分佈於九龍半島和港島南部，即今日石排灣一帶，而新界地區卻較少見。

我們來倒推一下，考慮到道光十七年（1837），曾貫萬只是一個窮石工，他肯定會用最低的成本來經營這小墓穴。幾乎可以推定的是，他只會選用港島附近的石材，否則便需要額外的錢將沉重的墓碑運送過海

柏架山上立於道光二十七年的曾氏福德公之墓碑是港島現存最古老的有年款碑刻

並且抬到海拔兩百多米的山坡上。考察柏架山附近的石質，與此石非常接近，如果曾家是在發家之後，再重新營造，則此墓碑反而會選用較為名貴的材料（如後文將提到的連州青石等）。

因此這方墓碑在選材、字體等方面看，大概率應該屬於原物。曾氏福德公墓碑的價值在於，這是港島區現存最早的有年款墓碑。港島區在開埠之前，並不是沒有原居民，例如南區薄扶林村一帶，乾隆時已經有定居的氏族，但是開埠之前的墓碑，並沒有完整保留。港島目前所見，最早有年款的文物，是天后廟道天后古廟中所懸掛的乾隆年款的鐵鐘，而排行第二位的，則應屬此福德公墓碑，排行第三的則是灣仔「洪聖古廟」內的石雕燈座，年款為道光二十七年（1847），那已經是香港開埠之後了，不過從材質和書法看，兩者非常接近，也預示了廣式大墓的另一個時代開始。

第五章

晚清至民國墓葬

香港開埠之後，首先發展起來的是港島地區，而廣大的新界地區，一直到光緒末年（1898）才正式納入港英政府的管轄，因此這時期的墓葬，香港島和新界的墓葬風格逐漸分流：港島區因廣府地區移民數量迅速增加，因此受廣府晚清風格影響很明顯，大規模使用石質、奢華精美成為主流。新界地區則相對保守，原有的青磚式墓葬仍然流行。

為了敘述方便，本書將道光朝整個歸入開埠之前的墓葬討論，這是因為雖然香港開埠在道光二十一年（1841），不過在開埠初年，英國只佔有香港島，而香港島上的早期移民，尤其是有一定身分地位的居民，都不在本地安葬，所以道光朝新界地區現存古墓較多。

咸豐朝（1851－1861）只有十一年，香港地區現存本朝文物稀少，中國內地，因爆發太平天國運動，經濟受到摧殘，咸豐朝款的建築、器物等均屬稀缺。此時期的香港，港島已劃入英國管治，但草創之初，各種制度未健全。華人禮制不消說當然遵依傳統，廣府商人講究落葉歸根，來到此地的廣府新移民多數是底層勞工，這些勞工即使病逝，也多數運柩回鄉安葬，因此港島區迄今未發現咸豐朝的墓碑。

新界地區，現存咸豐墓尚有數處，較典型的當數桂角山腰的鄧春台母子合墓。桂角山在元朗，因山上少樹木、多巖石，原名圭角山，本地人多因諧音為雞公山或雞公嶺。鄧春台墓位於南坡西坑嶺 100 米等高線上，由於位置偏僻，保存較完整。

桂角山鄧春台母子墓外觀，官帽頂的裝飾風格猶存古風

墓為青磚山手式墓，由護嶺，
壟環，拜台組成，未發現后土。
護嶺與壟環均為青磚砌成，無雲
月浮雕，壟環與護嶺青磚為人字
形砌作，墓碑框為花崗巖石質，
碑框上方有官帽形寶珠，塗紅色，
墓碑為黑石質，楷書，保存完好，
正中為「清例授八品孺人鄧母侯
氏，邑庠生顯考春台鄧公墓」。按
照右側的銘文，侯氏為鄧元璧的
原配夫人，生二子，鄧春台是她的

鄧春台墓墓碑銘文

次子，生於道光二年（1822），卒於道光二十六年（1846）得年僅二十四
歲。因此其父親將幼子和夫人合葬於此，土名屏莆。墓碑年款為「咸豐
五年乙卯」（1855）。掛榜和踢靴亦以青磚砌成，磚為橫直砌作，這種造
型和砌法，與道光朝的實物如「荷葉跋龜」一脈相承。鄧春台墓為母子
合墓，這種合葬方式在香港現存古墓中較罕見。

鄧春台母子墓因位置在高山上，地形的高聳和偏僻使其得以完整保
存。值得注意的是，從前述的明代「將軍下馬三杯酒」，到康熙朝的「五
點梅花」，乾隆朝的「五龍爭珠」等，都在地形較高的位置點穴，不過咸
豐初年之後，晚清新界大族就很少再在偏僻的高山上營造大墓，轉而流
行在較為平易到達的低地安葬。

由嘉慶朝開始流行的橫直混合式青磚砌法，在道光、咸豐兩朝開始
成熟，康熙到嘉慶朝的實例（如天光莆廖仲傑墓與四排石鄧柱我墓）均
有青磚與黃色磚的混合，黃色佔很小的比例，到了道光、咸豐兩朝，基

本已是一色青磚。沙田九肚山可見到一處有趣的實例,這是一穴石砌混合青磚的山手墓,原來的形式為一重護嶺加壟環式,咸豐四年(1854)重修時,將護嶺和掛榜改為青磚,墓碑為火山石質,正中書「十七世祖考興隆鍾公墓」及夫人名諱,左側記載墓地土名「馬尿」,左側年款為「咸豐四年仲冬月吉旦重修」。從護嶺與踢靴部分看,是以當地所產紅黑色石塊所砌成,這種形制與前述乾隆年間做法非常接近。壟環的青磚為人字形,掛榜為橫直砌作,則屬後期的手法。

上述碑石並非清早期的黑色石,而是火山石,前述道光朝開始,墓碑的質地開始多樣化,而咸豐朝更出現了陶質刀刻銘文的墓碑,較為早期的一例,是在曹公潭上花山村後山的曾維俊墓,此墓形制簡樸,只是簡單的草墳,特別的是墓碑為陶質碑,質地較硬,看來經高溫處理過,歷經多年仍然完好。這種墓碑的做法,是趁陶泥未乾時,以刀或者竹籤將銘文刻上,再入窯燒製。右側銘文為「皇清咸豐歲次乙卯年仲冬月」(1855),這種墓碑在其後各朝均有出現,多用於普通人家的草穴,這是

沙田九肚山咸豐四年重修鍾公墓,本地石築改青磚砌作

咸豐五年陶質刻字墓碑

較早的實例。

咸豐朝的古墓，較值得一提的是這
時期開始，香港的古墓開始有歷史留影
出現。攝影術約在道光中期（1830 年
前後）開始在中國留下最早影像，迄今
所見最早期的香港照片中，有一張十九
世紀六十年代英軍在九龍半島的軍營留

1861 年在英軍九龍半島的營寨外可見廣式
墓葬

影。照片中可見，在軍營附近有不少較大型的砂手式墓，放大後可見，
這些砂手墓由護嶺、壟環、月池三部分組成，與今日新界所見並無太大
不同。由於這些墓地在當時均屬新近建築，因此塗上了醒目的白色灰
水，在黑白照片中非常顯眼。

咸豐十年十二月初九，公曆為 1861 年 1 月 19 日，英軍在九龍舉行
了登陸儀式，正式從中國官員手裏接收九龍半島，並張貼佈告，宣示九
龍半島與昂船洲為永久租借的英國管轄土地，以上的歷史照片，就是這
一時期為歷史存檔所拍攝。從照片中可以看到，當時九龍半島的山地
和坡地上，不少規模頗大的中國人墓穴星羅棋布，不過今日由於近代戰
亂和城市建設的緣故，在九龍一帶幾乎找不到這種青磚大墓了。與此同
時，隨着同治、光緒兩朝時代的開啟，廣式大墓走進了一個全盛時期。

同光兩朝（1862－1908）廣式墓的高峯有其時代背景。首先是同治
到光緒的近半世紀是近代廣東和香港的黃金年代，尤其是香港，隨着
經濟的騰飛，人口從僅超過十萬發展到四十餘萬。[1] 這一時期香港通過

1　　據香港地方志中心網站資料，引用香港政府人口普查數字，1861 年人口數約為 11 萬人，
　　　1908 年人口數為 42 萬人。

《香港華字日報》1901 年 9 月登載的消息，説朝廷有意停止捐納官銜，請港商趁早辦理

各種立法、招商，成功成為遠東的國際口岸和自由港，吸引了各國商人和其他知識界人士來此定居，其中華人佔了多數，且以廣府地區為主。

其次是同治年間開始，因為清政府每年有大筆軍費開支，以應付鎮壓太平天國等的開銷，不得不想出了「買官捐官」的方法。清初禮制森嚴，對於官員的品級和對應的封銜，有嚴格的規定，不能隨便授予，尤其是雍正、乾隆朝，皇帝對此三令五申，文士非讀書應考，不能輕易獲得功名，武將要獲得「將軍」之類的頭銜，更是難上加難。但到了咸豐和同治朝，這個規定被政府許可的買官制度所打破，普通平民可以通過「捐納」（即向清廷的戶部捐贈一筆費用）而獲得「執照」，按照捐納金額的多少獲得相應的官銜。

很多人不了解這種清末的捐官，因此將墓碑上的官銜看作真正的大官，此為大謬。清末雖然官多如牛毛，然而通過捐納所得的，只是「官銜」。按照清代的制度，文武官員在獲得實際的職務和品級之後，都能同時獲得相對應的官銜，例如正一品的加銜為光祿大夫，從一品的加銜為榮祿大夫，正七品的加銜為文林郎，從七品的加銜為徵仕郎等。舉例說，張三實授東莞縣知事（即知縣），他就同時獲得文林郎的官銜；而同時期的李四，他只是通過捐納向戶部買了執照，獲得文林郎的官銜，但是並沒有任何實際的官職。李四只能夠擁有文林郎的虛銜，他的好處

是能夠自己做一套七品官的官服和補子，頭上也能帶七品的頂珠，並且在見到當地的地方官時，可以不行跪拜禮（因為大家品級相當）而代之以平輩相見之禮等等。

清末的捐官，在整個社會形成一種風氣，即互相攀比、炫耀，此前的禮制規矩全然敗壞。例如嘉慶，道光時期，洋商最高也只能獲得三品的官銜，即使富豪如怡和行的伍崇曜，也只擁有三品的水晶頂，而且在見總督時還不敢戴，以示謙遜。到了光緒朝，商人們爭相買官銜作為炫耀和社交的手段，曾經在香港生活多年的近代啟蒙學者王韜（1828－1897）曾經有這樣一段生動的描述：

> 港中風氣近日風氣一變，亦尚奢華。余初至時，為經紀者多着短後衣，天寒外服亦僅大布。嗣後日漸富侈，自創設「東華醫院」以來，董事於每年春首必行團拜禮，朝珠蟒服，競耀頭銜，冠裳蹌擠，一時稱盛，而往時樸素之風紗矣。熱鬧場中，一席之費多至數十金，燈火連宵，笙歌徹夜，繁華幾過於珠江，此亦時會使然與？[2]

這裏王韜描述了他在同治初年來到香港時「樸素」的風氣與光緒初的奢華作了比較。東華醫院於同治九年（1870）成立，是香港第一個高等華人主持的組織，因此其總理董事，也由高級華人買辦商人擔任，這些有頭有臉的人物，雖然坐擁皋比，卻需要官服和頂子的加持，才能在當時吃得開。官方廣開捐納之門，自然令他們如坐春風，團拜會就成了互相炫耀的好機會。表現在其他禮儀方面，喪葬時的排場，必然也要與官銜相配，墓葬上更不例外。

2　王韜：〈香海羈蹤〉，《香港紀要：近代文獻著作選》（香港：三聯書店，2020 年）。

王韜在文章中特別點出香港的豪奢，幾乎可與「珠江」相比。珠江指代省城廣州，廣州的豪奢，在清代是赫赫有名的，香港在同治初年，已經能與之相比，可見廣州的生活方式是如何深入地影響香港，墓葬只是其中的一環而已。

廣州是整個廣府的中心城市，廣州的生活方式，是整個廣府地區甚至華南的參照，包括飲食、娛樂、建築、紅白禮制等，廣式墓葬的集中地為廣州城外的白雲山，若觀察一下白雲山的墓葬，九成以上均為同治、光緒兩朝所營葬或者重修，有趣的是，白雲山上的墓葬幾乎看不到青磚立面的實例，而是大量使用石砌以顯示奢華。同樣的情況，也出現在港島區：港島現時未發現有青磚立面的大墓，卻擁有大量石砌的晚清與民國初年墓葬，這兩者之間的微妙相似絕非偶然。

香港島上現存最早的有年款的墓碑，除了上引柏架山上曾貫萬營造的曾氏福德公墓，還有西環堅尼地城一帶山坡上的幾座義冢。義冢可說是香港移民史上的特殊產物，也是組成香港歷史的小人物的歸宿。

香港開埠初年，港島迅速吸引了大量的外地人居住，來自廣東和福建一帶的底層居民，多住在太平山街（今上環至西環及堅尼地城）一帶，生活條件惡劣。港島多山、蚊蟲肆虐，曾經引發多次瘟疫、鼠疫等，這些身無長物的勞工和妓女，不能像較富有階層那樣在身故之後，能夠歸葬鄉下，很多就是在西環附近的山坡上隨便埋葬。

同治八年（1869），港督麥當勞（1814－1879）在寓港華僑的請求和英國政府的授意下，同意在上環撥出土地，興建一所面向華人的醫院，即東華醫院。同年在動工興建時，在西環一帶山坡陸續發現不少骸骨，這些應該都屬於開埠初年的下層移民，由於當時草草埋葬，無名無姓，也無人認領。東華醫院遂在摩星嶺一帶將這些白骨重新安葬，並建了幾

座大小不一的墓葬。

　　現存較早期的，如西環士美菲路山坡上的一座「先人白骨之墓」，規模較小且簡樸，只有一方白花崗巖石質墓碑，款為：「先人白骨之塚，同治八年由太平山遷此，東華院立」。東華醫院在草創之初，就訂立贈棺施藥為其業務之一，並在後來開設著名的「東華義莊」，因此在醫院還沒有落成之時，東華便已經施行善舉。另一座較大規模的同時期義冢則坐落在士美菲路觀龍樓下的土坡中，這座墓屬於港島區最早期的近代廣式大墓形制之一，為花崗巖砌砂手墓，雖然失祭已久，仍然能看出昔日的工藝。墓地由兩重護嶺和壟環、拜台、月池組成，今日拜台和月池已經淹沒在瓦礫和亂草中，只能辨認出護嶺和壟環。壟環內壁由人字形青磚砌成，但是都塗上了一層厚厚的灰砂，因此外觀上幾乎看不出青磚，青磚上裝飾以花崗巖石條。碑龕分兩部分，碑身為方框連碑，行書「義塚」兩個大字，碑額則為祥雲湧月浮雕，已跌落壟環內，手工精美。這

西環山坡上同治八年東華醫院所立墓碑，簡樸而無裝飾

西環觀龍樓山坡下的同治年間所建義塚，今日已經瀕危，從灰砂後可見青磚人字形砌作痕跡

座義冢已失祭，但由於靠近觀龍樓，時常有街坊路過拜祭。較有意義的是，此墓在壟環的砌作上，仍然保存了人字形的磚砌方式，但是被隱藏在灰砂之內，不再以青磚作為裝飾。大量使用花崗巖的裝飾手法則已屬廣州風格，顯示當時工匠在轉型期的混合審美趣味。

摩星嶺一帶義冢羣很多在上世紀中葉已經遷到其他墳場，現存的同治朝遺構還有香邑三山義冢一座，這座墓經後代重修，只有碑框保留原貌，為一花崗巖石質的大碑，碑身與框同一石鑿成，上方為精美的祥雲湧月圖案，並有「福祿壽」三字行書，正中為「香邑」、「三山」、「義塚」楷書，兩旁款為「同治壬申年」、「聯義堂值事等立」，此墓碑風格正是廣府流行的新風尚，與新界保守的材質大異其趣。筆者查閱各網站上的記錄，均說此「香邑」、「三山」是指香山與潮州兩處勞工在美國亡故之後，由東華醫院收殮安葬於此。此則因未解「三山」一詞所致。因香港有數所潮州客家共祀的「三山國王廟」，因此網友誤認為三山指潮州。實際上，香山屬廣州府，與潮州府為兩回事，且廣府與潮屬語言習慣，生活方式大異其趣，不論善堂如何安排，斷無將兩府人合葬之理。再查落款「聯義堂」，乃晚清香山籍人士之幫會社團，主要為香山三灶人，從此墓下方重修落款的「三灶公房」與「安瀾軒」更可確定，此「三山」乃指香山三灶，即今日珠海三灶地區而已。

同屬摩星嶺一帶現已遷葬的同治至光緒年間大墓，還有現存粉嶺和合石公墓內的「遭風義塚」，同治十三年甲戌

摩星嶺香邑三山義塚，同治壬申年（1872）立

（1874）九月，香港遭遇了一次嚴重的颱風，這是香港首次有記錄的重大風災，事後剛成立的東華醫院帶頭收殮了百多具遇難屍體，並安葬在摩星嶺後的雞籠環墳場。這是一座廣府新式的墓碑，為一座三聯式的碑石，碑框高大，正中的碑石連碑額為一整塊花崗巖石鑿成，碑額為浮雕祥雲湧月圖，碑文正中為「遭風義塚」，兩側落款顯示這是光緒六年庚辰（1880）遷葬時由東華醫院所立。兩側為一副花崗巖石質的對聯，文為「澤及枯骨，正其首邱」，對聯上方各雕刻蝙蝠銜金錢圖案，這種圖案與道光之後，廣府地區寺廟對聯裝飾手法是一致的。

在新界地區，同治朝仍然屬於清廷管轄，可以發現一個有趣的現象，即由官方所修築的墓多屬花崗巖式墓碑與墓式，而原居民的墓葬仍然保持保守的黑石碑風格。具體實例如將軍澳「佛頭洲義塚」與屯門青龍頭「皇清待旌貞女墓」（詳後文介紹），兩例均為當時駐守當地的軍官所立，材質與形制均屬新廣府式。原居民的墓葬，如大欖圓墩的同治甲戌鍾氏夫婦墓，仍屬青磚壟環加護嶺的人字磚加橫直砌作形式。

同治朝的古墓中，最後值得一提的是在九龍半島茶果嶺上的一座灰砂墓，墓主為葉拔禮，這座墓為灰砂砌砂手墓，由一重護嶺與壟環，拜台組成，未見月池。墓的砌法是以石塊砌外壁，再以灰砂塗飾，壟環砂手以石鼓形裝飾，全墓佔地約二十平方米左右，並不算奢華，然而其特別指之處，則在墓左右兩側，距離墓地約 8 米左右，各有一對花崗巖石質的旗杆夾石，這是清末流行的一種用於炫耀子孫功名的裝飾，原來只用於宗祠前面，到了清

皇清待旌貞女墓，青龍頭後山同治九年所立

代同治年間開始，又流行於祖墓前作裝飾。清代香港地區功名極稀少，只出了一兩個文武科的進士以及少量的舉人，這對旗杆夾從尺寸和銘文看，屬於舉人功名的旗杆石。此墓的墓主為葉拔禮，墓碑上顯示其身分為「儒林郎」，墓碑上刻為同治四年乙丑（1865）重修。按照清制為從六品官，這對旗杆石是香港目前發現唯一的一例用於墓葬前的功名旗杆夾石（詳見後文），葉拔禮墓已經遷走，但旗杆夾石保存尚屬完好，具有特別的價值。

光緒朝（1875－1908）是近代史上很重要的時期，整個中國社會加快了從古代社會模式逐步蛻變為近代社會的過程。對廣東與香港而言，光緒朝是一個光輝的黃金時期，此時期香港迅速成長為亞洲重要口岸城市，廣州的經濟文化也與香港彼此呼應，兩城之間的商貿活動頻繁，人員往來愈加密切，香港在生活方式和文化上越多地參考廣州模式。體現在禮制方面，新興的商人階層越來越多地希望提高自身的社會地位，通過捐納官職和頂戴，提升自己在社會上受尊崇的程度，廣州新興起的奢華和炫耀之風，在墓葬上亦有反應。

茶果嶺葉拔禮墓兩側各有一對旗杆夾石

同治四年葉拔禮墓碑

前面曾經介紹過，香港島的居民構成，在道光至同治朝，均以廣府地區移民為主，這些廣府人若不幸病故，富有階層多數選擇回鄉安葬，無錢的窮人才會在港島西環一帶山邊草草埋葬。雖然早在 1845 年，香港政府已經開闢了今日跑馬地後山的殖民地墳場（今日香港墳場），但主要是供歐洲和基督徒安葬。華人的葬地則仍然放任自流，富有之家若選擇在港島下葬，請風水師勘定吉地之後，再向私人業主購買或者自擇無主山地，或者向政府購買地權。但由於習俗關係，港島區華人大墓並不多見，光緒年間，陳曉雲所著《香港雜記》中有一段對摩星嶺一帶墳墓的記載：

> 兩山相對，其一是摩星嶺，其一是域多厘山，唐人之寄葬者，墳墓在摩星嶺之北，唐人之入教者，墳墓在摩星嶺之南。[3]

這段文字中，作者特別用了「寄葬」這個字，以示區別於入教（指信奉基督教和天主教）華人的永久安葬，唐人多數以暫時安放的形式在這一帶營造墓穴。所以港島光緒朝的華人大墓，主要以義冢為大宗，港島區規模較大的首推現存香港仔華人永遠墳場中的「南邑先友墓」。南邑即廣州府屬南海，這是廣州府屬下最富庶的縣之一，清代廣州最富庶的，首推「南番（番禺）順（德）」而以「南」居首，可見南海地位之重。這座義冢安葬南海籍的窮人骸骨，是一座典型的晚清廣式砂手大墓，由后土、兩重護嶺、壟環、拜台和月池組成。整座均用港島所產白色花崗巖石砌成，用料考究，選材光滑，打磨工整。此墓建造時間，比香港仔華人永遠墳場還早，後靠堅實，遠眺南丫島海景，氣勢不凡。

3　陳曉雲：《香港雜記》（香港：三聯書店，2018 年），頁 58。

在光緒末年造價高達三千港元的南海義塚，位於香港仔華永墳場

　　這座大墓融合了很多光緒朝廣式大墓的特點，例如開始出現中西結合的元素，如碑框的裝飾，是一組螺旋式上升的旋紋，墓碑上用地球形的裝飾也凸顯了西方元素。墓碑文字為：「南邑先友之墓，本山座艮向坤兼丑未之原，光緒二十年吉日福仁堂立」。

　　考福仁堂為南海商會所設的管理機構，此墓由世界各地南海同鄉會所籌款建成，當年光是善款就捐資多達港幣五千圓，購買山地和建設用去三千多圓，餘下的則用作投資生息，供拜祭之用，1917 年港府開華人永遠墳場，剛好此墓在墳場範圍之內，得以永久保存。[4] 此墓的另一重要價值，則在於其造價在南海商會記錄中得以保留，三千港元今日看來似乎不值一提，若參考一下，光緒末年至宣統初年，尖沙咀一帶一座

4　佛山市政協文史委編：《旅港南海商會資料專輯》（佛山：佛山市政協文史委，1990 年），
　　頁 134。

南海義塚的全石砌結構，顯示了光緒朝廣州傳來的新　　　掃桿埔台山李氏墓砂手石獅子
風格在香港已經流行

連地皮的三層唐樓（樓下為商鋪，樓上為兩層住宅）市價約合九百港元，則這座大墓買地連造價，可買三幢房屋，可知當時高級陰宅之昂貴！

南邑先友墓作為現存港島區華人義冢中規模最大的一座，其工藝價值也頗高，壟環和踢靴轉角均有廣式石獅一對，踢靴位置的一對石獅與台座為整座雕成，又有一對石鼓立在拜台兩側，拜台為兩重，外拜台的台階兩側亦有小抱鼓裝飾，這是廣式近代建築的特點：凡是台階兩側裝飾以小抱鼓者，均屬先人所居（祠堂或者陰宅）。

港島區也有一些較大的華人私人墳墓，其中以大坑跑馬地後山掃桿埔山坑中的李母謝夫人墓為典型。這座古墓已失祭，位於著名的馬場先友之墓山路旁，為鐵絲網所擋住，一般不容易發現。這是一座典型的廣式石砌砂手墓，由護嶺、壟環、拜台、月池等組成，由於山泥傾瀉，大部分已經倒塌，未發現是否有后土及敕書亭。護嶺及壟環，砂手均用本地花崗巖石砌成，手工精湛，碑龕與碑為整座花崗巖石質，上有祥雲湧月裝飾，碑文為宋體字：「寧邑貤贈孺人庶妣李母謝氏之墓，光緒二十七年歲次辛丑孟夏吉日」，這裏的寧邑即新寧，台山的古稱，「貤贈」意思是本身的封銜移贈給父母，孺人為清代七品官夫人的例贈銜，台山

掃桿埔台山李氏大墓墓碑，年款為光緒二十七年

李氏在清末曾經出現不少富商之家，這位謝夫人不知為誰家庶母，掛榜位置為兩龕位，中間各鑲嵌行書「福壽」字石刻，書法挺秀。砂手亦由石砌，兩側各有一頭石獅子裝飾，這是港島現存廣府華人墓中較有價值的一處，可惜在失祭和山泥傾瀉之下已經瀕危。

港島區清末廣式大墓最集中的，則是摩星嶺「昭遠墳場」和毗鄰的何莊。

昭遠墳場在 1897 年由港府批出 38 萬英呎土地，供香港的「歐亞混血社區」安葬先人，較早期下葬的人士中，卻有一些是華人，這些人之所以獲得在此下葬，是因為嫁給歐洲人或者是歐裔人的庶母等。這片土地開發較早，又是由富庶的歐亞混血社團管理，因此成為研究清末廣式大墓的最佳集中地之一。

昭遠墳場較早下葬的大墓，都與光緒年間香港幾個大富商家族有關，最顯赫的當數何東（1862－1956）的母親施娣的墓，這也是整座昭遠墳場中建成年份最早的一座，建於光緒二十三年（1897），這座墓為典型的廣式大墓，依次由后土、敕書亭、兩重護嶺、壟環、拜台、月池、一對華表等組成，墓旁還有石砌桌椅等附屬石器。但墓並非全由石砌成，而是在護嶺、壟環的封邊使用花崗巖石，兩重壟環正中分別為五福捧祥雲湧月、蝙蝠雲月紋裝飾，碑龕為花崗巖石質，碑額雕刻雙鳳銜雲月紋，雕工生動。碑龕兩側為羅馬柱形，又顯出墓主的特殊身分。墓碑則為連州青石質，這是光緒年間才開始興起的一種來自粵西地區的名貴石材，顏色帶碧玉的青色，石質細膩。何太夫人墓是現存香港古墓中

使用連州青石較早的實例。

　　墓碑上刻「皇清誥封通奉大夫顯考仕文何府君 誥封二品夫人顯妣施氏太夫人之墓，光緒二十三年九月吉日」，左側為何東、何棠等四兄弟和兒孫的名款。這墓中其實只有何東的母親施太夫人，而那位受到「皇清誥封」從二品通奉大夫的「仕文何府君」(Charles Henri Maurice Bosman，1839－1892) 乃是一位荷蘭猶太人，即何東的生父，他在香港與寶安籍的施氏生下何東之後，即回到英國，並且從此沒有回到香港。何東為了孝順施氏，為母親捐了二品（這是清末商人能夠捐納到的最高品級）夫人，當然同時也使那位遠在英國從來沒有穿過官服補子的猶太父親也得到了一個清國大夫的官銜。壟環兩側各有石獅一頭，蹲坐在方形石座之上，拜台兩側也各有一對花崗巖石獅，高 1.5 米，形態威嚴。

　　施太夫人墓的重要性，不僅在墓的規模本身，這裏有兩處文物不可

昭遠墳場最大型的何東母親施太夫人墓及其後兩重護嶺與石雕

何東父母基碑，採用連州青石質，是目前所見最早使用此種名貴石材的基碑之一

施太夫人墓前一對華表上，刻有
何東的官銜

小覷，其一是墓前的一對華表，這是港島區唯一的一對古代墓前豎立的華表，華表上有銘文「賞戴花翎衛候選道何啟東」，因為清代制度，要在墓前豎立華表，必須子孫有官銜（品級有限制，但清末多數鬆弛），何啟東即何東的官場用名。這對華表由三段花崗巖石組成，上方各雕一頭對望的石獅子。

另一處則為兩重護嶺的後方，豎立了兩方花崗巖雕成的廡殿頂式碑，右側為后土之神，左側為敕書亭，這是同治、光緒朝才興起的一種新的儀仗，其用途為炫耀墓主的顯赫。上面刻「奉天誥命」四字，意思是墓主曾經受到朝廷的誥封。奉字在右側，天字（代表皇帝）抬頭在正中，廡殿頂裝飾類似乾隆朝的墓碑框裝飾，作瓦筒滴水型，所不同的是，正中刻一小豎牌匾，上面為篆書「恩榮」兩字。這種亭子源自廣州，稱為「敕書亭」，施太夫人的敕書亭是香港現存最早的一例。

昭遠墳場現存光緒年大墓尚有不少，形制均屬廣府新式，手工亦為廣式做工。如冼母黃太宜人墓，建成於光緒戊戌（1898）七月，即墳場建成第二年，為三重砂手墓。後方為一座敕書亭與后土碑，並設有兩重護嶺，均為灰砂砌作，正中裝飾有蝙蝠銜祥雲湧月圖案，墓碑為白色花崗巖石，款書：冼母黃太宜人墓，光緒戊戌秋七月吉旦立石。按「冼」即冼姓氏的古寫，墓主為富商冼德芬的母親黃氏夫人，因冼德芬（1856－1925）為歐亞混血兒，其母親也因此得以安葬於此。墓碑額為五雲裝飾，簡潔莊嚴，壟環和拜台均以花崗巖石鋪地，壟環前石條為兩

條花崗巖石拼接，接縫處安排在墓碑右側，以免衝撞碑身，這也是廣東祠廟建築的特色之一。敕書亭在墓後方，為一座廡殿式碑，頂部為鰲魚一對與寶珠，文字與施太夫人墓相同。冼母的封贈為五品宜人，按清代制度，五品及以上者，可獲贈誥封，五品以下則只獲「敕命」，因此黃宜人墓能豎立「誥命」敕書亭。順

冼母黃太宜人墓，兩重護嶺，注意其後設有敕書亭及后土碑各一座

帶一提的是，五品以下文字為「奉天敕命」，其尺寸也較誥命為小。

　　另一位歐亞混血富商陳啟明（1859–1919）的母親林宜人墓建於光緒二十七年（1901），其手工較施太夫人墓更形精美，這是一座兩重護嶺的大墓，特別之處是每重護嶺均延伸出砂手，這樣更顯得氣派非凡，這種砌法在廣州目前發現的實例均在光緒朝才開始出現，而香港隨即跟上。此墓護嶺與壟環以水泥作牆身，這是當時較新式的建築材料，所有轉角及邊沿位置均為花崗巖石質，各層之間又以抱鼓型牙子石支撐及裝飾，錯落有致且凸顯線條變化豐富。兩重護嶺正中為連州青石碑額，浮雕蝙蝠銜祥雲湧月圖案，碑身與碑額為一整塊連州青石雕成，碑額為雙鳳銜雲月圖案，碑文為：「皇清顯妣陳母林氏宜人之墓，光緒二十七年三月吉日」，以及子孫題名字樣。墓後方與冼宜人墓一樣，有后土與誥命碑各一方。墓前有石鼓兩對，上浮雕丹鳳圖案，並有石桌椅兩對，壟環及拜台、月池均以花崗巖石鋪砌。此墓造價應與南海先友墓相當，在光緒末年屬於豪宅級別。

　　港島區也不乏草根階層的光緒時期小墓，能從另一側面反映當時的生活狀態，其中摩星嶺與堅尼地城附近有數處鼠疫墳場，記錄了光緒

陳母林宜人墓的繁瑣石雕裝飾羣，造價不菲

陳母林宜人墓，兩重護嶺及其後敕書亭，后土碑，墓碑為連州青石

二十年（1894）前後香港爆發鼠疫的歷史。當時每日均有人因染疫過世，為防止感染，港府規定凡屬鼠疫死亡者必須安葬在指定的區域內，俗稱鼠疫墳場。1897年，政府憲報上專門刊登了這項規定並且列明安葬範圍，主要在今日堅尼地城靠近摩星嶺一帶。

因鼠疫地區多數在太平山街一帶的貧民區，死者均為貧苦大眾，這些鼠疫墳墓規模都很小，絕大多數只有一塊小方形的墓碑，上面書阿拉伯數字的編號，有一些帶有光緒年款及簡單的墓主名字，有一些連名字都沒有，則寫「無名氏」。今日這些墳墓多數已經淹沒，筆者往採訪時，只見到被鋪作台階或者丟棄在一旁的樹下，雖然有文保愛好者倡議，但因該地價高昂，政府並無保育的打算。這些草根階層的小墓碑與近在咫尺的奢華大墓，正好是光緒朝貧富差距的縮影和見證。

九龍半島的光緒大墓，規模稍大的，多屬義塚，如飛鵝山下的九龍樂善堂義塚，屬於九龍半島較罕見的大型古墓。樂善堂創建建於道光年

間，是九龍城地區歷史悠久的慈善團體，這處義塚營建於光緒甲午，由一重護嶺和壟環、掛榜、踢靴、拜台、月池組成。相比起富裕的南海、香山，樂善堂的義塚顯得較為簡樸，僅由灰砂砌作，無雲月裝飾，墓碑與碑框為花崗巖石質，正中為「樂善堂義塚」行書大字，兩側落款為「光緒歲次甲午季春吉旦立，江西鄒玉堂點穴」，除墓碑雕刻厚重外，全墓均樸實無華，顯示了樂善堂的務實風格。

有趣的是，新界地區的光緒朝墓數量眾多，不過論規模和手工，卻少有能與港島的富商比肩的。並且九龍和新界區的光緒宣統墓，凡墓主是本土人士者，仍然保持青磚砌墓的保守方式，並沒有跟上廣府新的石砌墓風氣，甚至到今日猶然。

光緒朝新界的墓葬，仍然沿襲此前的舊式青磚砌作法，不過尚有數例值得一提，屬於青磚砌作的「加強版」，較突出的數元朗新田洲頭村後山的「渴馬飲泉」。這座墓的規模頗為壯觀，由一重護嶺及壟環、掛榜、兩重踢靴、拜台、兩重月池組成。其中護嶺與壟環、兩重踢靴均為

公民村舊址的石台階，均為昔日鼠疫墳場的貧民墓碑所堆成，上面簡單刻有編號和姓名籍貫

井欄樹村樂善堂義塚，光緒甲午年（1895）建，上有江西地師名款

青磚砌作，其高度與眾不同，壘環內青磚高度近兩米，站立在墓碑前，四周的青磚仿佛置身房屋之內。壘環與護嶺為人字形砌作，其餘作橫直砌。護嶺正中以紅色灰砂浮雕出祥雲湧月圖案，壘環欄口以花崗巖石兩道豎砌裝飾，氣氛莊嚴。

　　與壘環的高聳青磚形成對比的是，此墓碑顯得低矮，高僅為一米左右，青石質，正中楷書：「清敕授儒林郎，誥贈昭武都尉彥其莊公之墓」，右側為莊彥其的父母等世系，並註明此地喝名為「渴馬飲泉」，地師為羅浮山華首台方丈吾賓，左側年款為「光緒十二年二月初八」。莊氏世居黃崗鄉（今深圳皇崗），晚年獲取功名，因此得到八品的「儒林郎」敕命（如前所述，五品以下低級官員稱為敕命），但在他身故後，因子孫又獲得了「昭武都尉」的加銜，因此他又可以獲得子孫官銜的加贈。昭武都尉為清代正四品的封贈，因此可以獲得「誥命」，清代制度規定，生前獲得的封稱為「授」，死後獲得的封稱為「贈」，從墓碑上並列兩行可知，莊其彥在生前獲得「敕授」文官八品儒林郎，過世後以子孫的封銜（很可能為捐納，因武官捐納較文官便宜一半以上）又獲得「誥贈」武

莊彥其墓「渴馬飲泉」，高聳的護嶺與壘環高度為新界之最

莊彥其墓正面全圖，壘環與站立之人顯出誇張的高度比例

官昭武都尉。這方墓碑上文武封銜並列，顯示了清末官制鬆弛的有趣現象。而高聳的青磚，則折射出清末在寶安東莞地區，原居民的審美仍然維持清中期以來的青磚造墓形制，但是在廣州奢侈之風的影響下，他們也試圖通過擴大青磚的尺寸、規模，達至炫耀家族權勢的目的，墓碑上的加銜正好反應了這種心態。墓兩側的踢靴多至兩重，高度也近兩米，月池兩重的造法在新界極為罕見。第一重月池與而踢靴之間，有兩道灰砂砌抱鼓型牙子作為裝飾，這種手法也繼承了清中期的傳統。

其餘散佈在新界各處的光緒朝墓，雖然數量眾多，但較少有特色，甚至有一些仍然保持了青磚加黑石碑的古老遺風，這說明了新界原居民對傳統的固守。

光緒、宣統之際，香港華人大墓開始出現一些屬於本土風格的萌芽，這是一個可喜的現象，說明香港因經濟的起飛，文化上逐漸出現了個性，與廣州的審美產生了異化，前述昭遠墳場中，何仕文墓的碑龕裝飾用羅馬柱即為較明顯的實例，到了光緒末年和宣統年間，這些西方元素愈加明顯。

昭遠墳場中，何東的岳母墓，即光緒三十年甲辰營造的「麥母吳孺人墓」規模較大，由兩方后土來龍碑、一重護嶺及墓誌銘碑、壋環、拜台、掛榜、一對石獅、一對石鼓及月池組成，除護嶺與壋環內壁之外，全為花崗巖石雕成，氣派奢華。壋環正中，是一道廡殿頂的墓誌銘碑，碑框為花崗巖石質，碑文為白色大理石，墓誌銘作楷書，字體描金。這種將墓誌銘或者誥命鐫刻在廡殿頂碑文中的做法，源自同治、光緒年間的廣州，因誥命的頒發較普及，得到誥封的人家往往將誥命原文也刻在墓後。但是白色大理石則是香港的特色，在清末廣州大墓中，未見有此類泊來的材質。此墓的特點在於墓碑和碑龕更加中西合璧，碑龕是由兩

昭遠墳場麥母吳孺人墓，使用了歐洲大理石作墓誌銘文

麥母吳孺人墓全貌，使用大量精美石雕

根羅馬柱支撐，然而柱礎卻是典型的晚清廣州花籃形。碑額為蝙蝠銜祥雲湧月紋樣，碑身鑲嵌深度較大，與何仕文墓碑相比，已經出現了內凹較明顯的傾向，這種形制可視作後來香港流行的圓柱加上半圓拱頂墓亭的濫觴。此墓碑為連州青石質，雕琢精緻，上方為三個篆書「壽」字，正中字體為宋體楷書「皇清例贈孺人麥母吳氏之墓」，兩側有生卒年及何東重修的年款。「例贈」即「應贈而未贈」，墓主為何東夫人麥秀英的母親吳氏，吳氏本為一蜑家船女，與歐洲商人麥奇廉生下了女兒麥秀英，並許配給何東。吳氏出身低微，僅因女兒的關係「夠資格」獲得孺人的身分，然而因為她並未真正得到清廷的封誥，因此墓碑上只能用「例贈」而不像前述幾位鄰居一樣用「誥封」、「誥授」，其墓雖然顯赫，也未能配用敕書亭。此墓另一值得一提的是壋環外拜台的地面，為一整方花崗巖石雕成，不經拼接，在昭遠墳場中亦僅得一處。

吳氏墓旁的另一座同樣風格的碑龕，則是宣統二年（1910）的何門庶室周氏墓，此墓規模較吳氏小，碑龕形式幾乎完全一樣，亦為羅馬柱

加廣式花籃柱礎紋樣，碑身亦為連州青石，凹入較深。所不同的只在於碑額裝飾圖案略有差別，何氏與麥家為姻親，兩墓均為何東所經營，出自同一石廠。

宣統年間所立何門周氏墓，羅馬柱與廣式花籃柱礎毫無違和感

宣統朝只有三年，其風格並無明顯差別，光緒末年至宣統朝，值得一記的則是華人墓也出現了西式的墓葬，多數集中在香港墳場（又稱殖民地墳場）。此墳場在香港公墓中，歷史最為悠久，在1841年已經有安葬的記錄。但由於此墓必須安葬基督信仰者，因此直到光緒末年才有華人在此下葬，其中較為知名的則有孫中山的密友，興中會長楊衢雲（1861－1901），他因為參與革命黨的多次起義，被清廷殘酷暗殺於中環寓所，因早年奉教，家屬得以在此墳場將其下葬。又因懼怕清廷破壞，墓碑上並無一字，只是豎立了斷裂的羅馬柱，象徵其志向未完成，碑身上則石雕出青天白日圖案。

香港墳場中還有極少數宣統三年前下葬的華人，如宣統元年下葬的潘門郭氏墓，梁少乾墓等，均以中英文標示墓主身分及生卒年，其中梁少乾年份為宣統元年，墓碑裝飾有浮雕十字架及百合花紋，碑上曾經有鑲嵌瓷相的痕跡，這是現存最早出現瓷相的墓碑之一，惜今相片已不存。

新界地區現存宣統墓亦有不少，多數為較小型砂手墓，以灰砂砌作，青磚的也偶有發現，但規模不大，如沙嶺岡背山的「丹鳳朝陽」袁氏墓等。墓碑質地有青石質、黑石質、火山巖石質等，字則多為宋體字。

香港最早的公共墳場，其實並不止今日香港墳場一處，在1845年左右，很多英國人及來華傳教人士因不適應香港潮濕多雨氣候，感染疫

香港墳場內楊衢雲墓，基座上的廣式石雕
圖案特別引人矚目

香港墳場內宣統年間梁健臣墓，以歐洲方
式裝飾以百合花和十字架

症死亡，港府最早在當時還很荒蕪的下環日街、月街、星街一帶山邊建
立過第一座公共墳場，這座墳場很快就不敷使用，而下環（今灣仔和金
鐘一帶）又迅速成為居民區，因此政府陸續將這座墳場的墳墓遷出，並
改到今日香港墳場集中安葬。

　　近年在金鐘和灣仔交界的萬茂台公園一角山邊，發現了一座碩果僅
存的墓碑。這座墓碑為麻石質地，高約半米，上圓下方，左側尚可見「同
治三年，x 公之墓」字樣。這塊墓碑傾斜地豎立在山邊，因有樹叢遮擋，
很難發現，也因此躲過了多次遷移。

　　關於這座墓的主人很難考索，但是否屬於香港第一代墳場的孑遺，
則議論紛紛。有論者認為這不過是當年華人隨意安葬的一處痕跡，然
而筆者從石碑的形制分析，當時華人在港島隨意安葬的，基本上都是廣
東籍的低級勞工，他們的墓碑並不會使用西方慣用的上圓下方式，而僅

使用傳統的長方形墓碑。反觀今
日香港墳場，上方半圓的墓碑佔
了很大比例，只有奉教的華人才
會接受這種碑式。早期港府的墳
場，只接受歐美人士及奉教華人
安葬，例如香港墳場迄今只有極
少數華人能安葬，即是當年傳統
的遺存。因此這方墓碑無疑就是
當年第一代墳場的留痕。

萬茂里山坡上最近發現僅存的一座同治三
年款墓碑，從形制上看，應該屬於早期下
環公共基地的遺存

　　辛亥之前，另一處接納華人
的公眾墓地則是鼠疫墳場。發生
在 1894 至 1895 年間的鼠疫，
導致近 2000 人死亡，此後直至
一九二〇年代末，香港每年都發現小規模的鼠疫，政府為減少傳染，規
定鼠疫的亡者統一安葬到堅尼地城及附近的山坡上。

　　近年陸續在堅尼地城的山邊以及摩星嶺的潮州義塚附近，發現為數
甚多的小型華人墓碑，這些墓碑高度都在 60 厘米左右，內容非常簡單，
只有阿拉伯數字的編號加上亡者姓名，其編號可能來自於醫院或者收殮
的名冊，亡者姓名前有簡單的籍貫，部分為無名氏。這些小型墓碑昔日
遍布於堅尼地城延伸到雞籠環一帶的山坡上，因多年的失祭，加上附近
建築木屋的建築大量被使用作堆砌擋土牆和石階等，今日倖存的墓碑已
經為數很少，雞籠環的公屋工程更使殘存的墓碑被填埋，雖然不斷有環
保組織，民間歷史關注人士甚至藝術家以作品呼籲，目前仍未看到政府
有任何部門對此表示保護。

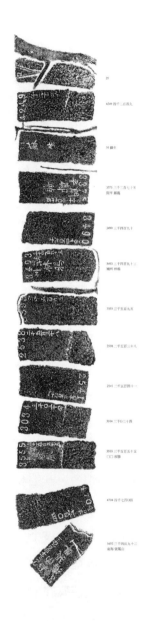

堅尼地城附近山邊台階昔日鼠疫墳場的基碑被用作台階，藝術家朱樂庭創作的這組拓片呈現了黑白分明的視覺效果

從以上這幾座早期公墓看，辛亥之前，政府對於華人的墓葬並無限制，也許是因為在佔領香港時，英國已經承諾華人傳統的生活方式予以保留，而隨意選擇葬地，正是傳統生活方式的組成部分。所以政府的公墓只供信教華人使用，鼠疫墳場則是防疫的特殊情況，至於下層華人，就在港島眾多的山坡上隨意草草安葬了事，華籍富商是不會選擇在此長眠的。

辛亥革命對香港影響深遠，在廣東光復後，香港華僑歡呼奔走，日夜燃燒炮仗慶賀。但政局的變遷，並沒有馬上影響社會的禮制，尤其是素以保守著稱的喪事禮儀。

在民國初年，新廣式大墓在香港繼續流行，並且發揚光大，也衍生出本土的特有風格（如嵌有堂名的護牆等），更多的體現為大型的墳場中，廣式大墓爭奇鬥巧，以規模和手工互相炫耀家族的顯赫。

現存民國墓中，年款最早的有昭遠墳場中的張德輝墓。張德輝（1850－1892）是著名的商場連卡佛（Lane Crawford）家族的後人，同樣擁有歐亞混血身分。張德輝墓形制與前述麥秀英母親墓非常接近，由兩道后土碑、一重護嶺、壟環、拜台、掛榜、踢靴、月池等組成，全用花崗巖石雕砌，護嶺中為張德輝父親墓碑，壟環內則為張德輝夫婦碑，年款為民國元年壬子（1912）春，兩墓碑與碑龕裝飾手法與麥母吳夫人相同。月池旁的一對石鼓，作雄鷹與龍相戲弄圖案，較為特別。

民國初年，對香港社會而言，最大的改變，應該是出現了華人的永久墓

昭遠墳場內民國元年張德輝墓

園,這象徵着華人開始改變落葉歸根,歸葬故園的習俗。一方面,香港開埠已超過半世紀,不少來此旅居的華人已經居住多年,子孫繁衍,鄉土觀念已經改變。另一方面,因民國建立初年,國內各處戰亂,將棺柩等運送回鄉並不容易,且每年掃墓也是一個問題。

如前所述,早在 1856 年,港英政府就出台了針對華人的墓葬法例,即 1856 年的第 12 號法例,並於同年的《轅門報》即政府憲報上公佈於港島西端的摩星嶺和東面的黃泥涌谷設立華人墳場,法例中規定「下環以西地區華人於摩星嶺下葬,下環及以東地區華人限於黃泥涌谷下葬」,當年並沒有劃定摩星嶺墳場的具體範圍。而在 1892 年,港府又在掃桿埔後山開闢加路連墳場,後來又稱咖啡園墳場。這裏安葬的主要是民國初年到抗戰前的華人,但因為山勢較為陡峭,並沒有太多平地可以營造較大的墓穴,且遠望景觀欠奉,對 20 世紀初的香港華人富商並不吸引。

1913 年 6 月,由商人劉鑄伯等人向政府倡議開闢一片專供華人安葬的、無宗教背景的墳場,港府批出了在香港仔田灣的一片約佔地 7 萬平方米的土地,這裏背靠太平山,龍脈跌落堅實,前望鴨脷洲為案山,海水兩重,顧盼有情,風水甚佳,在光緒末年,這裏已有南海義塚等安葬。這是香港首座華人永久墳場,在開闢之初,就吸引了大批富商和名人選擇以此為長眠之地,因此這裏成為香港近代華人名墓與新廣式大墓最集中的處所。

香港仔華人永遠墳場(以下按香港習慣簡稱華永)除上述光緒年代的南海義塚之外,其餘均在民國年間下葬,在開闢之初,這裏的地塊有較多選擇,早期的大墓佔地頗廣,甚至有佔數層山地者,不過隨着香港人口迅速增加,從一九二〇年代開始,香港仔華永的墓地開始越來越擁

香港仔華永內記錄有劉鑄伯等商人籌建華永過程的一則墓誌銘

擠，甚至出現石獅子和砂手貼近前排的窘況。一方面墓主要顯示家族的顯赫，一方面土地的狹窄又使場面無法鋪張，只好在用料和手工方面儘可能花心思，這使得香港仔華永成為研究新廣式墓葬與石刻的絕佳示範。

在香港仔華永，可以看到很多此前未曾在香港出現的華人大墓的元素，例如墓道、牌坊、墓廬等，這些在內地明清大墓中經常可見的設施，以往因香港並沒有本土大紳，在新界也不曾出現。在香港仔華永，這些實例都可以找到，雖然規模略小，卻顯示出當年富商顯宦的氣派仍然不減。

墓道和牌坊，原來屬於大官和富商家才有的氣派，在香港仔華永，保存了「葉府墓道」的實例，以紅磚砌作的涼亭式墓道，結合了墓道牌坊與涼亭的用途，墓道前的一對廣式石獅更增添了墓道亭的氣派。紅磚牆顯示了濃厚的民國氣息，兩側牆上各開有八角形窗，窗格為鬥勾紋

香港仔華永的「葉府墓道」，結合了墓道和墓廬建築特點

樣，古樸方正。

　　牌坊的實例則為李葆葵墓旁的「萱闈日永」坊，李氏為清末新會富商李陞之姪，獲得清廷誥封二品銜，民國初年任農商部顧問。這座牌坊為單開間結構，兩柱沖天，柱間橫額為廡殿頂式，橫匾為連州青石質，正文為楷書「萱闈日永」大字，這是民國十一年（1922）大總統黎元洪頒賜給李葆葵母親七十三歲生日的贈禮。另外在富商高可寧的墓前，也有一座規模較小的牌坊，由區大原太史題寫，保存亦完整。

　　上世紀初開始營建的華永，其參照系當然以省城廣州為藍本，不過因地制宜，也出現了一些香港本地特有的元素，從形制上看，首先就是華永使用了獨有的「後屏」，即家族墓地後方的石砌擋土牆。古代墓地如同陽宅，土地四至範圍為私人所有，地權意識非常重要，因此才出現了土地界石。華永因地少且狹窄，不允許以界石分界，更不允許以圍牆分隔，而此地又是山坡，很多墓都是倚靠着坡地作為後靠，於是出現了

朝氣長存

區大原題

己卯冬日

玉帶正環身

金星端在角

華永的高可寧墓牌坊,由區大原太史題寫

133

馮平山墓後屏上的岑光樾題字「始平塋域」　　　　　華永周東生墓地後屏題字

將墓地後方山坡砌以石牆，並鑲嵌自家宅名的情況，這種界牆兼具護嶺與擋土的作用，在此前從未在香港出現，在廣州也沒有先例。

　　華永的石牆是很多參觀者印象深刻的特色，一些現存的石牆上自稱為「後屏」，蓋其形似屏風，也有蔭護後人的寓意。富貴之家的後牆，以整齊的麻石甚至大理石砌成，其上鑲嵌自家的堂號，還請名家題寫，如上述馮平山家族的「始平塋域」，由岑光樾太史題字，周壽臣家族的「寶安周家塋地」，由梁士詒題字等等。

華永瓷相保存很多名人的影像資料，這是晚清時期廣州著名人物周東生的晚年留影

　　瓷相的出現在上世紀初，即將人像照片，摹寫於瓷板上，以數百度的小型爐加以烤燒成的一種肖像，這種工藝在光緒年間開始出現於景德鎮，香港現存較早的實例出現在香港墳場宣統年間的華人墓葬中。進入民國初年，瓷相大行其道，甚至出現一些專門燒造的名店，華永的很多先人瓷相上，均寫有燒造店名，顯示當時燒造已經成為產業。中國人講究慎終追遠，將先人的形象留在墓

地，使後世子孫能夠如見其人，但一百多年過去，很多當年的瓷相，也隨着歲月而褪色。

民國初年的很多應用在民居建築的新工藝和材料，在華永均得到反映，如生鐵焊接成各種花紋的工藝，在民初門窗、扶手等製作中大量使用，華永也保存了部分百年的鑄鐵。歐洲進口的各種花紋地磚，香港人稱為「花階磚」，在這裏歷經多年仍然五彩繽紛，光可照人。石米批蕩是上世紀初廣東人發明的一種工藝，當時為了宣傳，稱之為「意大利批蕩」，後來竟訛傳為歐洲傳入的工藝，這種工藝選用細緻的石米，加上染色的混凝土再打磨，具有耐用及美觀的效果，在華永的「孝思亭」等建築上，均可看到民初石米批蕩的精品，經過百年風雨仍然未開裂，光潔如初。

選材方面，華永的石材除了選用此前介紹過的廣東特產麻石，連州

華永墓園中使用鑄鐵工藝，融合西式花紋，歷經多年仍然完好

華永出現的歐洲進口地磚和石米工藝，都是抗戰前香港流行的建築材料

葉母邵太夫人墓誌使用昂
貴的紅筋石材整塊雕成

何啟兒媳之墓，華永唯一的全連州青石砌大墓，上有極其精美
的石雕

何啟兒媳墓上的連州青石雕天使像，店名顯示為港島本地雕琢

青石之外，還大量使用了歐洲等地進口的大理石等，民國初年使用的一
種歐洲進口的橘紅色花紋大理石，稱為「紅筋石」，因顏色如滿天彩霞，
非常名貴，通常僅用於家具的裝飾面，而華永則有一方高達一米多，
寬近一米的整塊紅筋石雕琢成的《葉母邵太夫人墓誌》，這種奢華當年
不知所費幾何。華永開闢之後不久，地塊就已經飽和，富貴人家只能見
縫插針，在土地不足的情況下，又只能在用料和工藝上下功夫以炫耀家

族。其中典型的例子就是區德之女，即何啟之兒媳墓，佔地只有十平方左右，卻選用了全連州青石，雕工瑰麗精巧，立面兩側為兩童子手抱寶瓶，瓶中牡丹花盛放，兩側砂手又有兩天使模樣的人物，融合中西裝飾，特別的是富態的石獅子基座上還留有當年石廠的店號「港筲福林潘培記造」的字樣，顯示當年附近一帶石廠的高超水平。

民國初年華永出現之後，很多寓居於此多年的廣府人甚至外地人，也開始改變心態，願意長眠於此，因此華永和香港其他地方都出現很多不同風格的墓葬，這裏暫不討論外國風格，僅以華人墓葬而言，華永就出現了福建式和潮州式。潮州屬於閩南文化圈，其實是福建式的變體，福建式大墓的風格以繁瑣的石雕為代表，如吳國華墓即為代表，其

吳國華墓的繁瑣閩南式石雕工藝成為華永的獨特亮點

後屏即以對聯和各種繁瑣的雕花石板裝飾，石欄上亦裝飾以人物，墓碑上顯示墓主為福建海澄籍，可知當時福建人已經安於在此長眠。

華永的另一特色則是雖然墓園開闢於民國初年，不過清代的功名與官銜在這裏仍然大行其道，曾經有人統計過，在華永可以找到清代從一品到九品的所有品級官銜，展現出民國初年香港華人對於清銜的概念史。

安葬在華永的人物，也一改此前為廣東本地人的單一組成，外省籍的富商名士，也選擇香港作歸宿，華永安葬的名人之中，獲得清代官銜最高的是福建籍的陳望曾。

陳望曾墓碑，誥授光祿大夫，為清代最高品級官銜，其上裝飾不是通常見到的雙鳳，而是雙龍繞護

陳望曾墓的精美閩南石雕，上有八仙等人物裝飾，打破了廣式墓葬雕花不使用人物的傳統

　　陳望曾（1853－1929），字省三，號魯村，原籍福建漳浦，初居宜蘭，據說出生在宜蘭西門埤仔底。16歲入泮，同治九年（1870）舉於鄉，後遷居台南。同治十三年（1874）會試登科進士，授內閣中書，先後署廣東雷州、韶州府知府，光緒二十五年（1899）三任廣州府知府，繼而奉委提調廣東海防兼善後總局，管理全省軍需，前後任事二十餘年。光緒三十四年（1908）擢任廣東勸業道，任內創水泥廠、辦理電力、自來水公司，振興實業不遺餘力，其間歷任按察使司、提學使司等銜，賞賜二品頂戴，誥授榮祿大夫。1911年辛亥革命後退隱香港太平山，民國十八年（1929）過世。陳在辛亥時已經是二品榮祿大夫，按照清代制度，過世後授一品光祿大夫，陳氏家族墓在華永南海義塚下方，佔地較大，

面向海峽，全墓用福建石工，精美華麗，尤其是後土碑，使用山字形結構，裝飾以八仙人物，令人歎為觀止。墓碑上書「清誥授光祿大夫顯考省三陳公墓」而不寫民國年號，凸顯其遺民的心態。而選擇在這裏安葬更反映出民國初年，即使清遺民大老，也開始轉變對身後事的觀點。另一重考量則是當時大陸局勢不穩定，運柩回原籍也不方便。陳氏家族墓為三座相連的砂手石墓，後屏為一道帶浮雕石欄板的石牆，上鑲嵌「漳浦陳氏宅兆」大字，「宅兆」語出《孝經》，意思是選好吉地安葬先人。

大圍銅鑼灣山上李母成太夫人墓有獨特的高低層次，前方兩重月池為香港罕見，香爐為整塊麻石鑿成

　　除了在華永集中了較多民國初年名人之外，不少名人也選擇新界的風水寶地，香港目前保存最大的私人古墓，是位於大圍銅鑼灣山道的「玉山草堂」以及後山上的李母成夫人墓，不僅在香港，甚至在華南地區，這樣規模的墓廬加古墓的結合，也是不多見的。

　　墓主成夫人，是五華籍的建築商人李炳的母親，李炳字瑞琴，祖籍廣東五華樟坑，出身貧苦，清末來到香港之後，以經營石廠起家，他熱心文化與公益教育，早在光緒末年，已經與廣東的進士羣體熟悉，並且經常資助途徑香港的士子，現存「玉山草堂」中有光緒甲辰（1904）探花商衍鎏所題寫的北魏體匾額「餘慶堂」，寫於1905年，即當時他們已有交往。李母成太夫人在1915年病故，李炳的好朋友賴際熙太史為撰寫《李母成太夫人墓表》，李瑞琴又是孝子，遂出巨資在銅鑼灣山買下整座

成太夫人墓很多構件為香港之最，例如這座巨型的拜桌，重達數噸，雕有李氏「餘慶堂」隸書堂名，墓碑書法為賴際熙太史手筆

山坡，建成了這座香港第一古墓。

李炳在光緒時期，已經接辦了香港政府的許多大型市政工程，手下有一班工藝高超的客家石匠，使用香港本地盛產的優質石材，以及當時最好的其他建築物料。李母墓建成之後，又在 1918 年在山腳建了一座優雅的兩進墓廬「玉山草堂」（見後文），是香港現存最大保存最完整的墓廬建築。李母墓的墓道入口在草堂背後，設有牌坊一座，為賴際熙所書「李氏墓道」大字。沿山路緩步而上，可見大墓坐落在山巔，墓佔地近 500 平方，交椅式全石砌，從上到下依次為雙層護嶺、墓環、掛榜外有兩重踢靴、子孫基兩層，月池龐大，月池外又有方形池一重，為香港古墓所罕見，方池上有一座石雕大香爐，爐高一米多，為整石鑿成，爐身上有篆書「永享用」字樣。方池兩側有華表一對，高達三米，頂端為圓形寶珠。

整座墓均為麻石雕砌，墓碑為連州青石質，上書「李氏二十世考祖玉山府君妣成太夫人墓」字樣，字體為魏碑體，筆者審定為賴際熙太史手筆，右側文字記載了李玉山並非葬於此而是歸葬五華故里。墓碑上方與兩重護嶺正中，均有精美的石雕一組，墓碑為五福擁雲月，護嶺為松鶴圖案，二護嶺為雙蝠報喜。掛榜兩端，各雕有石花籃一個，上面盛滿石榴，寓意多子多孫。踢靴兩頭裝飾為西洋花盆，二踢靴裝飾為石鼓一對。

整座墓地的選址，是以大帽山落脈，以金山為官星，但地勢較險，因此從方池俯瞰，可見整座墓是以巨型石擋土牆作支撐。整座墓地耗費甚巨，且工藝精美，不僅石料優良，雕工也代表了民初廣東客家石匠的最高水平。雖經一百多年風雨，墓地沒有出現開裂沉降等情形，實屬難得，今日墓廬已列為香港一級歷史建築，但是古墓本身未有評級，殊為可惜。

成太夫人墓石雕細部，各色水果除了寓意吉祥，也深具嶺南特色

民國時期，新界原居民所建諸墓，比起清代已經遜色，值得一提的，是散佈在新界各地的移民大墓，許多民國軍政界人物也選擇在此長眠，其中不乏民國時期的將領。民國初年，武將通常都是坐據一方的軍閥，富於資財，來港是為了躲避政敵或歸隱山林，通常作寓公且較為低調。較有名氣的將軍，長眠在香港的，有第五軍軍長李福林（1872－1952）、桂系沈鴻英（1871－1935）等。沈在抗戰前過世，其墓地在元朗大棠，今屬私人範圍，他雖然是廣西人，但其墓葬仍沿用廣式風格。墓碑為曾任國務總理的李根源（1879－1965）題寫「故協威將軍冠南府君之墓」，字體為隸書。墓碑兩側有一對石刻行書對聯。沈鴻英夫人過世比沈更早，其墓亦在大棠，墓碑兩側鑲行書墓誌兩方，撰寫者為赫赫有名的吳佩孚（1874－1939），可見抗戰前，軍界人物也仍然遵循清末的風雅習俗。抗戰之後，情況已經有所改變，李福林將軍在1952年過世後，葬大埔頭的墓地雖然仍有相當規模，為兩重護嶺砂手大墓，但已經沒有墓表和其他儀仗裝飾。時代在變化，社會審美也逐漸簡單化了。

孫中山的好朋友、陸軍上將李福林基碑

桂系上將沈鴻英墓，兩側對聯及基碑由李根源題寫

沈鴻英夫人墓，兩側墓誌由吳佩孚撰文

香港在戰後到上世紀五十年代，人口膨脹，過世的人也逐漸增加，政府於是在戰後陸續開闢公共墓地，並且有意識將原來九龍地區的七號墳場，以及窩打老道的回教墳場等都遷往新界。

1941年，位於荃灣的第二座華人永遠墳場開始使用，這裏前望青衣島，海峽風水也不俗，山坡上還保留了一些原居民的古墓。荃灣華永因開闢較香港仔晚，且當時已經戰雲密佈，抗戰之後，葬俗也起了很大

142

變化，所以墓葬的精美程度和規模都遠不如香港仔華永。安葬其中的名人，則有早期的余東旋（1877－1941），陳策（1894－1949）等，知名藝術家安葬於此較多，如畫家鄧芬，李研山，翰林岑光樾等。與香港仔華永不同的是，荃灣華永在上世紀中葉已經出現了以拱頂兩柱的小亭式墓亭遮擋墓碑的中西合璧方式，這種方式在香港仔極少出現，但今日已經在全港普及，其好處則是能使墓碑不受風吹雨打，石質不易開裂。

　　港島上另一處華人名墓較集中的公墓是 1963 年獲得港府正式批地興建的佛教墳場，因香港開埠之初，就已經有宗教團體獲批土地作本教教友墳場的習慣，佛教徒在香港人口頗眾，故此香港佛教墳場也成為港島精美墓園的集中地。這裏風水不如香港仔，但也能遠眺鯉魚門海峽的遠景，安葬於此的名人和家族，包括著名的佛教居士黃了因父子，銀行

陳佐乾墓以連州青石鑿成墓碑拜桌，又以銅像代替墓主瓷相，其餘瓷相則為陳氏家族先人

廖創興銀行創辦人廖寶珊墓側的墓誌，由饒宗頤撰文

家馬氏家族，陳佐乾家族等。佛教墳場雖然沒有香港仔華永的奢華氣勢，卻也在六十年代掀起華人墓葬的最後一波高峯，像陳佐乾家族墓由中國最後一位翰林刁作謙太史（1880－1974）撰寫墓誌銘，並鑲嵌了陳氏的銅像代替傳統的瓷相等；又如慈善家廖寶珊墓誌由潮州籍名家饒宗頤撰寫，以連州青石貼金鑴刻等，成為香港華人公墓的最後一抹亮色。此後陸續開闢的和合石墓園（一九五〇年代落成）、柴灣華永（1963年落成）、將軍澳華永（1989年落成）等大型墓園，使香港公墓進入現代

百花林孫母墓後可見雄厚的飛鵝
山主峯，據說能發帝王

化時期，墓地的奢侈和精美程度，已經無法與前代同日而語了。

在上世紀八十年代之前，香港新界區的土地有部分仍然可以供原居民以外的市民安葬，因此形成了一些傳統的，原居民之外的葬區，其中有一些歷史還頗悠久，著名的飛鵝山百花林即是一例。

飛鵝山位於九龍半島東側，俯瞰觀塘，行政上屬於西貢，地勢極高，百花林在飛鵝山半山腰上，是一處傳統的葬區，這裏最具傳奇色彩的，則是清末下葬的孫中山母親楊氏夫人（1827－1910），孫母楊太夫人於宣統二年（1910）病故後，由長子孫眉與孫中山在港朋友幫忙籌備後事，當時曾參與安葬的羅延年回憶，太夫人下葬時無使用棺木，僅以白絲綢包裹，並由羅等人以二十兩銀買下百花林村地下葬。

一年多後，辛亥革命成功，孫中山被推舉為臨時大總統，因此香港坊間一直傳說此地能蔭「帝王」，然而點穴有缺憾，因此孫中山未能正

式統一中國云云。當然，堪輿家言之是非，並非本書關注重點。孫母墓入口處，從登山公路側可見有石碑指示，根據歷史照片，孫母墓昔日只是很簡單的一重壟環墓，後來經多次重修才成今日樣子。墓碑只有簡單的「香邑孫門楊太君墓」字樣，據傳為中山先生手書，然而書法並無孫氏常見的模樣。

百花林孫母墓前俯瞰西貢海灣與羣島，氣勢非凡

站在孫母墓前，面向墓碑，可見其後的飛鵝山主峯聳立，跌落雄厚有力，確具大地的氣勢，再看前朝，前方有一片氈唇伸展，明堂見海水，且海中羣島擁護，似禽星來朝，這種格局即使不懂堪輿者也覺開朗。但月池前的一片地，明顯為人為填成，非天然所致。

百花林附近，雖然不是政府墓地，卻也安葬了不少大墓，且有部分年代較早，例如潮州籍商人陳壽如墓，安葬於同治五年（1866），1950 年重修時，改作潮汕式的「山字形」墓碑，並邀請香港名人周壽臣題寫墓聯，其位置在孫母墓下方約五十米，按照堪輿學上的「縮」字訣，其位置較之孫母更具長發的功效。

陳壽如墓為典型潮州風格，兩側墓聯為周壽臣題寫

附近尚有多座潮汕式舊墓，如探長呂洛的祖墳等，多屬上世紀六十年代初製作，尚算精良。

另一處較有名氣的葬地為粉嶺的蝴蝶山，即粉嶺站蓬瀛仙館的後

山，此山地脈連接大帽山，至大刀刃山落脈，前有道教名觀蓬瀛仙館，山地地權據說屬私人所有，吸引了不少信眾與本地市民到此安葬。

這附近從明代開始就是新界大族如彭氏的葬區，前述明代「父子鳴琴」就在蓬瀛仙館旁。這裏較有氣勢的大墓則為山麓的台山富商陳樹芬墓，陳氏墓為廣式晚清風格砂手墓，依次為后土、來龍、兩重護嶺、掛榜、兩重踢靴及拜台、月池組成，較特別的還有月池兩側的一對花崗石華表。墓碑為麻石質，碑上文字顯示墓主陳樹芬為新寧（台山）籍，官銜為二品資政大夫，即晚清商人捐納的最高官銜。墓地喝名為「真武步龜蛇」，由湖南籍的地師蕭味峯所點穴，建成時間為 1914 年。華表高約 2.5 米，頂部為一對扭頭獅子。此墓建成時，蓬瀛仙館等建築還沒建成，前方明堂應該頗為開闊，今已被其他墓葬所包圍。墓地近年已翻修一新，舊物均得以保留。蝴蝶山附近幾個山頭近年均已葬滿，其中名人墓如詠春宗師葉問墓等，偶有遊客到訪。

香港民國墓葬浩如煙海，本書只能介紹其中較有代表性的，向讀者

蝴蝶山上規模最大的資政大夫陳樹芬墓全貌

蝴蝶山陳樹芬墓兩旁華表頂端石獅子近影

簡單介紹墓葬史與社會史的流變情況，最後值得一提的是目前發現唯一一座「洪憲」年款的古墓，坐落在林村著名的「許願樹」後樹林中，這是一座新界舊廣式墓，由一重護嶺及壟環、砂手組成，規模並不大，護嶺由附近河牀中大型卵石砌成，壟環則為青磚橫砌。唯一的亮點則是墓碑銘文：「清顯考十足，景就鍾公二位同墓，洪憲丙辰年仲春下澣吉旦立」。洪憲為袁世凱復辟帝制年號，為時

林村鍾氏墓碑，左側可見洪憲元年仲春字樣

僅有兩個月（1916 年 1 月至 3 月），此碑稱「仲春」，正是其中的月份，既反映了香港新界市民對袁氏的態度，也為香港墓史中的有趣實例。

抗戰勝利後，港府開始在公共墳場中，留出土地供普通市民申請安葬，上世紀中葉香港華人仍然習慣土葬，這些土地多數為非永久用地，即葬入棺木使用一定年限之後，必須挖出撿拾骸骨，重新裝入金塔內安葬到其他較為長久的區域。因土地所屬仍為政府所有，香港市民慣稱呼為「皇家山地」。相比起之前一百多年政府沒有規管的情形，可算是一大進步，尤其是窮苦的基層市民，都可獲分配山地，不再像開埠之初那樣隨便在西環山邊草草埋葬。一九五〇年代有殯葬商開始提供一條龍服務，即最基本的禮儀加上「皇家山地」連普通碑石等，以廉價套餐形式為基層市民提供喪葬服務，廣受歡迎。時至今日，政府公營墳場仍然提供骨灰或土葬位供市民安葬先人，但人口膨脹之後，需要以抽籤形式獲得。

上世紀八十年代開始，港府逐步立法禁止非原居民在公共墓園以外

的地方擅自安葬，只有新界原居民例外，但原居民也僅限於在本村土地範圍內選擇墓地。這法例終結了香港在山野尋龍覓地的歷史，香港墓地不可避免地進入程式化的時期，雖然仍然有富豪鋪張營造大墓的實例，但從工藝、文化上，已無法與古人相比了。

尾聲：墓碑下有甚麼？

　　兩千年香港墓葬發展簡史走筆至此，本應打住再談其他，不過讀者當有好奇：說了兩千年多是地上的遺跡，那麼從宋代到民國，墓地下的情況究竟是怎麼樣？

　　在一般讀者認知中，似乎「古代」人都是以棺木下葬。香港考古發掘宋以後的墓葬較少，根據文獻記載，可以知道，香港地區一直以來均流行以金塔盛裝骸骨下葬的做法，即所謂二次葬，先以棺木下葬，若干年後再挖掘撿拾骸骨以金塔安放。

　　金塔安葬的習慣，不僅在廣府，整個華南一帶，包括閩贛皖等地區均曾流行。唐宋以來，因為佛教的影響，火化也成為葬法的一種流行，香港曾經出土宋代的魂瓶（盛裝骨灰的罈罐），即當時火化的實物例證。前文所引新界鄧族的開基祖鄧符，他來到新界之後看到這裏風水好，因此把江西老家的幾代祖先「骸骨」也安葬於此，這裏可見當時江西也盛行撿骸骨的葬俗。

　　屯門曾經出土明代的小型墓葬，發現墓中出土的是盛放骨灰的小罈罐，可知明代本區風俗如此，如從實地考察，馬鞍山「將軍下馬三杯酒」的地勢陡峭，即使以今日的交通條件，厚重的棺槨都是無法抬到穴場的，其餘大墓如「五點梅花」等亦然，可見均為金塔葬法。

　　廣府墓葬中，不論傳統式的或是晚清新廣式墓，若採用棺木葬，

其棺木位置多在壘環內拜桌下方。晚清的習慣做法，是以磚砌成墓室，安放棺柩之後，再填土砌磚頂或以石板覆蓋，其上再以灰砂，三合土等夯實。若為雙人合葬墓，則分左右兩室砌磚，若夫婦其中一人先下葬者，需在族譜內附記先葬的棺木在壘環內位置，以便他日葬後死者時方便尋找位置。

金塔的葬法比較簡單，因棺木朽壞之後容易發生塌陷，故棺葬必須加固壘環內土層。金塔面積較小，不用擔心坍塌。香港地區使用的金塔，有大中小各種尺寸，較大型的，上有瓦盆覆蓋，高約一米，中小型的高約半米，通常為沿海一帶土窯燒製，也有佛山一帶的陶窯製品。

香港新界的大墓，清代很多都是二次葬金，筆者曾經考察過新界一些崩塌的古墓，發現金塔位置安放於墓碑背後，即預先留出一小龕位可放金塔高度，然後以墓碑封龕。在一些晚清民國初墓中，也有關於金塔位的提示，例如香港仔華永的周壽臣家族墓，就在拜桌上刻字：「碑安

元朗軍地後山，嘉慶十二年款古墓，石碑崩塌後，可見其後露出金塔的小龕

華永周壽臣家族墓，左右兩側墓聯下有拜桌，上有「金葬此下」字樣

正位金葬此下」，因墓地位置頗大，金塔不是按照慣常做法在碑附近，而是安葬在左側拜桌之下，必須要提醒後來的修墓者。

明清兩代廣府地區之中，客家聚居村落對於金塔的處理，往往比南番順要簡單，通常都是把金塔露天放置，其上覆蓋一個陶釉盆子，任其風吹日曬。後來稍作簡單處理，也不過是把金塔部分（約四分之一左右高度）埋在土中，以防止行人或者動物碰撞翻側。數十年之後，才流行建小型簡易水泥屋，將金塔放置其中的方法。

在現存的香港早期歐洲人拍攝的照片中，在港島區和新界區，都有野外露天放置的金塔羣照片，甚至還有洋人在野外發現露天的骷髏，與之合影的照片。這種葬俗，在廣州及附近的順德番禺一帶均罕見，與客家習俗密切相關，也可見客家流行的二次葬，必然影響清代墓葬習慣。

廣府人在開埠之後大量移居香港，因此香港在清代也必然出現真正的棺葬墓，新界地區亦然，曾經有堪輿師聲稱能從墓地外觀判斷是否棺葬或金塔葬，但各家學說不一，所謂各處鄉村各處例，從外觀上並無一定規律可言。

香港古墓叢談

第一章

廣式墓葬的構件與工藝演化

廣府古墓建築裝飾

后土

后土碑是清代廣式大墓的重要附屬，但考其歷史，卻不早於明代，在廣府現存明代大小規模墓上，似未發現有原裝后土碑的實例。舉其著者，例如廣州大學城曾豫齋墓，墓碑年款為萬曆十八年（1590），曾經在重修時作過整理測繪，從圖上並不見有后土碑或神位。中型墓如白雲山黃天嚴墓，墓碑款為隆慶庚午（1570），以及香港馬鞍山文心乾墓等，均未發現有明代原裝的后土碑，因此可以推斷，明代廣府墓葬並未流行后土碑或神位的設置。

后土信仰雖然中土久已有，但是在滿族地區特別流行，因此清代入關之後，這種信仰也隨之普及。汪桂平在《試論清初滿洲貴族的皇天后土信仰》一文中指出：

> 清代初年，滿族貴族特別尊崇皇天后土之神，祭祀活動頻繁，祭祀儀式隆重。從其祭祀方式、祭祀時間、祭祀地點、祭祀用品、參與人員等考察，清初滿族的皇天后土信仰繼承了女真族淵源久遠的祭祀天地的傳統，並吸收了蒙古、契丹等北方少數民族的祭祀禮儀，同時融合有部分漢族文化的元素，構成清初滿族皇天后土信仰的

河背水塘鄧翠野墓后土，修建於順治至康熙朝早期，為迄今發現最早的后土實例之一

文化特色。[1]

考察香港現存三例較為典型的明代古墓，文心乾墓無后土，山景村明代鄧氏墓與松園下村何氏紅砂巖墓，其后土均為後世新修，亦可從側面證實明代並不流行后土。香港現存較早的后土實例，則為大刀刃「五點梅花」鄧嵩閣墓以及河背水塘鄧翠野大墓后土。

這兩例后土的設置，是以青磚或黃磚砌成交椅式台基，河背水塘鄧翠野墓在后土中間鑲嵌紅砂巖一方，無刻字，以此作后土神位。鄧嵩閣墓則純為青磚砌作，無碑石。所謂后土神，即地神，原本無所謂具體形象，因此早期的祭祀是搏土即可禮拜。清初紅砂巖作為一種名貴的建築材料，以其作地神的化身自是應有之義。這兩

大刀刃山鄧嵩閣墓后土，修建於康熙朝，交椅式，無文字

圓頭山鄧氏墓「獅子上樓台」左側后土，以紅砂巖刻字，屬於早期有文字實例

1　汪桂平：〈試論清初滿洲貴族的皇天后土信仰〉，《世界宗教文化》2018 年第 3 期，頁 88。

實例可作為清初康熙時期的典型。

乾隆朝時開始出現了后土神位的字樣，圓頭山鄧氏「獅子望樓台」墓的后土在墓左側，其砌作手法與康熙時期相同，中間鑲嵌紅砂巖一方，上淺刻「本山后土神位」六字，這是目前香港所見最早刻有文字的后土實例。

比此墓晚一年的青山五渡水「五龍爭珠」墓，年款為乾隆二十三年（1758），后土神位在墓左側，以當地砂石加上灰砂夯築，正中神位以一方青磚鐫刻楷書「本山后土神位」字樣。

從嘉慶朝開始，后土碑開始規範化，以碑石刻製，甚至出現有年款的實例，目前發現最早的一例是畫眉山廖氏「虎地」墓兩側的后土，以黑石碑刻「本山后土之神位，嘉慶四年臘月」字樣，左右各置一方，文字相同。此神位因重修已改用水泥作外壁，但形制仍然保持原樣，作「山」字形交椅式台座。另一座嘉慶朝的例子在廖仲傑墓兩側，各有年

屯門五渡水鄧氏墓「五龍爭珠」左側后土，修建於乾隆朝，以青磚鐫刻神位字樣

粉嶺和合石廖氏墓「虎地」兩側后土碑，黑石質，嘉慶四年（1799）款

屯門散石灣鄧育侯墓左側后土神碑，修建於清代，上刻四位古代先人名號，為僅見一例

香港仔華永馮平山家族墓，后土中西合璧，以羅馬四柱支撐西式亭覆蓋，連州青石后土由吳道鎔太史題寫

款為嘉慶二十一（1816）年款的后土碑，材質亦為黑石。

不過從嘉慶之後，雖然后土碑形制愈發精美，卻再沒有發現有年款的實例，較特別的一例，則在青山散石灣的明代鄧育侯夫婦墓，這座墓歷經重修，墓碑已經在 1999 年更換，不過仍然保持了吐葬的明代形式，以及墓碑龕仍然仿廡殿建築外形。此墓左右兩側各有神位一座，右側的為山字形交椅式，中嵌一小碑，為「本山后土神位」，高僅 30 厘米，淡青色石質；左側一碑，嵌於廡殿形灰砂碑龕中，大小與左碑同，而兩行碑文楷書為：太白李，野人王，純陽呂，布衣賴列位大仙神位。

這裏列出的四位仙人名字，即唐代的李白、呂洞賓，北宋的賴文俊（堪輿宗師），王野人的名字比較陌生，廣東人黃王不分，黃野人乃傳說中晉代仙人葛洪的弟子。這種在陰宅旁袝祀四位仙人的做法，不僅在香港為孤例，在廣東也是僅見，從碑刻材質和字體看，應該為清代所增祀，廡殿頂的裝飾更可能源自明代碑龕的影響。

晚清到民國，后土逐漸精美，不少大墓還設兩道碑，一為「來龍」，一為「后土」，以致後來即使小型墓穴也有此設置。晚清的后土碑以昭遠墳場的諸大墓為典型。民國時期甚至出現了名家書寫的后土來龍碑，如香港仔華永的馮平山墓，兩側碑為吳道鎔太史手筆；東普陀墓葬區的岑氏祖山，來龍后土為岑光樾太史手筆等等。

華表

華表為古代大型建築的道路或正門標誌，在先秦時期已經出現，亦有研究者認為與生殖崇拜有關。在墓前豎立華表的做法，至少在漢代已經出現。廣東地區，現存墓前的華表，多數為明代物，明代華表裝飾簡單，形狀多為六角或八角，華表頂端作寶珠形或筆形，材質則多為火山巖，紅砂巖等。

香港現存古墓前的華表有數例，時間最早的當推荃灣「半月照潭」墓兩側的一對，此對華表為角礫巖石質，頗不起眼，其中一座在守墓人的小屋前，另一座則在草叢之中，現殘存高約兩米，八角形，頂部平整，原來可能有附屬裝飾。從材質和形制看，為明代後期製作。

香港清代本土人士少出官宦，其餘幾例華表均為晚清及民國初年製作，昭遠墳場中，唯一的一對華表矗立在何仕文夫婦墓前，雖然何仕文並沒有安葬於此，然而何東還是很細心地為母親的墓

荃灣鄧氏墓「半月照潭」神道兩側的明代華表，這是右側一座，鴨屎石質，六角形

做了一對華表以示顯赫。這對華表全用花崗巖石雕成，底座為花崗巖半圓形座，華表分三段嵌成，頂部有一對扭頭對望獅子裝飾，特別之處是華表上刻有何東的官銜，這在清代廣府墓中也很少見。

粉嶺蝴蝶山的二品資政大夫陳樹芬墓，年款為民國三年（1914），亦有一對醒目的華表，為花崗巖石質，頂端亦有扭頭獅子一對。按陳樹芬為清末台山富商，以博彩業致富，他與何東一樣，靠捐納獲得了商人的最高官銜「花翎補用道資政大夫」，這樣的二品官當然能夠使用華表作裝飾。

大圍玉山草堂後山李炳母墓前的華表，融入西式風格

香港墓道華表中，規模最大的當數大圍銅鑼灣山「玉山草堂」李母成夫人墓前的一對，由於成夫人的兒子李炳是五華石廠東主，因此用料極為奢華，這對華表為一整塊花崗巖石雕成，其樣式為復古的八角形，然而與明代不同的是，從底部向頂端收束，頂部為一圓球裝飾，又帶一點西方的元素（傳統的形狀為火焰寶珠，即頂端凸起），底座為一八角形花籃形，穩重大方。

旗杆石

旗杆石清代稱為旗杆夾，用途為顯示先人或其子孫的科舉功名，為兩塊方形的石碑組成，中間留空 20 厘米左右，通常為兩組對稱擺設。石碑頂部作委角裝飾，碑身鑴刻科名與名次，較早期的兩碑各開菱形方孔，其用途原來是用來祭祀時，豎立木頭旗杆並張掛旗幟，但後來已退

化為單純顯示先人的功名。

香港與鄰近的新安縣，在清代並不是科舉薈萃之地，以香港地界而言，整個清代只出過一個文科進士（鄧文蔚）。旗杆夾通常豎立在祠堂門前，大概從嘉慶朝開始，廣府的墓地前也流行起豎立旗杆夾的習俗。香港現存的祠堂旗杆石，比較集中的，如屏山鄧氏宗祠前，有數對旗杆石在祠堂前空地，但並不吸引遊客。可以看清楚銘文的一對旗杆石，為道光丁酉科舉人鄧勳猷所立，其餘的已看不清銘文。又有一青磚方台，今日鑲嵌一銅牌說，據鄉中父老回憶，此台上原豎立舉人鄧寶琛的旗杆夾。然而此說筆者甚為懷疑，旗杆夾是有等級的，只有考中了鄉試獲得舉人的功名才可以豎立，舉人旗杆石無底座，若獲得進士功名，才可以在旗杆石下豎起底座，清代稱為「圍台夾」，類似的實物，可參看深圳寶安區嘉慶進士蔡學元的進

參考圖：深圳寶安蔡學元旗杆夾，擁有進士功名者才可以在旗杆夾下建台座，稱為圍台夾

參考圖：廣州白雲山筆者先塋上的旗杆夾，前方舉人夾上鐫刻科名，後方圍台夾比舉人夾高一倍

士旗杆夾。這樣陌生人一走進祠堂前，就能馬上知道這裏的村民曾獲取怎樣的功名。因此屏山鄧氏宗祠前的青磚座應該就是康熙進士鄧文蔚所立，至於再高一等級的一甲進士（即狀元、榜眼、探花）就可以在旗杆石頂端加上一頭蹲伏的小獅子。類似的祠堂旗杆夾，還可以從上水廖萬

石堂前找到一對，但已不完整。

至於墓地前豎立旗杆夾，迄今在香港只發現一對，即位於九龍半島上的茶果嶺的葉拔禮墓前，茶果嶺一向人跡罕至，也不是行山客常去之地，這是近期因政府擬開闢山地作交通用途，砍去大量雜樹，才凸顯於草叢中。

這對旗杆夾，每組由兩方花崗巖石碑組成，高約 1.2 米，頂部為委角，符合廣府清末制度，兩方碑石，向內側一面都較為光滑，另一面則較粗糙，並有一個菱形鑿孔相對。較為特別的是，此對旗杆夾與常見的不同，並沒有在向外側的寬闊一面鐫刻科名，而在較狹窄的側面，刻有一行不容易發覺的楷書：「咸豐十一年歲次辛酉科孟冬月」。

咸豐十一年辛酉即 1861 年，是年廣東鄉試是與補行戊午年（1858）鄉試一同進行的。根據清代制度，科考三年一次，戊午科鄉試因太平

茶果嶺葉拔禮墓兩側各有一對旗杆夾，這是右側一對，較為特別的是，兩石內側有裝飾線及打磨，外側較粗糙

茶果嶺葉拔禮墓旗杆夾銘文細部

軍破壞省城而停辦，延續到下一科才開考。這一科可謂人才濟濟，如容鶴齡，何如璋，鄧承修等都是本科舉人。由於墓主姓葉，查本科題名錄中，姓葉的只有兩人，其中一人為順德府，與此不符，另一位為第八十一名葉應魁，年三十二歲，嘉應州學增生，為客家人，較符合安葬於此的身分。清代鄉試多安排在八月，俗所謂桂子科，而「孟冬月」通常指農曆十月，即冬季的第一個月，此銘文上的「孟冬月」不知何所指。

墓碑上顯示，墓主身分為從六品儒林郎葉拔禮，下葬時間為同治四年（1865），從左側的奉祀子孫名字中無葉應魁，不知是否使用譜名。此墓雖然已遷葬，旗杆夾卻保存完好，但最近墓地範圍已張貼政府報告，準備清拆。作為香港唯一的墓地前旗杆夾和科舉文物，這對旗杆夾的命運值得關注。

敕書亭

敕書亭即豎立在墓地後方，標示墓主曾獲得朝廷誥封或敕封的石碑，如前文所述，其起源於同治朝開始的捐納之風氣，且僅見流行於廣府地區，蓋廣府在同光之際，富裕繁華，商人喜愛買花翎頂戴以炫耀，為使重金購買的誥封能炫耀到極致，在墓地後的石碑應運而生。

參考圖：廣州白雲山梁大鏞墓後敕書亭，連州青石質，與常見的誥命碑不同，因出自聖旨建牌坊，所以廡殿頂為雙層，以示特恩

廣府地區稱呼此種石碑為敕書亭，亭字意思是碑刻多作廡殿頂裝飾。五品以下用「奉天敕命」，五品以上用「奉天誥命」。見於廣府地區的，除此兩種文

字之外，還有其他特別的字樣，如經特別的朝廷奉贈，例如皇帝下旨的專門封賜，可使用雙層廡殿頂，例如白雲山飛鵝嶺下筆者先祖墓後，豎立有雙層廡殿頂的連州青石「奉旨建坊」，即紀念同治皇帝上諭准其在廣州原籍建牌坊而立。

香港現存的敕書亭，多見於港島的昭遠墳場，少量見於新界，前揭何仕文墓後的敕書亭，屬於目前所見最早的一例。新界地區也有少數實例，如屯門青松觀後的奉政大夫馮椿遠墓，建於民國十一年（1922），手工用料均精湛，其敕書亭位置較特別，位於護嶺後正中，連州青石質，正中為「天誥命」略帶魏碑字體，右側「奉」字略小。碑額為浮雕雙鳳朝陽。

有趣的是，進入民國之後，不少人仍然沿襲清代的傳統，在墓碑上標示清代的官銜或功名，因此在香港或者其他廣府地區，民國時期墓碑

昭遠墳場現存最早的敕書亭，位於何仕文夫婦墓上方的陳母黃宜人墓

昭遠墳場陳母黃宜人墓敕書亭，光緒年間用連州青石雕刻

屯門青松觀馮椿遠墓後連州青石質敕書亭

164

上用清銜和敕書亭的非常普遍。然而在香港民國墓地最集中最華麗的香港仔華永墳場，可謂官宦林立，然而卻沒有發現一例敕書亭，個中原因不得而知。華永安葬了清末從正一品到從九品的官宦，富商擁有清銜的數不勝數，卻只見有后土碑，並無一例敕書亭。

界碑

以石刻方形小碑石展示土地所屬地界，歷史十分悠久，不僅用於墓地，也常應用與住宅，田地等。不過在香港新界，古代界石並不常見。

屯門散石灣鄧育侯墓後方地界石，麻石質，修建於清代

香港在古代的大多數時期，特別是港島地區，屬於偏僻地帶，因此土地價值不大。新界一帶土地多集中在幾個大宗族手中，大族之間又多數有姻親關係，土地爭奪糾紛不多，因此在古代，香港需要用界石表示地權的機會微乎其微。這就可以解釋為甚麼現存香港的地界石雖然星羅棋布，卻多數屬於英治時期產物。

參考廣府地區實例，在地價高昂的白雲山區，是廣府最集中的墓地所在，這裏的界石數量眾多，因為山雖然大，好風水的地帶僅有少數幾處，市民見縫插針，很容易將其他人的墳墓侵佔。光緒癸卯科榜眼左霈（1875－1937）在宣統元年（1909）八月日記中即記有祭祖時發現其家祖山被侵奪的事件：

初九日，率溥良姪，往謁祖墳，禮畢回寓，惟外曾祖妣楊門鄧氏山，在塘帽岡，坐北向南一穴，徧覓未見，豈被人盜賣耶，遂告知安盛張耀南，福昌亞根代為尋查，倘能覓回，即酬重賞。[2]

晚清人口膨脹的問題，在廣州和香港都很嚴重，墓地供應不足，導致廣州城外的盜葬事件經常發生，因此只能想出在墓地範圍多安放界碑的辦法。這種界碑深度從一米到兩米不等，若在淺塘泥灘附近，深度可達更高以防止被連根拔起。界碑多數在頂部平面鑿字，寫堂名和姓氏。

昭遠墳場「冼府山界」，麻石質，修建於光緒朝

香港島上，目前所見最早的界碑，都產生於光緒朝，如前所述，在開埠之前，港島地廣人稀，並沒有需要界石的情況，開埠初期，移民過世也選擇回鄉安葬。直到光緒時期，土地開始升值，才有標示的必要。

港島的西面，摩星嶺一帶的義塚上開始使用界石，以表示範圍。另外在昭遠墳場，也出現了不少界石，通常寫「某府地界」字樣，因為這裏並不是只有何姓一家，其他家族的地盤也需要清楚界限。

英國人比較注重土地界線，因此在香港各處，英國人立下的界石，種類繁多且代號複雜，當代有專門研究和探索的羣組，因與本書無關，故不展開討論，這裏只舉與華人墓地有關的內容介紹。

新界地區的界石，現在發現的也不多，通常出現在墓地較集中的地

2　左霈《左霈日記》，原件藏天主教香港教區檔案處，1909 年八月條目。

區或者墓葬與民居較接近的情況。例如散石灣的鄧育侯墓的後方，有兩方清代界石，上寫「廈村鄧山地界」字樣，之所以要清楚表示鄧氏的籍貫，是因為明代這裏還是一片荒山，但到了清末，青山散石灣一帶已經不屬於廈村鄧族的勢力範圍，需要特別加以標示以防侵佔。

其餘新界古墓中的地界石，也多數屬於近代或者現代產物，如荃灣鄧氏著名的「半月照潭」大墓，其周遭豎立的「鄧氏地界」方尖碑即當代的風格。從界石的有無，可以看出香港的土地權觀念的變化過程。

荃灣鄧氏「半月照潭」墓方尖碑界石，現代風格

碑框與碑額

在廣式墓葬中，除墓碑本身，碑框與碑額總是令人感興趣的部分，在大型墓葬中，這部分的工藝最為突出。材質也顯示墓主的身分。

明代墓葬碑身較矮，在廣府其他地區，碑龕通常只有廡殿頂或者簡潔素身兩種。廡殿頂的遺構，見於屯門山景村鄧氏墓，馬鞍山文心乾墓和沙頭角松園下何氏墓則屬於較簡樸的一種，無工藝

馬鞍山明代文心乾墓碑龕與底座，底座模仿紅砂巖效果非常逼真

裝飾元素。

清初康熙朝墓碑框現存的實例，從鄧嵩閣到丫髻山鄧氏諸大墓，其上均無裝飾，這是沿襲了明代樸素的傳統。

乾隆朝開始，本地大墓喜歡用廡殿頂的建築樣式作碑框，頂部多數為單數的筒瓦，多數為灰砂質地，雕出瓦筒和滴水形狀，屋脊上多數為龍船形兩端上揚的瓦脊。兩側立柱帶柱礎，少數實例連柱礎與柱之間的收束也清楚顯示，柱礎多為六角形，帶有乾隆朝時代特徵。

嘉慶朝的裝飾手法與乾隆大致相同，到了道光時期，廡殿頂顯得過時，已經找不出此時期的廡殿頂實例，與道光提倡簡樸的風格一致的是，大部分碑框都是素身無裝飾。而從嘉慶朝起，碑框從灰砂變為使用石質，並且開始使用浮雲湧月的圖案。道光朝也使用此類的圖案，雲朵

圓頭山鄧氏墓「獅子上樓台」，修建於乾隆朝，碑框仿廡殿頂建築

上水侯氏祖基「象地」碑框保留乾隆朝的特色，柱礎仍是六角形

上水天光莆廖仲傑墓碑龕連碑為一整塊火山巖雕出，屬於早期實例，嘉慶年款

昭遠墳場麥母墓碑龕以麻石鑲嵌連州青石，雕琢極為繁華，光緒年款

昭遠墳場陳門林宜人墓，採用三重連州青石雕刻

數量為二至四朵，裝飾較簡單。

同治、光緒兩朝，本地花崗巖石開始普遍使用，碑框的工藝也達到純熟，除了浮雕之外，甚至還出現了透雕的手法，鏤空蝙蝠和鳳凰的身軀，使圖案充滿立體感。

廣州式大墓講究層次感，有時護嶺可多達三層，每一層的正中裝飾也有講究，通常瑩環內墓碑上圖案為雙鳳朝陽，一層護嶺上為五福捧壽，二層為雙蝙蝠銜浮雲湧月。

碑框的裝飾，在同治光緒朝也達到新的高度，昭遠墳場出現了羅馬式柱配廣式柱礎的新圖案，顯示了香港本土風格的產生。材質方面，則出現了花崗巖石配連州青石，或者歐洲白色大理石的嘗試，後者更是香港大墓的創新嘗試。

拜桌

拜桌是墓碑前的矮小方形凸起，明代開始流行，最初時僅是以灰砂砌一長方形台基，其高度與碑的下部相等。蓋明代碑多有碑龕，碑龕的下框正好與之相同。香港所見清代初年拜桌實例如河背水塘鄧翠野墓，碑前有灰白色灰砂拜桌，其花紋為如意紋，與明代流行紋樣相同，這是一個可喜的遺存。

晚清時期，拜桌也變得奢華，甚至出現了文字，多以墓主家族堂號標示。民國時期，拜桌高度和精美程度有增無減，香港現存最奢華的拜桌見於玉山草堂李母成夫人墓前，高近 60 厘米，長一米左右，為一整方花崗巖石鑿成，重量超過兩噸，正中鐫刻「餘慶堂」魏碑字體。至於名家題寫的拜桌，則有東普陀岑氏先祖墓前的一例，「拜桌」兩個大字由岑光樾太史所寫並有署款。

河背水塘無名墓拜桌，修建於清初，灰砂質

荃灣東普陀岑氏先祖墓拜桌由岑光樾太史題寫，是罕見的名家書款實例

牌坊

牌坊作為頭門或者道路的開端，很早就出現在重要的建築之前，但應用於墓地，在廣府地區出現較晚，廣州白雲山現存實例，較早的有明代火山巖石質一處，其他多已遭破壞。

牌坊的制度，較石獅更為高級，香港使用牌坊的私家墓地，尚未見清代的實例，民國時期的現存三例，其一是玉山草堂李母成夫人墓，墓道牌坊為一開間，花崗巖石質，「李氏墓道」楷書大字為賴際熙太史所書，左側有他的落款。這是香港現存唯一的古代墓道牌坊。

另兩處都在香港仔華永墓園，其一是前述香港仔華永的李葆葵墓側的「萱闈日永」，意思是祝頌慈母長壽，這是民國總統黎元洪在 1922 年題贈李母生日的牌匾，李母的母親即香港清末首富李陞的夫人，李陞夫婦皆選擇回新會原籍安葬，所以李葆葵下葬時，選擇了總統的題詞建坊作為墓旁的裝飾。

其二是香港仔華永高可寧墓前的一座小型牌坊，兩柱單開間式，兩方柱沖天，正中鑲一石額，上有「朝氣長存」字樣，石柱上刻有墓聯云：金星端在角，玉帶正環身。書法莊嚴端秀，出自區大原太史（1869－1945）之手，對聯所指乃是此穴場昔日正對香港仔海峽，右水倒左，為富貴長留之象，可惜今日已經被前方工廠大廈所遮擋，滴水不見也。

上列三處為私人墓地的牌坊，至於眾多公墓的牌坊則不在討論之列，唯一值得一提的是香港仔華永的牌坊，位於入口處的斜坡之上，三開間中式牌坊，藍色琉璃瓦，符合古代的制度，其上鑲嵌的石匾額出自岑光樾（1876－1960）太史的手筆，為寬博的北魏字體，有儒雅沉重之趣。

大圍銅鑼灣山李母成太夫人墓道牌坊，賴際熙太史題寫，此石額為一整塊花崗巖石雕成

香港仔華永李葆葵墓旁牌坊，黎元洪總統題詞，連州青石與麻石質

其他裝飾

廣府大型墓葬上的其他裝飾，包括石人石馬、石鼓、石獅、花籃等，這些在清代統稱石器，在晚清石器由石廠製造，主家可按需要選購或訂製。

石人石馬即古代所稱「翁仲」，是一種高規格大墓才使用的儀仗，例如帝王的墓前神道

華永馮母黎淑人墓前的翁仲與石象一對，麻石質

兩旁會有大型翁仲羣。明代對此要求很高，在廣府地區如番禺和增城一帶，均保存有明代的石雕翁仲，多以火山石雕成。

清代初年，對於民間的禮制管理嚴格，一般民間很少能使用翁仲，同治朝之後，因為捐納官銜成為通例，原本屬於高官才能使用的華表、翁仲等也出現在商人的墓前。但香港因土地緊張，新界地區又欠奉高官，原居民中沒有符合豎立翁仲的條件。目前所見唯一的翁仲出現在香港仔華永的「馮母黎太淑人墓」，此墓佔地不大，約二十平方，墓碑為連州青石質，碑座則為花崗巖石負屓，較為傳統。墓前有文武官員各一相對，又白象一對，象身上有「馮府」字樣。墓碑較為特別，近似漢代的墓碑形制，正面篆書「清誥封淑人馮母黎太淑人墓」。

根據墓碑背後隸書的《太淑人墓表》，墓主黎氏為江西新城人，生於道光二十七年（1847），卒於 1924 年。淑人為清代三品命婦的封銜，因此其墓前出現了這對「袖珍版」的石翁仲。按照清末制度，本來應該是文武官員各一對，石馬石羊一對，有時亦加上石虎或者石象，動物類是沒有限制的。

受到西方墓園石雕風格的影響，民國初年的大墓上也出現西方人物和中國風格的「混搭」，香港仔華永的福建籍吳國華墓前，擺設有一對中國風格的金童玉女作為供養人，而兩旁的護欄上，則雕有一對花崗巖石質的印度人衛兵，持槍對望。這種衛兵為民國初年香港街頭經常見到的印度士兵形象，當時富貴人家也喜歡請印度籍人作私人保鏢，這種風格屬於香港自創的新風。前述區德之女墓前的連州青石雕天使與抱瓶童子並存，也屬於這種情況。

　　石獅子作為廣東常見的裝飾，在香港古墓中出現較晚，除前述沙田火車站外發現的一對明代風格紅砂巖質地石獅外，未發現其他明代與清代早期實例。事實上港島及新界地區，即使在新界古老的宗祠或者廟宇前，也極少發現清代早期的石獅子，這與清代初期嚴格的禮制管理有關。

華永吳國華墓兩側的印度兵持槍石像，甚有香港本地特色

昭遠墳場何東母墓前石獅子，這種廣式石獅連獨立座者規格較高

港島區出現石獅子的實例，較早有紀年可查的在天后廟道天后古廟前的一對，這對石獅子與其他廟前石器一樣，屬於同治年間重修時五華石行所供奉，九龍半島的廟街天后古廟頭門前，也有一對規模較小的石獅，這些石獅都在同治年間出現，可以知道這時期因移入人口和商業發達，原來屬於大城市所鍾愛的儀仗才出現於香港。

　　至於墓地上用石獅，比較早期的如上述昭遠墳場中何仕文墓的一對，這是較大型的一種，基座與獅子為兩塊花崗巖石鑿成，年代為1896

掃桿埔台山李氏墓砂手石獅，麻石質，修
建於光緒朝

四排石鄧柱我墓兩側灰砂殘損的抱鼓，修
建於嘉慶初年

昭遠墳場張氏墓，民國元年雕刻石鼓，鷹
與雄獅圖案，麻石質

年左右，其形制為廣式獅子，亦即所謂「南獅」。昭遠墳場中有不少光緒朝石獅，茲不多舉。昭遠之外，港島區另一處使用石獅的則是掃桿埔的李氏墓，砂手有石獅一對裝飾，該墓今已瀕危。

民國時期，大小型的石獅普遍應用在墓地，即使小型的墓葬，也多在壟環口雕琢小巧的石獅作裝飾，現存各墓園中實例眾多。

石鼓為鼓形裝飾，其出現時間與石獅大約相當。但值得指出的是，在新界地區，在月池兩側靠近拜台位置砌出鼓形牙子，則是很早的做法，現存較早的實例在四排石鄧柱我墓前，這對抱鼓以灰砂砌作，灰塑出鬥勾圖案，古樸莊重，道光年間的實例也有不少，但真正用石雕的石鼓則大致與石獅使用情況相當。

同治光緒時期，石鼓普遍應用於新廣式風格墓前，如昭遠墳場數座大墓，都有雕刻一對精美的石鼓，上面有龍鳳或獅子、鷹等圖案。

廣府古墓建築材料

廣府地區的古墓建材，多數就地取材，但也有一些較名貴的材質，例如連州青石，需要從較遠地方運輸，這也從另一方面反映了香港與附近地區物流和貨運的歷史。

石材

石材是建造墳墓的大宗，也是最為昂貴的部分。香港現存無宋代原裝大墓，考察宋皇台遺址所選用的石材，大部分能夠反映當時使用石材，是當時附近河岸石或者聖山附近的大型花崗巖，石質略帶灰白，較少黑色顆粒。推想當時的大墓砌作應該選用類似材質。

龍躍頭老圍明代鴨屎石柱礎，八角形，其底座的如意雲頭紋具有鮮明的明代風格

水頭村鄧墓張夫人墓，修建於康熙末年，由於處於平地，因此使用了真正的紅砂巖六角柱作裝飾，是極為罕見的實例

明代廣府大墓流行使用的是兩種石材,其一是俗稱鴨屎石的火山角礫巖,香港現存明代建築稀如星鳳,鴨屎石構件的實例,只有極少數幾處:荃灣「半月照潭」墓道華表,沙田火車站外一對墓首石獅,還有就是粉嶺龍躍頭「松嶺鄧公祠」正門的門墩,這幾處都是明代遺存的原物,松嶺鄧公祠建於明代中期,由於遷界的荒廢,絕大部分現存建築構件都在康熙晚期重修,只有厚重的門墩保留了明代特色,還帶有晚明的如意雲頭花紋裝飾。

另一種明末經常使用的石材就是紅砂巖,這是一種質地較軟的沉積巖,優點是顏色在新開採時呈鮮豔紅色,且硬度不高,容易雕琢和任意開鑿。在廣州府附近產地主要有兩個,其一是番禺的蓮花山,這裏至今還有明代的採石場遺址,因為開採方便又靠近大江,所以這裏所產的優質紅砂巖能方便地運送到廣府各地。其二是東莞靠近博羅一帶的山區,但顏色不如番禺的紅豔。

紅砂巖的使用在晚明達到高潮,整座廣州城的基礎都是使用紅砂巖建造,珠三角的明代祠堂,其基礎也大部分使用紅砂巖,以示喜慶。紅砂巖在晚明是一種昂貴的建材,香港現存三座保存明代風格的大墓中,文心乾墓的碑龕上方就鑲嵌了一方紅砂巖,而碑龕與須彌座,只是在灰砂上漆紅色模仿紅砂巖,可見當時紅砂巖的可貴。粉嶺鄧氏宗祠和新界的一些古老祠堂,中座前的神道也以紅砂巖鋪設,顯得喜氣和高貴。

沙頭角松園下的何氏墓則全用紅砂巖砌作,但紅砂巖有一個弱點,即硬度太低,如果上面沒有磚瓦的覆蓋而暴露在南方多雨天氣下,極容易呈粉狀風化剝落,因此松園下明代墓今天已經大部分剝蝕,只能依稀看到當初的規模。

東莞和寶安一帶,使用紅砂巖的習俗,較廣州地區晚,一直延續到

大刀刃鄧嵩閣墓「五點梅花」兩側六角柱上殘存的紅色，模仿紅砂巖石質

松園下何氏紅砂巖墓，修建於明代，可見其風化的嚴重程度

龍躍頭中座萃雲堂，明代綠砂巖八角柱礎

乾隆初，因此在一些康熙朝的墓前還能看到構件，如修建於康熙末年，荷葉跋龜後面的鄧洪儀夫人墓前就保留了一對六角形的紅砂巖小柱。而在鄧氏的「獅子望樓台」和「五龍爭珠」墓前，都以灰砂砌作了一組摹仿紅砂巖的六角柱，都屬於這種審美的遺存。

附帶值得一提的還有一種更罕見的綠砂巖，這種巖石質地與硬度都與紅砂巖相仿，只是顏色呈翡翠色，與紅砂巖配搭非常美觀，也屬於沉積巖的一種，但雜質較多，香港目前僅見松嶺鄧公祠頭門八角柱礎所使

用，其他地方尚待考察。

上述鴨屎石和紅砂巖，為明代到清初所常用建材，為甚麼當時不使用晚清流行的花崗巖石（俗稱麻石）？其實答案很簡單，麻石的產地比這兩種更普遍，尤其香港島，清末以來就是重要的麻石產區，但是考慮到明代和清初的石材開鑿工藝和加工工藝，遠沒有清末發達，像麻石這類堅硬的材質是無法大規模開採使用的。

嘉慶道光年間，隨着石材加工工藝的進步，麻石和硬度較高的火山巖取代

萬屋邊村後山鄧氏墓「寒牛不出欄」，道光朝火山巖質墓碑，嘉慶朝開始，墓碑與碑框同一石早出成為新風格

了容易風化的鴨屎石，其中灰色的火山巖採自本地山頭的大石，如「寒牛不出欄」和「鰲地」的墓碑都是此類。

麻石在清末大行其道，廣州府所用的麻石，為一種灰白色的花崗巖，質地較硬，帶有芝麻狀的黑色斑點，也夾雜有堅硬的石英，適合加工作精細的雕刻，因而得名麻石。麻石在香港的大量使用，見於嘉慶道光年間，香港最著名的麻石產地就在港島南部和九龍半島一帶，清末這裏所產的麻石，遠銷廣府各地，用作著名的「西關大屋」的「青磚麻石」搭配，因此還留下了「石排灣」、「石塘咀」的地名。香港在開埠之後，因天時地利，使大量建築都使用本地麻石建築，也促使石行和石廠成為一個龐大產業，大部分掌握在五華梅州客家籍人士手中。如曾大屋的主人就是五華石廠致富，香港最大型的廣式大墓玉山草堂李母成夫人墓，就是五華籍的石廠富商李炳為母親所建造的。

廣府大墓中最名貴的建材，是晚清的連州青石，這種石材顏色如碧玉，質地細膩，硬度較麻石稍軟，但是質地更細，顏色也近似清末流行的翡翠色，能長期保存無懼風化。連州青的產地，在粵北連州的西岸村一帶，迄今還保留了一處採石遺址，當地人叫這種石「西岸青」。連州青在清初已經開始開採，但由於連州交通不便，迄今所見最早期的，是道光年間在廣州和佛山一帶開始流行。

連州青石在清末已經是非常名貴的石材，在廣府地區，宗祠和寺廟上連州青石都是作為裝點性使用，例如寺廟前的華表龍柱，石獅子等才

華永戴子豪墓前麻石雕刻清供細部，修建於民國初年

華永何啟兒媳墓為全連州青石構大墓，獅子基座上有石廠名款

華永戴子豪墓誌為傳統黑石質，由進士龍建章撰寫，石上清晰可見白色細紋

用此材料，從未發現用作石腳或者鋪砌地面大量使用。用於墓地，亦極少見全用連州青，白雲山上使用比例較多的如盧廉若墓、梁東屏墓等，其造價非常高昂。香港古墓使用連州青石，較早的是昭遠墳場何仕文墓，也僅在墓碑上使用。

民國時期，連州青石因交通條件改善，價格略有下跌，使用範圍擴大，但仍然屬於昂貴的材質，在香港仔華永，可見眾多使用連州青石的構建，其中名門大族的墓碑，九成以上為此種材質，但其中全使用連州青石建造的，也僅有何啟的兒媳（區德女兒）區氏等一兩例而已，當年這種全連州青大墓，造價估計與一座店鋪地價不相上下。

新界地區一直流行一種黑色的碑石，從明代開始就應用於墓碑，曾經有學者認為是端石，但筆者經過多次比對，認為這種黑石並不符合端溪石的特徵，因為它的硬度較高，但沒有端石的細膩和隱約的紋理，只是單純的灰黑色，偶爾帶白色細斑痕，其優點是適合刻字，質地細膩，缺點是顏色灰黑且沒有大型材，不適合砌作，只能作小型碑刻。廣東清中期以來富商刻叢帖也使用這種材質，因刻碑者多數為五華籍工匠，推測石材也產自該地區。

灰砂

灰砂夯築是古代常用的建築手法，以粗細不等的砂子，加上不同成分的灰漿，反覆搗煉成粘稠的類似混凝土的灌漿，使用於石砌或者土砌的牆基上。這種做法在全國都有使用，唯取材不同。

廣府地區尤其是沿海縣，盛產河砂（海砂含鹽分，難處理且幼細不易使用），又多產甘蔗，遂產生了較為獨特的以甘蔗榨糖後殘汁，加入糯米漿和石灰搗煉灰砂的做法，因含有糯米和糖份，反覆夯搗之後，與

馬鞍山文心乾墓，修建於明代末年，灰砂夯築

沙粒結合緊密，比水泥更能抵擋風化。

　　香港現存的明代墓葬中，文心乾墓已接近四百年，其位置無大樹遮蓋且位於海邊，海風侵蝕四個世紀，灰砂卻仍然大部分保存完好，筆者曾經檢視脫落的灰砂殘塊，發現其選用的是顆粒較粗的河砂和小顆卵石，灰漿顏色偏白，與清代顏色偏黃的較細砂粒有別。

　　清代灰砂墓現存實例很多，很多大墓在重修之前其實都是灰砂夯築，例如荃灣鄧氏「半月照潭」大墓，在本世紀初重修前就是灰砂墓。灰砂可以經歷多年而不崩塌剝落，但缺點是較為粗糙，缺乏精細的美感。

　　本地建築工匠的巧手能夠在灰砂上塑造出各種象形，例如「五龍爭珠」鄧氏墓的望柱，就是灰砂所堆砌，模仿紅砂嚴幾可亂真。乾隆朝所流行的廡殿頂的墓碑龕，其上的瓦脊和滴水，也都是灰砂塑成，能保持

大刀刃山鄧嵩閣墓壟環與護嶺灰砂細部，
修建於康熙朝，可見浮雲湧月裝飾較精美

大埔頭萬安墳兩側灰塑對聯及頂部裝飾

多年不壞。

　　至於另一種經常使用在新界傳統青磚屋簷上用於雕塑出各種花鳥動物的灰塑材質，稱為「紙筋灰」，以傳統草紙在水中泡爛之後，加入泥灰中以增強韌性，可以塑出各種圖案甚至動物等。香港古墓所用灰塑很少，現在只發現四排石鄧柱我墓上的抱鼓牙子等少數幾例，其圖案較簡單，為博古鬥勾形。

第二章

福德公、義塚與壽基

收殮無主或者失祭的遺骸，在中國古代的慈善義舉中，被認為是功德很大的事。在香港歷史上，收葬非自家先人的骸骨安葬，從個人自發的善舉，到有組織的安葬，反映了城市歷史的變遷。

明代之前的新安縣，由縣府設有慈善性質的山地，以安葬無主遺骸，康熙《新安縣志》卷十一記載：

> 又設有漏澤岡，取澤及枯骨之義，王政所謂掩骼埋胔也，一在西門外觀音堂之側，一在北門外。[1]

在嘉慶朝的《新安縣志》中此章記載與上同，即是照抄，可能當時並無更新。除了官府組織的義塚，民間更多的是自發收葬無主骨骸，由於墓主多不知名姓，碑上稱為「福德公」或者「福德古人」、「福祿古人」等。

福德公墓今日在香港各地均有發現，最早出現有年款的當數港島柏架山將軍石下道光十七年丁酉（1837）的「曾氏福德公之墓」，關於此墓的選址與沙田曾大屋開基祖曾貫萬的傳奇故事，在坊間早已流傳，茲不詳贅，傳說其第六兒子因無子嗣，亦聽信地師之言，將一副山頭拾獲的枯骨葬在飛鵝山的「斬關穴」，因此能在五十歲時生三個兒子。今日此

1　康熙《新安縣志》，卷十一，頁 2，國家圖書館藏康熙原刻本。

穴仍在，但碑文漫漶不清。曾貫萬自驟得橫財致富之後，亦頗迷信堪輿之學，光緒十四年過世之後，地師原來選葬沙田南圍，光緒末因修建廣九鐵路遷往大埔長瀝尾，因該處山泥傾瀉，其後再被迫遷往水泉澳，地師之力，或許不及自身修福？

除了以個人之力撿拾偶爾見到的枯骨，也有由鄉民自發組織將野外骸骨安葬的，這類福德墓以大埔大尾篤「海螺吐肉」後山的一處較為典型，這是一座青磚交椅式墓，設有護嶺一重，壆環內立碑三方，正中一方大碑，黑石質，碑文為：「福緣古人之佳城，大清光緒三十年歲次甲辰秋月吉旦，安葬男金二百九十三，女金一百九十五罐，吉地座子向午，兼丁癸分金，善慶堂眾紳士等同立」。

此塚安葬人數差不多五百人，規模頗大，左側的一塊碑文記錄了這座福德墓的由來，這是一篇文筆頗美的駢文，略謂汀角洞一帶，歷來是

柏架山上曾冠萬所造的福德公墓，是現在所見最早期有年代可查的福德墓之一

大尾篤福緣古人之墓，光緒朝建，安葬了近五百副骸骨，現已失祭，隨時有崩塌之虞

188

附近鄉民安葬之所，歷年失祭的無主骨骸堆積不少，因此鄉人「欲醵金以成塚」，集合了一眾善長，成此福德墓云云。落款是總理李敦本堂，以及五位國學生，一位例貢生及一位職員的名銜。按國學生即秀才的稱謂，職員為衙門當差未入流的人員，從這裏可看到當時新界地區科舉的不甚興旺，倡議這樣大型善舉的只是鄉村儒生。另一碑和掛榜兩碑均鐫刻捐款人名字及金額等。

此墓沿用了新界地區傳統的青磚墓式，護嶺為人字形砌，壆環及掛榜則為橫直砌，碑龕兩側有紅色灰塑白字對聯一副，現僅存上聯。墓地失祭已久，近年大樹在墓碑上方生長甚旺盛，恐怕會引致壆環崩塌。有意思的是此墓雖面積不大，卻安葬近五百金塔，不知如何安排，這樣的數量，幾乎相當於香港政府現在每年收葬無主遺體的兩倍，以汀角洞當時的人口居住規模，是不可能有這樣數量的失祭墓，筆者再三細讀銘

大尾篤福緣古人墓旁的碑記，記錄了修基主持人的姓名堂號等

長洲方便醫院義塚，同治十二年立，麻石質

189

文，覺其隱晦之間似有內情，此墓內葬究竟有何背景，仍然有待考索。

同治末年，僑港華商發起籌辦服務華人的「東華醫院」，在太平山街修建時，發現不少當時草草安葬在山邊的遺骨，將其歸葬於西環士美菲路一帶山坡，今尚存的有一座「先人白骨之塚」，落款「同治八年由太平山遷至，東華院立石」。比這稍晚的則有長洲方便醫院在同治十二年（1873）的義塚，只有一座石碑及年款字樣。

東華醫院及稍後成立的東華三院，歷年在港島、九龍、鑽石山、和合石等建立不少義塚，茲不詳細論列，其中一些是因市政或者開發的需要，從其他地區遷葬的，例如前引同治甲戌年颱風後收葬的「遭風義塚」就是由東華負責從港島遷到和合石。現在粉嶺和合石仍然保存有東華各時代建立的多座義塚。

除了香港最大的東華醫院，九龍的樂善堂等民間機構也設有義塚，這些義塚在同治、光緒兩朝分擔了政府的慈善角色。新界民間一向有

妙覺園義塚，安葬新界六日戰爭中犧牲的鄉民

為本鄉抗擊外族侵佔而喪生者立牌位的習俗，在1899年英軍租借新界時，新界原居民最先懼怕的，就是英國人來了之後，會破壞本族的風水，因此奮力反抗，史稱「新界六日戰爭」，這次小規模的武裝衝突以英軍勝利告終，但也迫使英國人承諾保留原居民的權益如丁權和原居民安葬權等。這次衝突中犧牲的新界原居民，被安葬在元朗逢吉鄉妙覺園內，是為妙覺園義塚，此墓規模頗大，近年重修後以石米砌成，設有護嶺一重，墓碑為火山石質，上有行書「義塚」兩字，兩旁對聯為「早達三摩地，高超六欲天」，因墓前的妙覺園是佛寺，故墓地保有佛寺本色。

佛頭洲義塚是性質較為特別的一座，坐落在將軍澳佛頭洲村後山，為佛頭洲釐廠收葬同治十三年甲戌風災在佛頭洲附近沉沒的清兵拖船遺骸所建。墓形制較簡單，無壟環，設有一道護嶺，由石砌加灰砂夯築，墓碑兩側亦為石砌灰砂砌成。墓碑麻石質，上面記錄安葬的有皇清敕授武信騎尉、登仕佐郎各一位，拖船勇丁一位，另不知名拖船勇丁八位，共十一人。兩側款為「佛頭洲釐廠義塚，同治十三年甲戌，光緒十二年季夏穀旦立石」。釐廠為清代所設徵稅機構，一般開設在交通要道，向來往船舶徵收關稅，佛頭洲釐廠遺址至今仍存，在同治末的那次風災之後，屬於清國海軍的拖船遇難，釐廠作為附近的政府機構，收葬了十一位遇難海軍的骸骨，其中兩位有銜頭的應屬船上軍官，屬於較低品級，武信騎尉為七品武官，登仕佐郎則為九品文官，其餘八位無名姓。此墓屬於清末官方機構的自發

佛頭洲義塚，安葬同治甲戌風災遇難的清兵拖船官兵

華永東莞義塚，全麻石砌，修建於民國初年，在華永規模僅次於南海義塚

營造，規模簡單，與當時港島地區富裕的商會或同鄉會營造的義塚不可同日而語，但意義較重要。

如前所述，由廣府各屬縣自發成立的商會或者同鄉會，在香港設立的義塚是清末民初大墓的重要組成部分，現港島區的摩星嶺一帶，仍然存有光緒末設立的順德義塚、四邑義塚、咖啡園的恩平義塚等。有部分已經遷移到和合石等地，如光緒元年（1875）建成之「要明義塚」，是佛山附近的高要、高明兩縣的義山，今存和合石義山墓園中。

數量眾多的義塚出現在同治、光緒年間，其背景則是開埠初年即咸豐年間及同治初來到香港的移民，在光緒朝已經中年，當時死亡率應該頗高。進入民國初，義塚的建立更加頻繁，因很多華僑在海外身故的，也運柩回鄉，香港成為棺柩的重要中轉地，也安葬了很多無主或者無力

回鄉的同胞。

另一方面，光緒末到民國初，香港的市政建設頻繁，廣九鐵路建成過程中，要打通很多新界北部和九龍半島的山洞，過程中發掘不少骸骨，當時，有華僑不忍骸骨流落荒野，如上環天后宮 1974 年所立的一通《天后宮碑記》中記錄：

> （陳賡堂）在本港新界上水及大埔築有均安及萬安塚，為收葬新建廣九鐵路時英段沿途所檢獲之枯骨。[2]

陳賡堂為新寧（台山）華僑，早年因赴美勞工致富，回到香港後致力慈善。他所建立的兩處義塚今日均存，其中萬安墳在大埔頭營盤下村，是香港佔地最大的義塚，這是一座交椅式大墓，採用新界傳統舊廣府式，設有護嶺一重，立面以青磚橫砌，正中墓碑為花崗石質，上端為捲草與湧月花紋，楷書「萬安墳，民國七年孟春吉日，聯安堂立」，碑框為灰塑，並有對聯一副，今僅存「骨未

民國七年修建的萬安墳為香港規模最大義塚

枯」三字，周圍灰塑呈現捲草、花籃、嘉禾等紋樣，正中灰砂砌紅色官帽頂一方。墓包及月池面積達數千呎，規模龐大，近年重修時立有新碑記，謂此墓為鄧勳臣目睹第一次世界大戰期間尸橫遍野、無人安葬，於是設立此墓，並在 1937 年風災時期收葬了受災遇難者云云。按一戰在

2　科大衛等編：《香港碑銘彙編（第二冊）》（香港：香港博物館，1986 年），頁 590。

規模宏大的馬場先友之墓，結合了中西建築風格，立面為三開間牌坊形式，現為香港法定古跡

香港並無戰事，因此所謂戰爭時期尸橫遍野者恐怕非事實，而鄧氏鄉親在 1937 年收葬風災遇難者於此，亦為合理解釋。另一座較早期以萬安為名的義塚，位於上水雞嶺村後，已經失祭多年，僅存正面墓碑及擋土牆，無墓環，墓碑為麻石質，上有「萬安大墓，民國三年，同安堂立」字樣，兩旁還保留有灰塑對聯，文為「共和登極樂，大夢得安寧」字樣，民初以同安為堂名的組織非常多，無法考察，但從文意看，似乎與新界租借時犧牲者有關。

民初香港島上收葬人數最多，最為精美的當數掃桿埔的「馬場先友紀念碑」及公墓。1918 年農曆正月，香港中西市民像往常一樣，在跑馬地馬場觀賞賽馬，當時的馬場，觀眾看台以竹木搭棚，上面看台供觀眾看賽，下方則為販賣小食的攤檔。當時正是過年後不久，市民觀賽馬

者眾多，小食攤檔不小心引發火災，引燃了竹棚之後，又因觀眾的恐慌而引發踩踏，倒塌的竹棚更使火勢猛烈，當時又下起小雨，港島的風勢猛烈，馬場瞬間成為火海，困在倒塌竹棚中的觀眾四散狼藉。事後整理災場，很多遺骸已經被燒得焦黑，無法辨認。當年的報紙上，連日刊載此次災情的尋人啟事，有的失蹤者只有幾歲，跟隨家長去看熱鬧，殊為可憐。

慘劇發生之後，總督梅含理（1860－1922）非常關切，並且下令盡力安撫遇難家屬。由於當時發現的遺體很多已無法辨認，1922年，由東華醫院發起，在掃桿埔後山興建公墓安葬現場發現的數百具遺骸。這是港島區最精美的民國初年墓葬，由堪輿家李耀村點穴，地塊由港府撥給，東華組織富商善長捐款籌集資金，墓地迄今保存完好，屬於香港的法定古跡。

馬場先友墓碑記，記錄了當日慘劇的始末

馬場先友之墓，牌坊兩側的長聯甚為工整哀婉

今日的馬場先友墓地，幾乎保持了一百年前的模樣，這裏位於掃桿埔後山腰，前俯瞰大球場，昔日氣勢較開揚。因為墓主分屬中西各國人士，因此沒有採用當時流行的廣府新式，而是採用了牌坊式的交椅墓，墓後方無護嶺，而是一道石砌擋土牆。墓立面為中式牌坊式，三間廡殿頂石牌坊，全麻石砌作，廡殿頂為石灣綠琉璃瓦筒滴水，三間瓦脊上方均有石灣窯寶珠和鰲魚各一對。由於經歷一百年風雨，現在只有右側一間的寶珠和鰲魚是原物，其他兩間已經有所更換，鰲魚換成了正黃色魚尾和魚鰭，而在民初，民間用鰲魚仍然遵循清代規矩，不使用正黃色。

牌坊正間鑲嵌麻石三大塊，分別為「福祿壽」三大字，墓碑為雲石質地，正中為「中西士女之墓」，兩旁書寫火災年款及建成年月，書體用清末民初流行的魏碑字體。墓碑兩旁鑲嵌雲石碑兩塊，鐫刻遇難者姓名。另兩開間則鑲嵌有紀年碑記兩方，中英文各一方，中文碑記由華商李亦梅撰文，盧叔舉書寫，記錄了火災的簡要過程和建墓緣起；英文碑

馬場先友之墓全貌，兩旁石台上的八角亭富有中國特色

記較為簡單，僅寫紀念 1918 年 2 月馬場遇難者字樣。后土碑一小方，嵌在英文碑記下。

牌坊兩側用甚為工整的行書鐫刻對聯一副：「旅夢安歸，驚斷離魂餘劫燼，馬蹄何處，嘶殘芳草剩燒痕」。墓碑兩側，為石砌高台兩座，其上分別有一座八角重簷亭子，內有石凳石桌供拜山客歇息。墓地兩側有台階可登上高台。墓地的拜台全由麻石砌成，設有月池一道，寬廣平坦，亦由麻石砌成，至今保存完好。月池旁還有化寶用的寶塔一座。從月池台基圍欄可見，穴場當年是在山坡上靠人工堆砌而成，並非天然毯唇結穴。這樣的做法，工程量和耗費資金也驚人。當年大火的影響巨大，附近跑馬地的居民，紛紛傳言天陰下雨時，經常聽到哭叫聲，下雨時甚至有羽毛從天而降，因此政府和東華也願意出資安撫遇難者和街坊，墓地落成之日，還特意請了廣東最有名的高僧虛雲和尚來港作法事，使逝者安息。

樂富公園山坡上的侯王宮遷葬義塚

湮沒在車場後的榮樂人壽會義塚

民初的義塚，既有像馬場先友那樣的大型墓葬，也有一些很簡單的，如樂富公園的山坡上，有一座很不顯眼的小墓，位於朝向學校一側的草叢中，僅有一小麻石碑，很容易錯過。此碑立於 1917 年，為收葬附近侯王宮擴建時發現的無主骸骨，墓碑上方有浮雲湧月花紋，碑文為「侯王宮各古墓遷葬義塚，民國六年丁巳，彭永成堂吉日立」，上文曾經提到，咸豐年間英國人曾經留下了九龍半島附近的影像，可見當時九龍城一帶墳墓分佈不少，這些古墓今日基本已經消失，反而是遷葬於此的算是比較幸運。

　　元朗大棠的「榮樂人壽會義塚」較為隱秘，這座義塚建於民國十六年（1927），現在屬於私人土地範圍，「榮樂會」是民初元朗鄉民自發成立的組織，包括水蕉新村、水蕉老圍等八條村民組織，將新界抗英犧牲的烈士、當地無主遺骸等收葬於此，墓地原本範圍頗大，但今日已被停車場所佔用，只剩下墓亭和墓碑，墓亭為西式方形，上方有圓拱裝飾，以兩根方柱支撐亭頂。墓碑上方有「千秋萬祀」灰塑扇形裝飾，暗示墓主的烈士身分。墓碑為花崗巖石質，碑文為「榮樂人壽會義塚，民國十六年，蘭花大仙點穴」字樣，因墓主身分較特殊，為防止港英政府干涉，故此碑文亦較為隱晦。

逢吉鄉沈鴻英所建的義塚，今已失祭

　　距離大棠不遠的元朗逢吉鄉，也有一座民國二十二年（1933）建立的義塚，據現在居住在逢吉鄉的沈氏家屬回憶，這是由桂系將軍沈鴻英（1871－1935）所立的義塚，規模較簡單，僅有一重護嶺，

萬安墳的佔地規模為全港之最，可見當年收葬骸骨之多

無壆環，有月池一重，墓碑為麻石質，上僅有「義塚」與民國二十二年年款字樣。

　　除了同鄉會、鄉民慈善組織之外，市民和公司也為意外事故中喪生的死者建立義塚，前述的遭風義塚和馬場大火，屬於較大型的意外。小型的災害義塚，如沙嶺墳場的「嶺南丸遇難者合墓」，是安葬 1944 年平安夜晚上，由日佔香港駛往澳門的民用輪船「嶺南丸」號在珠江口被美軍當作日本軍艦，遭到攻擊並被炸沉，當時喪生者達到三百多人，其中最有名的當數民初廣州大亨、商團的首領陳廉伯（1884－1944），他當時還是日佔政府的華民代表。此墓在事發十年後才建成，規模也較簡單，後遷葬沙嶺公墓。1948 年 9 月 22 日，香港永安公司倉庫發生大火，當時秋天乾燥，貨倉中貨物堆積如山，一直燃燒了數日才撲滅，事後在火場發現公司職員和附近居民遺骸多達一百七十多具，永安公司遂出資在西貢營建了「永安倉遇難先友公墓」，並且鑴刻了遇難工友的名

四排石山上立於 1960 年的壽基

字以作紀念，後來因土地發展，亦遷往沙嶺墳場。

粉嶺和合石墓園在一九五〇年代開闢之後，陸續將原來在港島九龍一帶的義塚遷葬於此，後來又設立了專門安葬殉職紀律部隊成員的「浩園」及公務員的「景仰園」。

在廣府的信仰之中，有一項較特別的，稱為「壽基」，又稱「種生基」，不見於明之前的古籍，為近代受道教法科影響的一種信仰，將在生者的衣服、頭髮、指甲等物件，在做特殊法事儀式之後，安放於風水寶地中，與陰宅同理，地脈中的龍氣能蔭護生人，尤其能治療危疾等。

與古人在生時預先營造的墓地（古代稱為「生壙」）不同，壽基是一種豎立墓碑並且需要安放信物的墓穴，唯一的不同就是安放的不是先人骨骸，因此以「壽」命名。壽基信仰時間不長，若營建者日後身故，也可以將壽基作墓地用途。

今日能見到明確有年款的壽基，較早的如四排石山上的「飛鳳銜書」，墓主為林焱華，這一穴簡單的砂手墓如不細看墓碑，會誤認為普通的墳墓。墓碑為黑石質，麻石碑框，正中為「林公焱華之塋，念功堂子孫立石」，年款為庚子（1960），右側銘文開頭即提到：本壽基在錦田南便山，土名大窩塘。由此可知這本是一穴壽基。

今日新界各地的壽基，外觀多數與一般墓地無二，所不同的是墓碑只有「福壽」字樣，並且多數在主人過世之後，即改作墓地使用。

第三章

墓廬：禮失求諸野

墓廬，是香港古墓文化保存完整的體現，甚至可以說是這種古老文化在中華大地上的孑遺。以往談香港古墓者，多忽略了這個重要的元素。

　　墓廬是古代葬禮文化的產物，上古已經出現了孝子在先人過世後，在墓旁居住三年（後來縮短至二十一個月左右）的守喪習俗。墓廬指在先人墓地旁，修建房屋供守孝時居住，和祭掃時休息。據說孔子的弟子子貢就曾經在孔子墓旁結廬而居，北魏酈道元《水經注》「今泗水南有夫子冢……即子貢廬墓處也」，是關於墓廬的最早期記載之一。

　　到了明清時期，在墓旁建房的風氣更是達到高峯，明清帝王的陵墓都有朝房，供守墓官員居住和拜祭時休息。富貴人家則在墓旁買地建房，請人值守。

　　古代墓廬在廣東境內遺存極少，以廣府古墓保存最為豐富和集中的廣州白雲山而論，雖然山上仍保存有數百座從宋代到清代的古墓，可是古代曾經在這些古墓旁修建的墓廬，已經無一倖存。筆者遍尋廣州大族的族譜，多有記載白雲山上建有墓廬，甚至到晚清光緒時期仍有新建，但由於滄桑變幻，墓地能留

玉山草堂山腳下由大埔理民府豎立的告示碑，以官方名義聲明這塊山地不可侵犯

202

存已經是莫大幸運，至於房子，早就被破壞，更遑論有人值守了。

　　香港受中原正統文化發展影響較晚，近代開埠之後，才出現有富豪大族，不過卻幸運地保留了墓廬的文化和實物，可說是「禮失求諸野」的最佳註腳。

　　香港迄今保存最為完整、價值最高的墓廬，是坐落在大圍銅鑼灣山道上的「玉山草堂」，始建於 1917 年，已經有過百年歷史，並且至今依然有後人祭拜及有人值守，這更是難能可貴，堪稱中國墓廬文化的活化石。

　　玉山草堂的始建者李瑞琴（1870－1953），字炳榮，號崇慶，廣東五華縣水寨鎮大布村人，幼年隨父居住香港，長大後經營建築工程，以篤實為當局信任，承建多項工程，包括山頂、荔枝角道水塘及大灣、荃灣、大坑供水工程，旺角水閘，西營盤炮台，大埔道至背子石截水渠，油麻地至紅磡公路及油麻地官立書院等，成為香港富商。李氏熱心公益，捐出深水埗地基供市場建設，捐

玉山草堂清靜的門庭，現為一級歷史建築

6000 銀元與當地名紳創辦深水埗公立醫局，組織渡海輪船和九龍四約輪船公司；1913 年，捐款與士紳先後在香港仔鴨巴甸、荃灣倡建旅港華人墳場；為創建五華一中、香港大學與興建廣州中山大學捐鉅款。1920 年，他聯絡客家籍名流，慷慨捐資萬元，建館創立香港崇正總會，被舉為名譽會長，1921 年，被港府選為太平紳士。這塊山地，由他在辛亥之後向港英政府購入，當時買下了整座山崗，今日山腳下還矗立有

一方石碑，是當時的大埔理民府的告示，表示這幅土地為私人擁有，任何人均不得侵犯。因此，現今雖然附近已經建起了各種房屋，這片山崗卻依然樹木參天，環境清幽。

玉山草堂的入口在銅鑼灣山道邊，很不起眼，沿着幽靜的小徑上一個小彎道，可以看到掩映在古木羣中的一座雅緻的中西合璧樓房。山門是廣府風格，在一高台之上，拾級而上，可見山門上青石鑿成的門額：「玉山草堂，戊午季夏，陳伯陶書」。這是清代探花、東莞籍學者陳伯陶（1855－1930）於 1918 年為李瑞琴題寫的墓廬名稱。石額雕刻精緻，書法爽朗有力，顯示了主人的顯赫。門前擺放有從佛山石灣訂製的廣式花盆，上面有「玉山草堂」字樣，這是昔日廣府富貴人家的氣派，雖歷經百年風雨，仍然顯出大戶的風雅。

玉山草堂共兩進，中間是一個大的庭院。頭門有木製大門，進門後兩旁有廂房，是守墓人居住的地方，至今仍有人值守。頭門是中式瓦頂，混凝土結構，兩端有灰塑卷尾裝飾。中庭左右兩側為花壇，種有香港罕見的梧桐和玉蘭花各一株，寓意鳳凰來棲、玉堂富貴。中庭擺放有原石雕鑿的石凳石桌一套，兩旁有迴廊，將兩進建築相連。

穿過中庭，迎面是兩層高的墓廬主體建築，也是中西合璧的風格，綠琉璃瓦頂，屋簷下有精美的廣式灰塑，有山水圖和《五倫圖》等題材，保存非常完整，至今色彩鮮豔，《山水圖》上的工匠款識都仍然清晰可辨。

草堂的正門立面有西式羅馬柱一對，門上至今懸掛着紅漆金字「隴西慕廬」的牌匾。隴西是李姓的郡望，慕廬即墓廬的雅稱，也表示對祖先的敬慕之情。進門迎面高掛李瑞琴母親成太夫人的油畫像，李瑞琴是孝子，父親過世後由母親養育成人，因感念母親，特意在其過世後修築

玉山草堂門額由陳伯陶題寫，歷經百年仍然流露出莊重文雅的氣息

玉山草堂屋簷灰塑細部《五倫圖》，這種工藝以客家工匠最為拿手，以金屬絲和鐵釘做骨架，將紙筋灰塑成各種浮雕，再手工上色，玉山草堂的灰塑是在香港現存古代建築中保存最好的灰塑之一

玉山草堂大廳正門立面，西式風格濃厚，上面懸掛的紅漆金字牌匾仍然光可鑒人

玉山草堂在石灣訂製的花盆，上有草堂的名款，這種釉彩稱為「石灣三彩」，晚清非常流行於華南地區和東南亞一帶

保存完好的百年廣式吊燈，注意正中的套
紅刻花玻璃，這樣完整的吊燈今日已經極
為罕見了

商衍鎏題寫的餘慶堂金漆匾額，氣勢恢宏

了這座慕廬。大廳地面鋪有歐洲進口的地磚，懸掛有廣式吊燈，這種吊燈鑲嵌有廣式的套紅刻花玻璃，晚清時期是富貴人家才能使用的名貴燈具。

從歷史照片上看，大廳昔日有全套的紅木廣式家具，還有名家所寫楹聯書法等等，猶如一座小博物館，可惜今日多已不知所蹤。但迄今仍然保留有三件珍貴文物，其一是大廳中高高懸掛有一方金漆牌匾，高一米左右，寬兩米有餘，上面是北魏體的三個大字：「餘慶堂」，旁邊寫有「光緒乙巳孟夏，商衍鎏拜書」。廣州駐防漢軍人商衍鎏（1875–1963），是清代最後一次科舉殿試的探花，他在光緒三十年甲辰（1904）高中探花，次年（1905）就為李瑞琴題寫了這塊牌匾。大廳左右兩側還懸掛有陳伯陶所題寫的「燕翼貽謀」和賴際熙所寫的「椒衍瓜綿」兩幅大型書法橫批。「燕翼貽謀」典故出自《詩經·大雅·文王有聲》：「武王豈不仕，詒厥孫謀，以燕翼子。」意思是給兒孫作了好的打算。「椒衍瓜綿」則出自《詩經唐風》，比喻後代像花椒那樣繁衍，像瓜一樣多子。這座廳堂匯集了廣東兩位探花的墨寶，顯示出晚清富貴大戶對科舉的崇

拜和氣勢。

陳伯陶和賴際熙（1865－1937）是香港文化界所熟知的兩位清代遺民，也是香港開埠以來國學的開創性人物。賴際熙在光緒二十九年（1903）癸卯科殿試中獲得翰林院資格，授編修，是增城清代唯一的翰林。因為他是客家人，在辛亥之後，他避居香港，成為華人界的頭面人物，尤其是客家羣體，更將其視為領袖。他和陳伯陶是親家，陳伯陶隱居不出，但一直在背後支持推動賴際熙傳播中國傳統國學，而李瑞琴則是賴際熙的大力支持者之一。

由兩旁的樓梯，可到達二層，這裏有懸掛李玉琴的父親李玉山（玉山草堂因此而得名）像，由賴際熙題寫像讚。還有其他祖先的一些油畫像。李瑞琴生平樂於慈善，留下很多口碑，他原名李炳（今日香港仍然有李炳小學就是紀念他），瑞琴是他的號。他來自貧窮的粵東五華，當地古稱樂邑，雖然窮，卻擁有最好的石雕工匠，佔據了晚清廣府石雕的半壁江山。香港開埠之後，他跟隨父親來到這裏，承辦了多項重要的工程，因此成為富商。他雖然沒有讀過甚麼書，也沒有考取功名，卻對文化非常熱心。從草堂中保存的文物看，他對於中國傳統非常尊崇，這也是他投入巨資興建這座墓廬和厚葬母親的原因。

李瑞琴是香港客籍羣體中早期的代表人物之一，客籍本屬香港的原居民，但在開埠之後，被蜂擁而入的廣府和潮州人迅速邊緣化，原來島上簡單的幾個

賴際熙太史題寫李氏墓道，除了欣賞書法，這方巨石是一整塊花崗巖雕鑿而成，造價不菲

農業手工業行業轉變為各行各業，都掌握在經濟和背景雄厚的外來人手中，唯有石廠和雕刻，始終由客家人掌控，這是香港社會史的一個有趣縮影，而李瑞琴則是其中代表人物之一。

由草堂的背後拾級而上，可見一座被竹林遮擋的牌坊，上面鑲嵌一方厚重的石匾，由一巨大的花崗巖石整塊雕成，上面貼金四個大字：李氏墓道，這也是出自賴際熙的手筆。賴所創辦的「學海書樓」，得益於香港華人富商的捐贈，其中李瑞琴就是主要支持者。沿着蜿蜒的墓道，山坡上可見高聳的華表，這就是李玉山夫婦墓。

李玉山夫婦墓是香港現存最具規模的廣式大墓之一，其工藝與規模，甚至超過了何莊的何東父親何士文夫婦墓。這座墓佔地約 1000 平方米左右，其地基高達 5 米，以石牆堆砌出穩固的高台，墓所坐落的小山原本並不高，卻具有大山的氣勢。墓前一對高高的華表，由整根青石鑿出，顯示墓主的身分。整座大墓全用花崗巖石砌成，平整光潔的手工，彰顯出五華工匠的絕活。

墓地前後各有三層，壟環之後為兩層護嶺。前地台亦有三層，半月形的兜金池外又有方形子孫基，在最外一層月台上，擺放一座石香爐，也是一整塊花崗石雕琢而成，上有「餘慶堂」篆書字樣。

墓碑以北魏體楷書書寫：「李氏二十世祖考玉山府君，妣成太夫人墓，公諱成翰，字潤振，號玉山，安葬五華縣樟坑里，妣葬本山沙田大圍崗坐癸向丁兼丑未之

氣勢恢宏的李玉山夫婦墓，三重正中的裝飾均不相同，墓碑為五福擁雲月，護嶺為仙鶴，二護嶺為鳳凰

原 中華民國四年乙卯仲冬」。

　　根據碑上記載，李瑞琴的父親李玉山其實並沒有安葬於此，而是歸葬五華鄉下，墓中只有李瑞琴的母親成太夫人，這和晚清時期僑居香港的眾多廣東南來人士習慣完全相同。墓碑雖然沒落款，筆者鑒定為賴際熙手筆，賴際熙早年學李文田的楷書字體很熟練，這種工整的字體與草堂內的李玉山像讚如出一轍。石碑前是一方高半米、寬一米多的整石拜桌，上有「餘慶堂」篆書字樣。山手分別裝飾有石花盆、石鼓、獅子，欄板上則用石頭雕出具有廣東特色的像生水果如石榴、佛手等等，具有鮮明的廣東晚清特色。

　　這座玉山草堂，是香港今日保存最完整，也是規模最大的古代墓廬，它的形制與晚清大宅並無二致，今日仍然是李氏子孫祭拜祖先和掃墓歇息的場所。香港雖然不乏有人值守的私人墓園，例如昭遠墳場，但由於昭遠屬於歐洲人與華人後裔的墳場，其宗教和傳統中，並沒有廬墓一說。玉山草堂是一個特殊的例外，它的始建者是以建築興家的富商，因此竭盡全力去營造一處工藝繁複的墓廬和墓園，歷經百年，保存到今天，實屬奇跡。因其獨特的工藝和歷史價值，玉山草堂已被香港政府列為一級歷史建築。遺憾的是，由於香港法例的限制，李玉山夫婦墓並沒有在歷史建築的評級之內，殊為可惜。

　　除了玉山草堂，香港另一處墓廬較為集中的地方，則是香港仔華人永遠墳場。這座始建於 1913 至 1914 年間的墳場，與玉山草堂的落成年代十分接近，晚清的重孝風俗，仍然深深影響着這羣富商，在這裏留下了大大小小二十多座規模不一的墓廬。這裏的墓廬建造年代大部分都在 1940 年之前，此後隨着香港淪陷，社會風俗轉變，香港重光之後新建的華人永久墓園如荃灣等地已經不再建有墓廬，這裏可以說是中國最後的

這是香港仔墳場標準的小型墓廬，其主人為富商余道生家族，建於家族墓地旁，外立面為中西合璧式，門額有「余府墓廬」字樣並有對聯裝飾，鐵門和石灣燒製陶質綠釉竹窗花，佔地約 10 平方左右

一批成規模的墓廬建築。

　　與玉山草堂的規模宏大，建築精美不同，因為這裏是公眾墓園，佔地畢竟有限，社會風俗也在改變，「孝子三年廬墓而居」的習俗早就不存在，所以香港仔的這批墓廬，只有象徵意義，或者只供子孫拜祭時歇息之用，並無人值守，規模較小。其標準形制多為簡單的一房，有一些以亭子的形式建成，門額上依然寫着「墓廬」字樣，其功能更多是休息或擺放祭掃清潔用具。

　　香港仔的這批墓廬，各具特色，基本上都是中西結合的外觀結構，並未見有中式的瓦脊頂。有些則以墓道亭子的形式出現，例如「蕭氏墓道」是一座方形的房屋，上方鑲嵌「蕭氏墓道」，下方有對聯和石雕獅子，中間是過道。這裏的墓廬，其門額上鑲嵌有墓廬名和姓氏，很多都是書法名家，例如南海畫家程景宣（1864－1934）題寫的「周家墓廬」，

華永「周家墓廬」石額為連州青石質，由程景宣題寫

榜眼朱汝珍題寫的「孝思亭」，建於 1937 年，當時已經臨近抗戰，墓廬的風氣已經減退，所以這座亭子的功能更加趨向於供人歇息

外形堅固莊嚴的戴東培墓廬，全用花崗巖石砌成，在香港仔是唯一一例

戴東培墓廬內的遺像和區大原太史題寫
銘文

鄧氏墓廬中保存的民國初年水泥批蕩梳
妝台

新會學者盧衮裳所寫的「鄧氏墓廬」等。其中最具藝術價值的是李氏宏業堂的墓廬，名為「孝思亭」。這個亭子開放供行人休息，在一棵大榕樹之下，俯瞰海景，意境清幽。外牆為民國初年廣東地區流行的「意大利批蕩」（即細石米批蕩，與意大利無關），門額為清代最後一科的榜眼，清遠人朱汝珍（1870－1942）所書「孝思亭」三字楷書，端莊秀麗，對聯則用石米批成，「近水遙山無盡態，春霜秋露有餘情」字作北魏體楷書，其書寫者為順德翰林岑光樾，這座亭子匯集了兩位翰林太史的墨寶，彰顯出墓園主人的文化涵養。

另一座特別的墓廬則是東莞富商戴東培墓前的小石屋，這座小屋並沒有門額，全用花崗巖石砌成，非常堅固莊嚴。內部佔地只有兩平方左右，石頭牆上，鑲嵌有戴氏夫婦的瓷畫像，畫像上方，鑲嵌有一方石匾，上面是南海翰林區大原（1869－1945）所題寫的「永言孝思」四字，畫像下方，則有區大原所寫的戴東培墓誌銘，這種做法，屬於將墓廬與遺像和墓誌銘結合為一，屬於一種變體。

由於並不用作居住功能，這批墓廬的內部都較為簡單，多數已經空置，或者保留原本的石頭桌椅供歇息。有趣的是有几處保留了以水泥批蕩模擬的民國時期廣式「梳妝台」，這是一種中西結合的家具，在抗戰前十分流行，這種水泥家具只有裝飾效果，可能是墓廬原始居住功能的一種遺存。

附：山亭

　　山亭即墓旁建築的小亭，其用途原意是供拜祭時給祭祀者稍事休息，遮擋風雨或陽光，整理祭品等，其功用較墓廬為小，有時則兼有碑亭使用功能，將墓主生平的事跡鐫刻在碑文中，豎立在亭內。

　　香港現存古代山亭，最早的可能屬於昭遠墳場內何莊的一處西洋式亭子，這座亭子坐落在何莊與何甘棠墓之間的山坡上，現在已經荒廢，但仍然能看出它的形制屬於西式的涼亭，以鐵質支架支撐，與歐洲公園常見的涼亭樣式相近。香港不少公園中也常見這種 19 世紀末期的鐵支架涼亭。昭遠墳場的墓主多數為歐亞混血族羣，這座涼亭的形式可謂相得益彰，但由於位於私人墳場內，且該處非常潮濕，隨時有倒塌可能。

　　昭遠墳場中最為精美的一座山亭，位於何甘棠墓右側，為四柱攢尖頂亭，柱及欄杆都用花崗巖石砌作，地板為歐洲花磚，亭中有石質桌椅，梁桁為木構，綠琉璃瓦滴水，頂部有綠色陶珠。石質額枋上刻有行書「山亭」兩字，正面石柱有行書對聯：「山水有清音，竹笑蘭言和雅韻，亭台饒樂趣，桐孫桂子結濃陰」。本地花崗石和石灣陶瓦的色彩使整座山亭顯出濃厚的嶺南特色，值得注意的是，四簷的木板浮雕花鳥裝飾，以紅漆髹底色後以五彩塗花鳥動物，這種手法可不是廣州晚清的通常工藝（廣式流行黑漆貼金），而是傳統寶安東莞客家審美，何甘棠在 1950 年過世，此時他仍然沒有忘記自己血脈中寶安人的身分。

香港仔華永保存有兩座公用的山亭，分別位於西側靠近山腰的「涵碧亭」和東側靠近山腳的「四望亭」。這兩座小亭形制相同，為八角西洋式亭，鋼筋水泥結構，白色牆身上開有圓拱門，頂為圓拱頂，上有火焰形裝飾，亭內有花崗巖石桌椅供拜山客人歇息。

　　這兩座亭子雖然毫不起眼，但是兩亭的題字者卻大有來頭，「四望亭」為楷書，年款是「丙辰季冬」，即 1916 年冬天，題寫者梁士詒（1869－1933），三水人，光緒翰林出身，後成為袁世凱的得力助理，入民國後官至國務總理，他因父親梁保三一直在港居住，所以也時常在香港小住。香港現存他的手跡有數處，香港仔華永存有兩處（另一處是題寫周壽臣家族墓額）。

　　另一亭子的匾額，因水泥被多次重修後字體難以辨認，一直沒有引起重視，這就是山腰上的「涵碧亭」，這裏地勢更高，遠眺南丫島和海景，海天一色，碧藍無際，「涵碧」二字是當年的真實景觀，匾額無年款，落款為「厲人題」，由於「厲」字被後世錯修改為「属」（類似屬字簡體），這書寫者成為謎團。實際上厲人為寓居香港的清末大老陳伯陶（1855－1930）的號，他是東莞人，光緒探花出身，官至江寧提學使，號子勵，又號厲人。當時他和梁士詒都是香港華人中的翹楚，而他科名更早，地位更高，因此高一級的涵碧亭更符合他的身分，這也顯示了民國

何甘棠墓側精美的山亭，深具嶺南建築精髓

華永「涵碧亭」，陳伯陶題「厲人」款已被重修改為「屬人」

華永梁士詒題寫「四望亭」現狀

屯門馮椿源墓亭兼具碑亭功能

初年對身分的講究。這兩亭子屬於公共墳場中具有文物價值的建築，可惜匾額不是由花崗巖石鑿成，現在重修多次，已經失去了原來蒼勁的本色。

香港仔華永有不少墓廬以「亭」命名，如前文所述的「孝思亭」，由翰林朱汝珍題匾，岑光樾題對聯，但外觀仍然保存了墓廬的形象。因為進入民國時期，公共墳場中的墓廬已經成為一種擺設，其功用與亭子其實並無二致。

新界各地也有一些較古老的山亭，如屯門青松觀後馮椿源墓旁，建有一座六角形的山亭，鋼筋水泥結構，形制簡樸，頂部為西式圓拱頂，亭中同樣有石質桌椅，值得一提的是亭子中間有一方連州青石的墓誌，撰文書丹，均為梁士詒手筆，記錄墓主馮椿源的生平，碑額為雲龍圖案，這使得山亭又兼具了碑亭的功用。

較為晚期的山亭還有荃灣東普陀墓園中開山法師茂峯和尚的墓亭，這座建於一九六〇年代的山亭樣式為中式涼亭，鋼筋水泥結構，亭中豎立了一通茂峯法師的碑記和相片，進入上世紀中期，這類建築已經逐漸不流行，地價的昂貴也是其中重要原因。

第四章

繞不過的風水：香港堪輿觀念史

要說香港古墓的歷史，必然會說及風水，這關係到墓地的選址、勘定、朝向，而風水傳說的流傳本身，也涉及社會學的種種，坊間介紹香港古墓的書，幾全津津於此，以吸引讀者，談香港古墓，風水實不可不談也。

坊間各種討論香港古墓的書，多提到香港為南龍所在，即中國之龍脈由昆崙山起，分三支脈，其中南方一支，經粵北五嶺，蜿蜒直到廣州，再從廣州到東莞，到深圳梧桐山，進入香港境內的新界到大帽山。

從香港地理而言，大帽山為最高峯，其支脈經過獅子山，分數枝散落九龍半島。各家對於這一說略無分歧，並且傳說「九龍」地名來源就是從這裏分出九條支脈而言。

由於香港的城市中心在港島，因此堪輿家必須解釋龍脈如何經九龍半島之後，穿過維多利亞港傳到中環，即術語所謂「過峽」。有關這一點，各家說法不一，有說從飛鵝山起少祖，再從鯉魚門過峽。有說從深水埗經尖沙咀過中環，有說從昂船洲過石塘咀，更有說從東西兩面雙龍過峽者，總之過了峽之後，再起扯旗山少祖，然後結穴於中環。

以上各家所說，各有其根據，又各有異同，本書不擬討論，但要敍述香港古墓歷史，則還是要回到現存實例上去看古代堪輿家對此怎樣選擇。如前所述，港島現存最古老的墓碑，不外乎是道光年間所營葬，而較為早期的，如薄扶林村原居民據說有乾隆年間下葬的草穴，這樣似

乎說明了即使在宋到明代乃至清代中期，港島的風水至少在當時人的眼中，是無可取的。

討論香港古墓史，另一個繞不開的題目就是香港本地人接受堪輿觀念的歷史，即本地人在不同時期對於當時流行的堪輿門派學說的接受史。由於堪輿學一直蒙着神秘的面紗，因此各家各派，也紛紛自我標榜，總以本門派為正宗。香港本地舊宗族的族譜，多有記載這些說法，不過各支派之間，說法也不一致，甚至互有異詞。

作為一個有趣的實例，我們不妨先看香港現存最早的東漢李鄭屋漢墓，這座墓地建造的時間，比現存最早的堪輿學說開山之祖東晉郭璞的《葬經》還早了很多，此墓的選址，究竟是否隨意點穴？

李鄭屋漢墓位置，今天離海岸線較遠，不過從一九五〇年代照片和舊地圖看，當年離開海邊只有幾百米距離，即從墓址可以看到海灣。若以羅盤在漢墓羨道口勘察，可知此墓取向為坐乾向巽，即坐西北向東南，這是一個非常理想的座向。

再看其背後靠的鷹巢山，以獅子山為少祖，跌落極為有力，明堂見海水之外，復有昂船洲作為第二重案，遠處青龍方為香港島，白虎方有青衣島（古稱春花落），這種格局，即使在明清而言，也是上乘之選。

《四庫全書總目提要》對於《葬經》的介紹中曾經指出，在東漢時期，已經開始有堪輿學的講究：

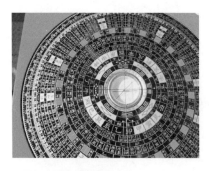

以羅盤實測李鄭屋漢墓方向

《後漢書‧袁安傳》，載安父沒，訪求葬地，道逢三書生，指一處，當世為上公，安從之，故累世貴盛。是其術盛傳於東漢以後。[1]

因此觀察李鄭屋大墓，可以推知當時香港本地已經開始注重堪輿學。東漢到唐代的情況，現在不甚清楚，因缺乏大型墓葬發掘的記錄，北宋時期的幾座鄧族的大墓，則很好地說明了當年堪輿學盛行的情形。

鄧族落戶新界的鄧符（鄧符協），本身就是精通此道的行家，我們要注意到他的籍貫，是出自堪輿學發達的江西吉水一帶，則思過半矣。按照鄧族傳說，他不僅帶着家人來到新界定居，還將自己祖先的骸骨從江西帶到這裏選擇吉地安葬，這就是荃灣「半月照潭」等大墓的來由。

《鄧氏族譜》記載的鄧冠「金鐘覆火」墓及傳說

康熙《新安縣志》有記錄鄧符墓條目，說明明末清初時，新界鄧族與其風水傳說已經為官方所注意。相傳鄧氏家族至今仍有一套選擇吉地的堪輿方法，只在家族內承傳。不管傳說是否真實，鄧族家族一千年來選擇墓地的歷史已經成為香港古墓史的一個有趣組成部分。

鄧氏家族歷史上曾經有過兩個高光人物，即南宋初年的郡馬鄧自明和康熙朝的進士鄧文蔚。恰好這兩位人物都與堪輿學有關，鄧族人相信

1　《葬經》，載永瑢等編：《四庫全書總目》卷一百零九，子部第十九（北京：中華書局，1985年），頁2。

鄧冠墓「金鐘覆火」前的堂局　　馬鞍山文心乾墓誌銘上可見　　站立在萬屋村後山鄧氏墓「寒
　　　　　　　　　　　　　　「術精堪輿」字樣　　　　　　牛不出欄」月池俯瞰，登山杖
　　　　　　　　　　　　　　　　　　　　　　　　　　所指的可見山坡，幾乎是垂
　　　　　　　　　　　　　　　　　　　　　　　　　　直而無人工擋土牆加固

鄧符在丫髻山的祖墓蔭養出了郡馬，而鄧文蔚的父親鄧嵩閣更加是一個
堪輿學家，他「手扦」了大刀刃高山上的「五點梅花」，因此兒子能高中
香港本土唯一的文進士。不過這兩位名人，在當時的際遇可不算顯達：
鄧自明一直到老死也不知道自己娶了皇姑，鄧文蔚中年才中進士，在赴
浙江上任路上病故。

　　前文已經提及，考索現存鄧氏族譜的記載，可以找到不少蛛絲馬
跡，說明在明代時期，鄧符的「仙人大座」等祖墓，其實並沒有像後來
想像的那樣香火鼎盛，「金鐘覆火」墓更是被子孫侵佔，接近事實上的
失祭。從清代重修「半月照潭」墓碑記所載，在清代初年，該墓也被子
孫所侵佔，因此現在這幾座宋墓中，究竟是否宋代先祖的遺骸，仍屬問
題。不過這也反映出，在明代時期，鄧族後人因覬覦祖先的風水，肆意
侵佔成為常事，當時宗族的管理情形可想而知。

明代初年的其他新界大族，因為祖家同樣來自於江西閩南一帶的緣故，同樣對堪輿有着深厚情結。廖氏的兩代入粵先祖墓「鰲地」與「虎地」，喝形均為動物，後者直到今日，每年祭祀時仍以新鮮豬血祭祀墓旁的白虎石。另一大族文氏，也出了不少業餘的堪輿家，如馬鞍山文心乾家族墓，正中的文南軒墓，正是其親自點穴的。

　　文南軒墓是香港古墓中，最早有確切記載點穴人的一例，從該墓現存的狀況看，不得不佩服其眼光，此地在海拔 60 米左右高度，雖然高度不大，卻非常陡峭，直至今日仍然要靠文氏族人在山路上拉設的纜繩才能勉強登上，當日要將建築材料砂石運送到墓址非常艱難。此墓堂局博大，以馬鞍山為少祖，高聳堅實，前望馬牯纜村為明堂，明秀開朗，村後為企嶺下海灣，海水環迴有情。更難得的是，此墓佔地不過三十平方左右，卻是一片天然形成的毯唇，其背後即馬鞍山的餘脈，高聳而無法攀登，墓左側兩米左右，即為山崖，沒有任何的人為加固和擋土，數百年來山坡卻無傾瀉和崩塌，實屬奇跡。

　　類似這樣的奇異選址，在香港多山的地形中，為數甚眾，鄧氏元代的「寒牛不出欄」所在的位置，也是一片陡峭的山崖，從墓地的月池往外一米左右，即為深達 20 多米的山崖，亦無人工加築的擋土設施，至今無恙。

　　清代初年，經歷了遷界的破壞之後，新界的大族積累了財富，從康熙中期開始陸續重修祖墓和祖墳，現存的龍躍頭松嶺鄧公祠等建築就是當時重修的結果。墓地方面，則是重修了幾處鄧氏的大墓，如「仙人大座」、「金鐘覆火」、「半月照潭」都是在復界之後重修的，這也從一個側面反映了遷界對於新界的破壞程度。

　　從文心乾墓的銘文看，僅記載了文氏三代世系與生卒年、地名等，

而沒有涉及穴場的坐向等數據。清初開始，新界地區古墓上開始記載穴場的山向，以及墓地的喝名，其中最早的一例，當數康熙三十三年（1694）「仙人大座」上記載坐向為「寅甲向之原」，並有「土名丫髻山仙人大座」的記載。

鄧嵩閣墓「五點梅花」墓為康熙中期所建，從其殘存的墓碑看，出現了「手扦」以及「一分」等字樣，可知是他自己選定的穴場並且記錄了座向。

乾隆年間起，香港古墓的碑文上開始出現了地師的名字，比較早期的一例，是圓頭山「獅子上樓台」鄧偶王墓，墓碑年代為乾隆二十二年（1757）。墓銘上說鄧偶王明末過世後一直沒有下葬，到了曾孫鄧啟良這一代，才「發奮好地」選了圓頭山，不過墓碑的左側，又出現了「地師楊振興扦」的字樣，推測是鄧啟良自己選了圓頭山的形勝，而點穴功夫

在新界被譽為風水上乘的侯氏「九曲入明堂」地穴場山上俯瞰，河水從左側蜿蜒流向右側，今日已看不到「九曲」

未精，俗謂「十載尋龍，三年點穴」，因此點穴還需請堪輿師扦定的緣故。

乾隆年間隨着經濟的增長，宗族間對於堪輿和玄學的需求大漲，堪輿家也不甘寂寞，不僅接新逝者的生意，甚至打起了下葬已久的古人的算盤，即所謂「改訂」，將古人的墓碑改動朝向，甚至大規模重修，以賺取酬金。這種情形又導致大宗族內部矛盾，因改訂不僅需要大筆宗族或者眾籌費用，還會導致子孫在將來禍福不等時引起糾紛等，因此不少古墓特意將祖訓刻在墓碑上甚至另刻一碑，提示子孫不可重修。現存較早的一例，是畫眉山鄧氏「虎地」砂手左側鑲嵌有一方嘉慶四年（1799）的楷書碑文，這是由寶安籍的堪輿師王吉人所撰寫的一篇碑文，其中提到：

> 時嘉慶己未，蒙世叔鄧彥修舉引，為太祖修墓定針，奈前者，乾隆癸酉改丙山兼午，閱癸丑歲，又改午山兼丙，茲鑒前修，通盤揆度，決定午山兼丙，碑坐張二，形作太極，胸合元機，乃為盡善盡美矣，其振興也，可立而待也。判曰，一紀丁財進，採芹並食餼。二紀登鄉榜，馬犬兔金羊。斯時逢甲己，瓊林遙報喜。卯酉是科期，天罡惜偏倚，縱有神童居榜尾。千秋萬世休移易，江左真傳師費力。

從碑文可知，虎地今日看到的墓址，已經不是明代選定的原來位置，乾隆十八年經過改動，四十年後又再次更動，在乾隆五十八年的改動之後，才六年不到，廖氏族人又委託王吉人重新定針，推測這段時間，廖氏內部可能出現不少問題。按照沈氏玄空一派說法，丙山王向能兼午則發男丁，丙兼巳則發女兒，古代男權社會，乾隆十八年的改動大概依此。

楊筠松（834-900），明清兩代被奉為江西派堪輿宗師原籍廣東，後

粉嶺廖氏二世祖墓「虎地」堪輿山説碑文細部

在唐末戰亂中帶着朝廷堪輿秘笈南下，在虔州（今江西贛州一帶）傳授門人，江西派由此開宗。此墓改訂的地師王吉人雖然是寶安本地人，但他自稱「江左真傳師費力」，江西在宋代屬於江南西路，亦屬傳統上江左的概念。楊筠松在七十二局說中指出「午山子向兼丙寅」，批語謂「此分金水火不相射、房房均匀，應申子辰年，丁財兩旺，富貴齊來。若得局向真的，則要後托低，陽火行龍，前面戌乾亥玉峯高聳，必有小貴；若有癸方峯起秀麗，乃帶祿之峯，主後代聰明，大利科甲」，其中最重要的乃是第一句「房房均匀」這與此前兩次頻繁的改動墓向，更加可推定這是廖氏各房之間矛盾所致，因此這次最終的改動，所取的正是務求各房均匀為首要。

這也可以解釋為甚麼最後批語說改動之後，能快速發家，還能出「瓊林遙報喜」的效果，但是「縱有神童居榜尾」，也就是說即使出能考出好成績的神童，也只能屈居榜尾。有作者曾經考察過現場，認為王吉人勘察了穴場的「天罡」星位置，即墓地北方的蝴蝶山，因蝴蝶山不夠高聳，出不了科甲高的人才，只堪出小舉人（鄉榜）之類，[2] 但是考慮到廖氏當時最需要的，是「房房均匀」。

2　　周樹佳：《香港名穴掌故鈎沉》（香港：天地圖書，2020 年），頁 117。

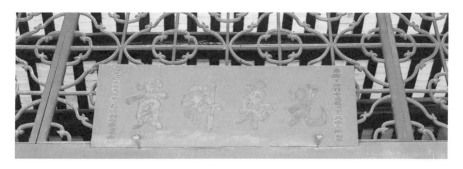

上水廖萬石堂內廖有執兄弟登科的牌匾

此次重修之後不久，嘉慶十二年丁卯（1807），廖氏族人廖有執（1786－1807）在鄉試中舉人，適合地師所說「卯酉是科期」之說，不過廖有執在中舉後不久即下世，根據現存廖萬石堂正中的牌匾，廖有執的名次為第六十一名舉人，雖不是最末，倒也符合榜尾的讖語。另外據鈔本的《廖氏族譜》記載，此墓方位為「午山子向，碑坐張宿二度，穴坐張宿四度，地形猛虎下山，每年定期九月初十日祭掃，黃家壁地師碑文。」現存嘉慶碑上並無黃家壁署款，不知何故。

翻閱現存新界各大宗姓的族譜，凡是成年的男丁，大部分都有記載其葬所、喝名、朝向等，甚至有繪墓地山川形勢地圖，也有些則記載了墓地被其他家族侵奪的記錄，例如金錢村侯氏，雖然在明代已經是大族，卻也免不了與鄰居廖氏和文氏爭奪祖墓：

開基祖侯五郎……後與廖族爭訟金錢村地。

明十二世祖考本泰，合葬於挑頭陂，後為文氏將墓奪去，故今已失祭。[3]

3　《金錢村侯氏族譜》鈔本，據美國猶他州族譜學會攝影資料。

由此可知，從宋代以至明清，新界宗族修譜，之所以要標明葬所，除了方便子孫祭祀，另一則是風水寶地容易為異族所侵佔，而長期不維修的祖墓，也容易成為他人覬覦的目標。

宗族內部，也經常要出現「執行家法」的情形，例如在四排石鄧柱我墓「龍形」穴，本來左右兩側各有一座並排的青磚墓，三座墓在嘉慶重修時是砌在一起的。但是墓碑上赫然寫着「前後左右不許附葬」字樣，前述鄧柱我即進士鄧文蔚的祖父，鄧柱我之子鄧嵩閣精通堪輿，這穴即其所扞，可知「不准附葬」的遺訓也出自鄧嵩閣的吩咐。因此後世子孫將正中鄧柱我墓保留之餘，將左右兩墓墓碑鑿去，現存只剩下碑框。應該就是鄧族後人執行祖訓的結果。

筆者考察清代廣東族譜時，又發現一個有趣的現象，即很多族譜中

四排石鄧柱我墓誌銘特意寫明「前後左右不許附葬」

四排石鄧柱我墓兩側附葬墓碑被挖去

提到因數代家貧，「發奮習葬術」之說，後果自然是出人頭地、改變命運，因此故事才得以流傳至今（至於學葬術不成功者自然煙消雲散了）。在新界墓碑中，這種記載也偶爾可見（例如鄧偶王墓銘文），故事的背景則反映了堪輿說對於清代士人心態的影響。

堪輿學門派眾多，各家皆號稱正宗，本地大族，因祖籍多屬江西閩南一帶，因此又多信江西贛派風水師。前面曾經提到，墓碑上鑴刻地師名字的習俗，始自乾隆時期，後世更有加上籍貫的，例如粉嶺蝴蝶山陳樹芬墓碑框款為「湖南蕭味峯先生指扦」，九龍樂善堂義塚款「江西鄒玉堂點穴」等，這些落款不僅有宣傳效果，也給地師一種壓力，若後世有應凶者，地師同樣要蒙受罵名。其中著名的一例，為大埔大尾篤「海螺吐肉」，此穴號稱風水名穴，下葬於同治十一年（1872），墓碑上地師的

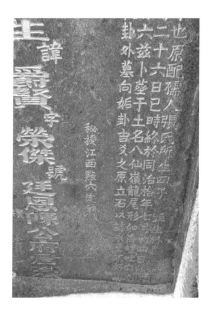

大尾篤陳氏墓「海螺吐肉」基碑上江西派
地師名字被鏟去

東普陀後山茂峯法師基及其堂局

名字被鑿去，其原因眾說紛紜，迄今未解。

現存新界古墓中，地師籍貫和姓名保存下來的不少，有的身分還比較特別，例如「渴馬飲泉」莊彥其墓是由「華首台方丈」所扦定，看來晚清時期曹洞宗的出家人也不乏風水名家，近代香港四大高僧之一的茂峯法師，也精於此學，他在東普陀寺院後的墓地就是其生前自己選定。

倚託歷史上的堪輿名家，也是很多香港舊族風水傳說的必備元素，最廣為傳揚的，則是白玉蟾曾經在香港留下刻着預言的地懺石，即荃灣「半月照潭」墓。根據《鄧文輝祖族譜》記載，三世祖日旭公墓在「淺灣鸞地」：

> 曹公潭三世祖旭公墓，壬山丙向，半月照潭形，今呼為鸞地是也。
> 白玉蟾師遺讖云：長伸左手接星羅，右攬青衣濯碧波。夜靜一潭星宿見，裏頭容得萬船過。有人下得朝陽穴，十三年內即登科。若是世人尋不得，回頭轉問釣魚哥。

族譜傳說鄧符來到新界一帶，欣賞這裏的風水奇崛，決定將江西的幾代祖先遺骸都帶來此安葬。並且在點了鸞地穴時，挖出了刻有此詩的石碑，證實此穴為名師所預言云云。此說在坊間流傳時，往往被訛為「白玉禪師」，考白玉蟾（1134－1229）廣東海南人，祖籍福建，生長於廣東瓊州，是著名的道教南宗五祖之一。不過若情況如鄧氏族譜所記，白玉蟾生活的年代，是南宋初年，而族譜記載鄧符中熙寧二年（1069）進士，則當白玉蟾二十歲時，鄧符早應已過世矣。

類似這樣的讖語，在鄧族及其他族譜中，記載不少，單白玉蟾留下的在香港就不止一處，除了說明白玉蟾信仰在某一時期的流行之外，並無其他可考證的地步。其他傳說中人物還包括賴布衣（明代人認為原姓

應該是屬布衣)、李默齋等，大多不可具考。不過大族如鄧氏族人對於堪輿非常重視，則是事實，其家族中一直有專門研習堪輿地學的成員，迄今猶然。鄧氏的幾穴宋代明代祖墓，確實具備堪輿上的標準條件。其精微之處，則在於除了「半月照潭」為背靠大帽山的大格局之外，丫髻山的「仙人大座」、「玉女拜堂」，錦田村的「荷葉跋龜」祖墓羣等，都屬於平原小山坡結穴，初學者不容易明白，今日香港學堪輿的老師與學徒也經常以這幾穴作教學，「荷葉跋龜」的

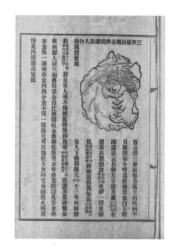

《鄧氏族譜》中詳細記錄鄧氏風水名穴之首「半月照潭」上有白玉蟾的詩句及地形圖

父母山金星特別小巧，相傳蔭發了眾多的子孫，鄧洪儀墓附近，今存共四穴，但據鄧氏族譜記載，這附近至少應該還有鄧銅墓，鄧夫人黃氏墓等，今多湮沒，可能堪輿師功力有高下，或許也與子孫的盜葬有關。

鄧氏與其他氏族的族譜中，都有記載子孫覬覦祖墳風水而盜葬的記錄，除上引金鐘覆火墓外，鄧自明的「狐狸過水」甚至還被刮改墓碑。此事發生在清代乾隆初年，當時郡馬鄧自明的墓，已經日久失祭。某日廈村的鄧侶旦在錦田讀書，偶爾在族叔鄧潔臣的書架上，翻出舊的《東莞縣志》，看到記載郡馬墓位於「五都錦田凹山前」，引發了他的好奇，當時潔臣即將《東莞縣志》搶奪回收起，這事情引發了侶旦的疑心，於是糾合了屏山鄧族一眾父老，與錦田的潔臣等相約到今日「狐狸過水」穴場勘察，現場看到安葬的是鄧萬里的碑，但同時又發現附近有殘破古碑一方，屏山來的鄧氏用隨身攜帶的茶渣刷去青苔，發現了「郡馬」二

大欖轉車站旁康熙進士鄧文蔚墓，墓上方已經建起行車天橋，堂局被破壞

字的右邊耳朵旁與四點，但其餘字被刮去。這一發現使屏山鄧氏非常振奮，不顧鄧潔臣的哭泣阻撓，堅持要挖開鄧萬里的墓一看究竟。

墓穴挖開之後，首先發現砌墓所用的磚，與葬在東莞的皇姑（鄧自明夫人）用磚一致，古代等級森嚴，皇姑墓的材質當然不可能與明代下葬的鄧萬里一樣。再往下挖，則發現墓磚被鑿開一個洞，洞中僅僅容納了一金罌，足證這是盜葬無疑。鄧潔臣見狀哀求屏山族人，說鄧郡馬與鄧萬里分屬同族，雖然盜葬不對，究竟也是一家，能否網開一面。最後兩族商定的結果，就是在現址恢復鄧自明墓，然後將鄧萬里墓附葬其旁，成為今日見到的面貌。而鄧萬里墓的乾隆重立碑上，喝名同樣為「狐狸過水」。

歷史上，鄧族關於祖墓風水，曾經多番經歷自家奪葬，又曾經多番與鄰村，其他姓氏爭奪，甚至與官府（主要是新界租借之後英國人開闢市政和鐵路等）爭取祖墓的維護，不過滄海桑田，始終堪輿家多數敵不過世事變遷，所謂「一等地師看星斗」，許多鄧氏的名墓，小則朝向皆非（如「狐狸過水」、「半月照潭」），大則困居橋底（進士鄧文蔚），星斗之學，實非一般地師能學得來也。

第五章

翰墨之光：墓碑中的香港書法史

李鄭屋漢墓「大吉番禺」細部，攝於博物館展板

曾經有不少書法學者曾經計劃寫香港的書法史，但均無果，原因很簡單，香港開埠不過一百多年，此前的歷史資料單薄，除了少數石刻之外，乏善可陳，只得作罷。

筆者檢索資料發現，幾乎所有討論香港書法的論文和資料上，都沒有提到墓碑和墓誌上的書法，其實將來要寫香港的書法和金石史，墓碑與墓誌將是其中重要的一環。甚至可以不誇張地說，開埠前的香港書法，其亮點多半在山野，而開埠後的重要書法名家，在佳城上都留下過墨寶。

迄今香港書法的開端之作，即東漢李鄭屋漢墓上發現的「大吉番禺」，這些字體近乎篆書向方折的隸書過渡時期的書體，其中「大」字的最後一筆，作圓形飄往上，一直逾越了橫畫，可見當時工匠的巧妙而自由的構思，「禺」字右側也有類似的處理，可視為對第一字的呼應，細看之下，妙趣橫生。「番禺大治曆」則更具隸書方整的意趣，也有漢金文的古樸。雖然未能確認這是香港地區工匠所為，但這些書體無疑代表了當時本地區的審美水平。

宋代的書法，可以布袋澳南宋石刻為代表，這是福建籍的閩人來本地所書寫，字體較橫扁，略帶顏體的氣息。

明代香港地區的書法，此前無實物資料，本書披露的兩件明代碑刻，則填補了這一空白。明初的《鄧龍岡墓誌》，書者羅亨信（1377－1457），字用實，東莞篁村人，明代名臣，永樂二年（1404）進士，授工科給事中。正統二年（1437），北方的阿台王子自塞外入侵，

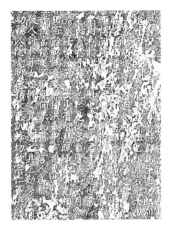

鄧嵩閣墓誌，明代羅亨信所書細部

次年，羅亨信自昌寧出兵，擒都達魯花赤朵兒忽等二十七名，以功升秩一等，並賞賜金帛。正統五年（1440）三月，巡撫宣府、大同。

正統十四年（1449）春，羅亨信任通議大夫右副都御史。是年秋，瓦剌犯境，英宗被俘，史稱「土木堡之變」，羅亨信堅守宣府，宣府成了牽制也先兵力一座漠北邊城，使瓦剌統帥也先最終失敗。明景帝即位（1450）後，提升羅亨信為左副都御史，進三品。同年春，羅擒獲與敵人在城下私自議和的宦官善寧，皇帝賜璽書褒揚他「為國除患」。天順元年（1457），羅辭官之後在家鄉東莞去世，享年81歲。

此墓誌是這位明初廣東名臣存世唯一的書跡，彌足珍貴。用料為黑石，材質與布局與廣府地區發現的明代墓誌完全一致。墓誌雖無年款，從羅亨信和撰寫文字的陳璉官銜看，書體作楷書，兩人都已經辭官，應該在景泰末年（1456）。

墓誌的楷書，與明代初年存世的廣東人墨跡，如陳璉的《楷書放翁仕跡遺墨記》，結體與書風都比較相近。明代初年，羅亨信是廣東政壇

遼寧省博物館藏陳璉《楷書放翁仕跡遺墨記》為目前所見廣東明代文人墨跡最早的一件，可見與羅亨信書體非常接近

上影響最大的人物之一，作為進士正途出身的士子，他的書體遵循明代館閣體的面貌，古樸方整，墓誌的碑額篆書，更是罕見的明初廣東篆書實例之一，圓滑硬朗，有唐人李陽冰的遺意。墓誌的上方凸起部分，認真觀察，有小楷書「一」與「人」字的編號，更可證實這是作為墓室結構中之一塊，支撐墓室磚構建築。

明代東莞（香港在明代早期屬於東莞縣範圍）曾經培養出不少高官和歷史名人，從羅亨信到袁崇煥，都在廣府地區影響深遠，據說到了清初康熙年間，東莞人仍然迷信產自羅亨信墓地的蟋蟀，特別能鬥，即其遺澤的證明。[1]

香港現存明代另一方碑文為馬鞍山文心乾墓碑，筆者曾兩次往實地以放大鏡觀察，此碑質地與香港其他黑石碑不同，並不是一種黑色帶白筋的碑石，而是略帶暗紅色斑的一種石質，近似於端溪硯石，石質較嫩，刻字效果更好。文心乾墓碑無書者姓名，但出自本地文人之手應無疑問，崇禎元年（1628）距離明初有二百多年，書法的審美亦有變化，墓誌的小字不如明初的渾圓，而多了扁平的趨勢，近似於《玉版十三行》，正中一行大字楷書亦具二王遺韻，與清代多學歐陽詢不同。羅亨信的小楷有更多細節上的變化，沉穩厚重，與之相比，文墓誌則簡約明

1　屈大均：《廣東新語‧蟲語》（北京：中華書局，2005 年），頁 601。

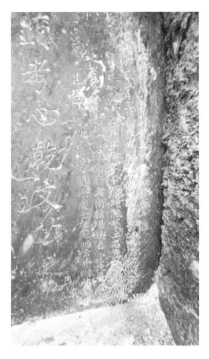

文心乾墓誌局部，反映明代末期
香港地區小楷面貌

鄧符墓誌銘細部，黑石質，書於康熙復界
之後

快，但少了意趣。

　　另外一方明代墓碑則為松園下村何氏墓，但因風化過甚，已經不能完整釋讀，殊為可惜。上述兩方墓碑，足以填補香港明代碑刻與書法史的空白，別具意義。

　　清代初年的碑刻，以康熙朝存世較多，但全部屬於康熙初復界之後的作品，出現在墓碑上的實例，如康熙三十三年（1694）的鄧符墓碑，是較早期的一例，保存較完好，此時距離文心乾墓誌已經過去近七十年，大字楷書多了方正的味道，「縣」字更多出現了歐體的用筆，小字不再近二王，而多了一些明末人如黃道周的古拙趣味。

書於康熙五十二年的鄧粵冠墓碑（金鐘覆火）則更多體現了歐陽詢式楷書的影響，比起二十年前，康熙晚期對於科舉的審美更加嚴格，鄧粵冠墓碑的大字，歐體的元素，如方折的棱角，豎畫粗細的變化等，均顯示出唐楷的特質。與此碑年代相近的錦田水頭便母橋碑，刻於康熙四十三年（1704），楷書則較軟弱，石質亦不如上述兩碑。近年發現的刻於康熙五十六年（1717）的高步橋碑，書寫者為新安儒學訓導盤有光，小楷字體與鄧粵冠非常接近，甚至可能為一人手書。儒學訓導為清代縣級教官，位置在知縣、縣丞、教諭之下，根據嘉慶《新安縣志》，盤有光為德慶人，歲貢生出身，康熙五十一年（1712）到任，訓導作為一縣的重要教官，也是本縣文化人之翹楚，鄧氏作為地方大族，聘請其書寫本族碑銘亦是應有之意。其小楷體勢較古樸，形體趨扁，近似王羲之《黃庭經》。

　　香港現時無發現雍正朝碑銘或墓葬，乾隆初的碑文如塔門天后宮有乾隆八年（1743）所立《葉徐送產碑》，楷書小字與現存幾處乾隆朝的墓碑較為接近，《葉徐送產碑》無書寫人名，落款為「東官徐紹勳葉昂甲」，楷書字體呈現出峭硬的特點，撇捺均呈現重起重收的趨勢。在墓碑上，鄧偶王墓碑「獅子上樓台」與乾隆三十三年（1694）鄧國恩墓楷書小字也同樣顯示出捺筆方啄有力，強調橫筆收束的特點，與康熙朝的剛中帶柔已經不一樣了。

　　嘉慶四年（1799）立的《虎地廖氏風水碑記》是目前香港發現年款最早的清代墓碑之外的碑記之一，其質地為黑石，字口清晰，撰書者為新安王吉人，此人生平無考，從誌文分析，應該是擅長堪輿的讀書人，其書法秀美豐腴，功力不俗。與乾隆朝崇尚骨肉飽滿的時代風格相符，反映了乾隆末年本地讀書人的腕下功夫。

康熙五十六年鄧冠墓誌銘楷書小字細部

鄧偶王墓「獅子上樓台」墓誌銘，可見硬朗的風格比康熙朝多了變化

嘉慶十七年鄧氏「荷葉跋龜」墓誌銘小字，稍恢復了康熙朝的風貌

嘉慶朝的墓誌書法，基本上繼承乾隆朝的餘緒，但缺乏剛勁的收筆，實例如鄧柱我墓誌、天光莆廖仲傑墓碑及后土碑文等。道光朝的楷書則多肥潤，如萬屋村後山「寒牛不出欄」墓碑書於道光二十八年（1848），字體比起乾嘉，更多出現了鬆散和肥扁的傾向。而大字則更為粗獷，如柏架山曾氏福德公墓（修建於道光十七年）、皇后大道東洪聖宮石燈題名等，均顯示出蘇東坡體的肥潤影響。值得一提的是道光朝開始，墓碑上出現了宋體字，早期較輕鬆，到光緒和民國時期，則更為方整和具有裝飾性，此為後話。

　　咸豐朝墓誌較少發現，圭角山上的屏莆鄧春台母子合墓立於咸豐五年（1855），其楷書已經出現晚清時期的柳公權體，與之前的歐陽詢體逐漸分道揚鑣。同治朝開始，廣式新風格墓興起，碑文石材由舊式的黑石變為麻石質地，這個重要變革使墓碑字體由小字變為大字，因麻石不

宋體字最早在道光朝應用於廣式墓碑，直到上世紀中期仍然流行，這是屯門李星衢墓的刻字，左右兩側對聯為桂坫太史手筆

萬屋村鄧壽祖基，道光二十八年刻碑小楷細部

適合刻太小字體。楷書的字體也更為豐腴，此時期的典型則是屯門青龍頭「皇清待旌貞女之墓」，此墓碑以連州青石鑿成，石體細膩，存字多且完好，且為地方武官出資鑿成，能代表當地的審美和書法。正中的大字，與晚清的館閣非常吻合，圓潤光潔，小字學唐代《磚塔銘》，着力在轉角和停頓處，屬於同治朝本地書法的標準面貌。

皇清待旌貞女墓碑，位於屯門青龍頭，為同治朝官書墓碑代表作

光緒朝開始，廣式新大墓最早在港島區的昭遠墳場和加路連墳場（咖啡園）出現，昭遠墳場始建於光緒中葉，何仕文墓的楷書與同治朝分別不大，均為圓潤秀美的楷書，但昭遠墳場出現了香港第一例晚清廣東流行的魏碑體碑。魏碑體即北魏時期流行的一種剛猛的書體，從唐代到清代中期，都不符合士大夫的審美。清代末年，在廣東順德人李文田（1834－1895）的倡導下，在宮廷到文士之間逐漸流行起來。李文田曾經在光緒初年到訪香港，在廈村友恭堂、九龍樂善堂等地留下了魏碑體的墨寶，這種字體應用於墓石碑刻上的時間較晚，當時廣東士大夫頗覺新鮮和推崇，昭遠墳場的「冼母黃太宜人墓」刻於光緒戊戌（1898），正是李文田過世不久，魏碑體開始流行的時期，字體扁中帶方，橫筆尤其有魏體意趣。此墓的后土碑更加是標準的魏碑體，敕書亭也同樣具有北魏的味道，這是香港最早的魏碑體墓碑。

光緒朝墓碑在新界地區較少見到有特色的書法，唯值得一提的是

昭遠墳場冼母黃宜人墓碑和敕書亭字體均為魏碑體

「渴馬飲泉」莊彥其墓碑,光緒朝
楷書字體

「渴馬飲泉」莊氏墓,墓碑為光緒十二年(1887)所立,青石質地,寫刻俱佳,字體在歐體顏體之間,棱角分明、頓挫有力,這與墓主莊彥其的官宦身分有關。

整個清代,香港未發現一例墓碑或墓誌為名家題寫者,反觀明代,卻保留了至少一例《處士鄧公墓誌》,清代缺乏名家墓誌則反應了此時期香港地區在經濟和文化影響上不彰的情形,雖然道光末年香港已開埠,但是移居此地的移民,也缺少有影響力的人物,且多數選擇回鄉安葬。

香港近代出現名家題寫的墓碑銘,熟悉讀者可能會馬上想到名家雲

集的香港仔華永，但事實上據筆者考察資料，發現其實最早的一例應屬香港墳場的徐善亭墓碑。徐善亭（1854－1912）為廣東番禺人，早年在澳洲留學，學習內科和牙科，並且在廣州和香港開設牙科診所，又與孫中山關係密切，是興中會的早期成員之一。因他是基督徒且有社會影響，因此成為香港墳場的早期華人入葬者之一。

香港墳場民國元年所立徐善亭墓碑，其背後為其子徐英才墓碑，兩碑均為吳道鎔太史手筆

徐善亭墓建於民國元年（1912），是香港墳場現存極少數嵌有瓷相的墓，外觀為西式亭子，四根羅馬柱支撐着四角尖頂。墓碑為歐洲白色大理石，當時是非常名貴的建材。

墓碑正中為楷書「善亭徐公府君墓」，左右兩側為生卒年及子孫名，此墓背後為徐善亭早逝的兒子徐英才墓，楷書字體與正面相同。墓碑雖無年款，從字體辨認，為番禺吳道鎔太史（1852－1936）手筆無疑。

清代歷來有請有功名的人士為先人題寫墓碑的習慣，筆者在晚年長期居住香港的光緒癸卯翰林區大原太史（1869－1945）家屬處看到一份珍貴的太史潤例（即書法價目表），其中就有「單行墓碑，每條十元」項目。值得注意的是，太史們題寫墓碑例不落款，故此只能依靠書法辨認。

吳道鎔太史在民國元年來到香港，在陳伯陶的安排下，居住在九龍城龍湫井村，他的書法非常具有個人特色，徐氏墓碑即其典型，所謂「釘頭鼠尾」，並有老辣之氣，且吳道鎔與徐為番禺同鄉，更可證此碑的身分。

區大原太史自訂潤例，其中有墓誌銘、墓碑、墓聯三項，可見在香港這三種需求不少

香港墳場吳道鎔書徐氏墓碑局部，刻工非常精美

　　辛亥之後，一眾廣州的文化人和遺民，紛紛南下香港短住或長居，其中較有影響的，則是在清代獲得功名的廣府文人，功名之中最高的當推幾位翰林，他們名氣和名字早在辛亥之前，就經常出現在香港的報紙上，香港商人和上流社會對此並不陌生。辛亥之後，這些人移居香港，為香港帶來了最早的正統文化，香港歷史上也第一次有了長期居住的有影響文人。

　　當時香港的富商和這些遺民很快就熟悉起來，其中有部分甚至從光緒朝就已經開始建立聯繫，例如玉山草堂的主人李炳，早在光緒三十年前後已經招待過當時過港的左霈（1875－1936）、商衍鎏（1875－1963）等翰林，而客家同鄉的賴際熙（1865－1937）更是李炳的座上客。這些太史公早已為李炳寫下不少墨寶，1915 年，李炳母親成太夫人過世，

大圍玉山草堂李母成太夫人墓細部，賴際熙太史書魏碑字體

香港仔華永戴子豪墓誌銘，龍建章所書魏碑字體

李炳為其擇了大圍銅鑼灣山的吉地，並且花費巨資建了「玉山草堂」（見前文），現在為香港一級歷史建築。而賴際熙為此墓題寫的墓道牌坊、墓碑等，均保存完好，陳伯陶題寫的「玉山草堂」門額，與賴際熙的墓碑一樣，屬於魏碑字體的典型。據賴際熙的文集《荔垞文存》所記，賴際熙還曾經為成太夫人撰寫了墓誌銘，但現在從地面看，未見此銘刻石。

香港仔華永墳場，是香港近代名家撰書墓碑與墓誌最集中的地方，曾經有學者整理為專書，不過未有從書法史角度探討。華永現存的碑刻，從光緒末年開始到近年，可以說是近代香港書法縮影。

早期的富商墓碑誌，多數由擁有科甲功名的進士或者翰林書寫，華永雕刻最精美的戴東培家族墓，上層的戴子豪墓誌銘是整座華永最奢

華的一座碑銘，由重簷加雙龍柱繞護的麻石碑亭鑲嵌黑石質墓誌，誌文撰書者為順德進士龍建章（1872-？），字體仍然保持了北魏的風格。龍氏在宣統年間即多次以郵傳部員的身分來港，民國後出任交通總長等職務。戴東培的女兒為龍氏家族之女，因此得以請龍建章題寫。

戴東培的龍氏夫人墓誌則出於區大原太史之手，刻於連州青石板上，鑲嵌在石砌墓廬牆上，保存完好，屬於區氏小楷中精美之作。區大原的書法以工整平和著稱，昔日香港很多富商家中都懸掛其墨寶。他在華永留下了好幾處碑刻，除了戴氏墓誌，還有高可寧墓牌坊，另外還有一處未落款的墓聯，則為郭少流墓掛榜兩側的行書聯，此聯與高可寧墓相距不遠，書體完全接近。

吳道鎔太史在華永的墨寶集中在馮平山家族的墓區，其中馮平山墓誌銘由吳道鎔撰書，端州著名的梁氏刻工家族刊刻，這方碑石是吳道鎔在香港留下最大的一篇石刻，近年重新塗金使字體有所變形，但仍然能認出其獨特的釘頭鼠尾風格，此外馮平山墓的「來龍」、「土地」兩碑亦

香港仔華永區大原為郭少流所書墓聯，無落款

香港仔華永馮平山墓吳道鎔題寫后土碑

出自吳太史之手，是罕見的名家親書后土碑實例。

　　前述華永墓亭中保存了民初國務總理梁士詒所題的匾額，華永中還有一處梁士詒題寫的石刻，即周壽臣家族的「寶安周家塋地」及墓聯，梁士詒出身翰林，書法峭硬剛健，屬唐代虞世南一路，與廣東其他進士書家有所不同。

　　桂坫太史（1867－1958）的楷書，在清末已經非常有名，他也是南海學者世家之後代，華永的《黃耀東墓誌》是他為富商好友台山黃氏所寫，屬於晚年手筆，沉穩而富儒雅之氣，桂坫太史最後亦長眠於華永，其墓碑為隸書細字。

　　岑光樾太史（1876－1960）是香港最後過世的正科翰林，昔日香港街上經常能見到他的字體，略帶魏碑體勢的楷書富麗文雅。在居港太史之中，他在華永留下的書跡最多，大字如馮平山墓後的「始平兆域」，

華永周壽臣家族墓地梁士詒題字

華永桂坫太史撰書《黃耀東墓誌》，連州青石質貼金

華永岑光樾太史書墓聯，魏碑體
楷書

精美小字如《鄧母曾太宜人墓誌》，墓聯如「馬鬣駿聲」聯等，顯示他過人的館閣功力。

大部分曾經居停香港的進士翰林，在華永都留下了鴻爪，甚至包括了極少為人題字的區大典太史（1868－1937）。不過有趣的是，昔日廣州的富豪名士墓誌，以分撰書最為名貴，即墓誌的撰文者和書寫者分屬兩翰林，在江南和北方一帶，甚至篆額也是另一名家所題，才屬合格，因此前引明代鄧嵩閣墓由兩人分寫。華永雖然名家林立，迄今未發現兩位太史公分寫的一例，值得指出的是，很多相傳為某太史「題寫」的墓誌銘，其實太史只是撰文者，例如很多拜訪華永者必打卡的《利希慎墓誌》，賴際熙太史僅為撰文，書寫者不知名。另一民國名人伍漢持墓誌也由賴際熙撰，不著書人名。

華永亦有少量由兩人分書的墓誌，如《永春鄭美揚墓誌》，由桂坫太史撰文，南海名士崔師哲書丹。查區大原太史的潤例上，有單列「墓誌銘撰寫皆另議」一類的項目，則說明了墓誌的撰和寫是兩個價，而且價格可知非常可觀。

香港仔華永在抗戰後仍然有一些書法名家的刻石出現，著名的蔡元培墓，墓碑和墓誌，均出自番禺葉恭綽（1881－1968）之手，葉氏年少成名，出身官宦世家，也涉身民國初年交通系的政壇，與孫中山關係密切，他的書法以縱橫大氣著稱，此墓碑為用心之作，力透石背，顯示其內斂外剛的氣派。此外民國後期香港的其他書法家，如區建公（1887－

華永蔡元培墓葉恭綽書墓碑及墓誌銘，現已被玻璃擋護

華永程景宣書「黎植槐堂」雲石匾額

1971)、香翰屏（1890－1978）等均有墨跡保存於華永，稱此地為香港近代書壇的「小碑林」，亦不為過。

　　民國時期出現的一個新的書法審美，則是墓碑上開始出現楷書之外的其他書體，中國古代墓誌從漢代之後，就只流行楷書體，篆書只作為碑額使用，行書缺少穩重之感。民國時期，隸書重新流行於墓碑銘，華永也保存了好幾處民國時期名家所寫的隸書墨跡，例如南海著名的畫家兼書家程景宣（1864－1934）題寫的「黎植槐堂」大字，屬於清末流行的光潔沉穩一路隸書，波磔較少而點畫清晰。華永也有用隸書寫的墓誌，如羅香林所撰《袁頌芬墓誌》就全用曹全碑字體刻石。

　　華永之外，港島區也有不少民國時期名家題寫的墓碑銘，咖啡園墳場中保存了幾方重要的碑刻，其一為胡禮桓（1847－1916）墓掛榜的墓誌，胡氏早年在香港讀書，精通中英文，與王韜相識後，立志辦報，成為清末重要的媒體人物。胡氏過世後，與夫人和兒子下葬咖啡園最高處

咖啡園墳場胡禮垣墓，張學華太史書墓誌銘，楷書字體凸起

咖啡園墳場蔡守書羅林遠墓碑，麻石質

的山上。胡氏夫婦墓碑均為吳道鎔太史書寫，無款（吳道鎔與胡氏為好友，曾經為其題寫書名）。掛榜處的墓碑為張學華太史（1863－1951）所寫，此墓誌為楷書，字體近似柳公權，鐵畫銀鈎，為張氏留存在香港古墓的兩處書跡之一（另一處為華永的高可寧墓聯）。此墓誌的特色是以近代蝕刻方法刻在白色大理石上，因此字體是凸出的，是罕見的例子。

　　咖啡園還有另外一方書法珍品，即鄧爾雅等合書的《羅林遠夫婦墓誌》，此墓已遷葬，但三方墓碑誌仍然保存完好。麻石碑框中，並列鑲嵌三方碑文，正中為麻石質的羅林遠夫婦墓，款為民國十三年（1924），字體為隸書，古拙而大方，出自民國初年順德名士蔡守（1879－1941）之手。蔡早年曾經參加南社，也經常參與港島文士雅集，晚年在港以經營古董和金石書畫維生。

咖啡園墳場羅林遠墓誌，鄧爾雅楷書非常具有個人特色

羅林遠墓行狀碑，李根源、王西神等書

左右兩側為墓誌各一方，右面的一方羅林遠墓誌，書寫者為著名的篆刻大家鄧爾雅（1884－1954），鄧氏民國初年在香港已經聲名鵲起，其書寫的碑刻卻較為罕見，此墓誌以黑石刻成，保存非常完好，且書法為典型的鄧氏楷書，平滑中帶有篆書的意味，深具個人特色。碑文前有「騰衝李根源書丹，鄧爾雅篆額」款，然而細察書體，完全與李根源無關，則為鄧爾雅代書無疑。

左側碑文款為羅氏夫婦行狀，落款為「南海崔百越填諱，梁溪王西神篆額」，崔百越名師貫，即前述南海名士崔師哲的兄長，為梁鼎芬表弟，也是當時香港著名的文人。「填諱」是清代一種禮制，即後人為祖先撰寫行狀時，祖先名字不能直接稱呼，請別人代寫，通常為社會名流。「填諱」在南方較少保存，目前香港僅發現此墓誌一例。王西神（1884－1942）字蘊章，號蓴農，清末民初在上海以撰寫報紙評論和辭章著稱，也是南社社員。此碑字體為楷書，無書者姓名，可能為李根源手筆。按羅林遠早年曾經參與北伐，李根源、蔡守、鄧爾雅和王西神都是南社中人，這樣多的文化名人為其撰寫墓銘，可謂一時之選。此碑與民國初年其他麻石或者連州青石質地刻碑不同，黑石較細膩且碩大，雖經百年風雨，仍然清晰可讀，實屬香港古代碑刻殿軍之作。

新界地區雖然保存下來的近代墓誌銘佳作不多，但也偶爾有名家手筆，如元朗大棠沈鴻英夫人墓，年款為民國二十四年（1935），墓碑兩側，鑲嵌有墓聯兩對，以及沈夫人墓誌兩方，字體皆為行書，墓誌的撰寫者為近代史上赫赫有名的吳佩孚（1874－1939），書丹者為來自平樂的顏德璋，是沈的廣西同鄉，民國初年擔任新會縣長，後來又曾在沈的麾下任財政要職，其書法學清末何紹基體，奇崛連綿，有綿里藏針之氣。

飛鵝山百花林聚集了不少清末民初名人的墓葬，其中安葬於同治五

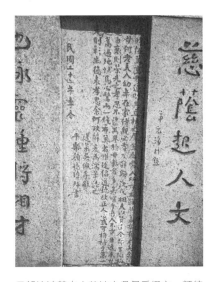

元朗沈鴻英夫人墓誌由吳佩孚撰文，顏德璋書丹

百花林陳氏墓周壽臣題墓聯，約重修於1950年

年（1866）的潮州籍商人陳壽如及夫人合墓，塋環兩側的圓形柱上，鐫刻有香港名人周壽臣（1861－1959）所書楷書對聯「百花挺秀羣峯拱，西貢朝宗萬派流」。陳墓重修於民國庚寅（1950），正是壽伯的晚年手筆，周出身留美幼童，書法功力也不俗，此聯鈎折有力，有凜然之氣。

屯門藍地的李星衢墓，建於1955年，李氏為台山富商，生前樂善好施，藍地的墓地做工精緻，為全連州青石砌，由護嶺、塋環、掛榜、拜台、月池等組成，除了石獅子等石器做工精美之外，墓碑兩側的對聯、墓誌銘均為桂坫太史的晚年手筆，對聯文為：「百粵來龍興寶藏，三台氣象耀雲寰」。墓誌銘鐫刻於塋環兩側連州青石板上，桂坫太史還鈐蓋了一方印章：「海內翰林第一」，這是他仿照俞樾（1821－1907）的一方印章刻的自用印。

佛教墳場之廖寶珊墓誌銘，饒宗頤撰文，郭易敿書丹，約修建於一九六〇年代，已屬香港墓誌銘史上的黃昏時期

沙嶺墳場福建墳場之涼亭墓，商衍鎏題寫對聯

　　位於羅湖沙嶺的沙嶺墳場，始建於一九五〇年代中期，這時候大部分老輩書法家已經過世，不過仍然保存了一些名家的題字，較為重要的，則是福建墳場中，一座中式涼亭上由前述光緒甲辰科（即中國歷史上最後一次科舉殿試）探花商衍鎏所題寫的對聯一幅，由晉江人莊成宗撰文，這時候的商老探花已經年過八十，人書俱老，實屬佳作。

　　進入上世紀六十年代之後，名家凋零，墓誌銘雖然仍然零星可見，不過名家已經不多，佛教墳場的黃梓林墓兩側，鑲嵌了兩方連州青石墓

誌銘，是其子黃允畋（1920－1997）所題寫，字體較平穩，但無甚特色。立於 1969 年的蔡寶珊墓，其墓誌為饒宗頤（1917－2018）撰寫，郭易敓書丹，書體為隸書，比起前述蔡守的隸書，功力遠遜。此後墓誌文化式微，更無足論者。

香港名墓探尋

香港名墓眾多，本書上篇中篇已詳細介紹的古墓，茲不重複，茲以地區分類，將形制、工藝具有價值或墓主為歷史文化名人舉其尤者介紹，單純以堪輿喝象存世者多未能收錄。

新界區諸古墓

文麟峯墓「麒麟吐玉書」

文氏為新界大族姓之一，其始祖文世歌，為南宋名臣文天祥堂弟文天瑞的七世孫，在明代永樂年間，從屯門遷居上水新田，成為新田文氏開基祖先。文世歌的墓地在屯門菠蘿山，喝名「蝦公地」，該墓在 1997 年重修之後，舊物已經無存。

文氏祖先墓較為重要的，有新田麒麟山下的「麒麟吐玉書」，墓主為文世歌次子文麟峯。文麟峯字清玉，夫人趙氏，生七子。今日新田的「麟峯文公祠」，即祭祀此公，麟峯祠的中座叫「吐書堂」，為嘉慶朝客家籍翰林宋湘所題寫，堂名用的就是「麒麟吐玉書」的典故。

文麟峯墓下葬時間是明代初年，因其獨特的風水時常吸引堪輿愛好者來此參觀。此墓的氣勢，比起其父親的「蝦公地」雄厚得多。從公路邊即可看到平地的大墓，其背後的高山尖聳屹立，這座山原名大嶺，因山上無樹木，又有一堆鱗片狀的石頭在山巔，形似麒麟，故又名麒麟

山。墓地為青磚砌作，佔地頗廣，前距公路邊約 50 米，多種竹樹及榕樹，墓地三穴，正中一穴為文麟峯墓，碑文為 1950 年重立，連州青石質，正中為「太祖考鄉飲大賓麟峯府君文公之墓位」，鄉飲大賓，是明清兩代一種尊老制度，縣官在本地區挑選德高望重的老人，每年兩次請來衙門飲宴。文麟峯的這種身分表示他並沒有功名。墓碑右側為其生平，左側記載此墓堪輿喝名與地形方向，落款為「主午科鄉進士揀選知縣來孫鄧晃拜題」，曾有作者認為這鄧晃是進士，實誤。按明清稱舉人為「鄉進士」，鄉試例在子午卯酉四年，故鄧中舉在午，「主午」當為「壬午」之誤。文麟峯墓後的麒麟山，山勢孤聳，確實像麒麟蹲坐，又胸前山石嶙峋，與「麟峯」恰好相符。筆者曾登麒麟山頂，俯瞰遠處，小河似雨帶環腰，青龍側一山坡狀如旌旗招展，白虎方有圓渾小丘如石鼓，氣勢不俗。

麒麟峯下並排三穴的文氏明代祖墓

文麟峯墓碑文

丹桂村明代林發鰲墓全景

丹桂村林發鰲墓

　　元朗洪水橋丹桂村內有兩穴明代始
建古墓，其一為教會學校路邊的明代林
發鰲墓。墓現保存較好，為晚清青磚砂
手式墓，由后土、護嶺、壟環、拜台、
掛榜、踢靴、月池組成，護嶺與壟環仍
保留早期樣式，無雲月，青磚為橫砌式，
亦為較早期面貌。墓碑龕較小，現存碑
為清代重修所更換，黑石質，宋體楷書，

林發鰲墓光緒年重修基碑

正中一行為：「明太初高祖發鰲林公，妣孺人楊氏之墓」，右側銘文記錄
林發鰲為石埔鄉（今洪水橋石埗村）始祖，除了林氏子嗣情況外，並記
錄本山土名為紅水牛軛坑，左側款為光緒三十年甲辰（1904）冬重修，
月池兩側有灰砂砌抱鼓一對。此墓保存較好，並且保留了不少明代特
色，如壟環和護嶺無雲月，青磚橫砌，另外不設后土，皆明代遺風。

丹桂村明代鍾氏孺人墓圖，此墓無護嶺，
屬於早期形制

鍾孺人墓，乾隆十年墓碑

丹桂村鍾孺人墓

　　丹桂村保留數穴明代墓，其中較具文物價值的是鍾孺人墓，此墓位於林發鰲墓路邊竹林內，屋村圍牆邊，為青磚砌砂手墓。無護嶺，設有壆環一重，無雲月，正中有灰砂寶珠一顆。壆環正中為碑龕，壆環為青磚砌人字形，掛榜踢靴為灰砂質，拜台一重，碑為黑石質、楷書，保存較完整。正中一行為：「大明六世祖妣鍾氏孺人之墓」，右側銘文一段，記錄內容為孺人為陶定山的繼室，生于明代正德年，卒于萬曆年間，卒年六十九。較有意思的是，銘文記錄「土名軛坑，先以灰砂成墓」，後因頹壞才重修成青磚墓，可見明代時期本地灰砂墓是常見情形。左側為奉祀陶氏子孫名姓，落款為乾隆十年（1745）二月穀旦，此墓為現存乾隆年款墓中較為早期的一例，比鄧氏「獅子上樓台」及「五龍爭珠」時間更早，但歷經重修，已有所改動。此墓有較為早期的特徵，包括無護嶺（壆環後稍露一層灰砂高聳，無專門護嶺）、無雲月、后土為後代加建等，人字形青磚砌法則為嘉慶之後改裝。

明代鄧松嶺墓「祥雲擁日」

龍躍頭是新界兩條文物徑之一（另一條為屏山文物徑），從明代初年，鄧氏從屏山分支至此，建「老圍」定居，迄今留下了不少古跡，其中保存最完好，最精美的當然是祠堂村的「松嶺鄧公祠」，主祀的鄧松嶺墓位於沙頭角萬屋邊村後山，喝名為「祥雲擁日」。

鄧松嶺原名伯璋，在明代永樂末年，與其子鄧龍岡自屏山移居龍躍頭，並在此開基，因此龍躍頭一帶鄧氏，均奉祀其為開基祖。「祥雲擁日」墓位於數個小山丘羣中，昔日墓前還有一小水池，容納附近山地的雨水，今樹木茂密已不可望遠，但想像昔日能遠眺龍躍頭背後芙蓉峯，亦頗壯觀。

從 1990 年的舊照片可知，墓重修前為護嶺與壆環結構的砂手墓，碑龕較矮小，符合明代形制，掛榜與踢靴均為橫砌青磚，前方為磚砌台階。墓碑原為道光十二年壬辰（1832）孟冬重修所立，據碑文記載，鄧松嶺生於元大德年間，卒於洪武末年，壽九十有六，是稅院郡馬鄧自明的玄孫。

鄧松嶺墓重修前舊照，月安居士提供

鄧松嶺墓重修前道光基碑照片，月安居士提供

鄧松嶺墓在本世紀初經歷大規模重修，今已無文物價值，現存為水泥石米批蕩砂手墓，由護嶺、壟環、拜台、掛榜、踢靴、月池組成，正中為連州青石碑文，為 2008 年所立，唯一保留明代制式的則是拜台與壟環的台階高聳，高度達到 45 厘米。

筆者發現今日墓地附近草叢中，有大量寬扁尺寸的青磚丟棄，有部分還是黃色青色混合青磚，符合明末清初青磚形制。

險絕全港的獅子穴蕭公墓

筆者多年來探訪香港各處古墓，若說位置險絕之最，則首推青山獅子巖下的蕭杰森墓，其形勢只可用「艱險」二字形容。

墓主蕭杰森，生卒年不詳，從姓氏看，很可能為青山村原居民。據青山村民相傳，這個險絕的墓穴，是由一位劉姓風水師所定針。而這位劉姓風水師，因感名穴有主，自己也卜葬在獅子巖頂上，也就是蕭公墓的上方。獅子巖是青山一個山頭，其頂部有數塊巨石，從山腳仰望，形如獅子，從青山腹地「五渡水」往上，較容易到達峯頂。接近山巔，草木稀疏，獅子巖頂先見劉氏夫婦合葬墓，墓碑為潮州式，年款為 1964 年。

從獅子巖頂部往下攀爬，墓穴通道入口非常隱蔽，為一僅容一人上下的石穴，且穴口在一棵山梔子樹下，從洞口往下爬，寬度僅容一成年人垂直爬下。下至高約五米的高度，為一狹窄空間，約兩平方米，不能直立，只能彎腰通過，中間還有一石攔路，要彎腰貼着石壁才能過。過此空間又一小石洞，可見一條能看到陽光的縫隙，這裏並不是穴場所在，從這石洞往下看，是最艱難的一段路，為一條高約三米的斜坡石縫隙，縫隙最高處約半米，只能仰面以手支撐石壁慢慢往下降落，最窄處石壁幾乎貼着人臉。過了這段斜坡才豁然開朗，有一片約四平方米的小

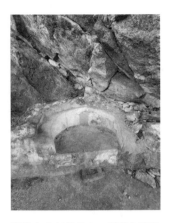

蕭傑森墓位於青山巔，入口隱藏在獅子巖一處石洞中，極為險峻

蕭傑森墓從石洞垂直攀爬的第一道入口，山友李志成先生引路

蕭傑森墓規模很小，隱藏在獅子巖下巴一處極小平坦處

空地，上方正是獅子的下巴。

　　墓地正位於獅子下頜的中部，形制非常簡單，水泥砌的椅子形墓，正中嵌一高約 50 厘米的石碑，上為楷書字：「皇清顯考傑森蕭公墓，眾後裔叩拜」，從碑文及劉氏夫婦葬於 1964 年看，似乎蕭公最早並非葬於此，可能是蕭氏後裔易地重葬。此墓進出均只有一路，且每次只能上下一人，當年能找到這樣一片平地實屬奇跡。從穴場俯瞰，可見屯門與九逕山色，倒是壯觀。爬出石洞，渾身泥土，不知蕭氏後人每年如何祭祖？

西貢劉母邱氏墓「獅子笑天」

　　西貢區歷史較元朗屯門為晚，古代名墓也不多，近代墓中較為人所熟知的，則有機器廠家劉樹棠母親邱氏墓。此墓特別之處，不是規模宏大，而是它的造型，為南方民間獅子頭狀，昔日從西貢公路遠眺孟公屋村山坡，已可見此獨特的獅子頭形象。後方的小山坡並不高，樹木蔥

蘢，頗似獅子鬆毛。墓碑位置為獅子的雙唇正中，護嶺為獅子鼻，為了形似獅子，在護嶺之後的左右各以水泥灰砂雕出一對大型的「眼睛」。

墓主人為坑口村劉樹棠的母親邱氏，劉樹棠起家貧寒，通過在船廠當學徒，逐漸掌握手藝，後來在坑口開設機器廠及船廠。光緒三十一年（1905），劉母親邱氏過世，邱氏相傳為井欄樹村人，當時有一北方南下之堪輿師，為劉氏卜定此穴，並謂此穴遠望牛尾海灣，又有案山一道，扁平而橫胸前，預言必蔭子孫大發。劉與堪輿師一拍即合，即將母親安葬於此。其後不久，他因經營筲箕灣與坑口間的汽船生意而發達，更使他深信此獅子穴的價值。

墓碑為連州青石質，正中為「皇清顯妣劉母邱氏孺人之墓」，右側銘文記錄邱氏為劉君爵之夫人，地形「獅子笑天」，左側年款為光緒三十一年，並有重修字樣，現存碑似為 1978 年重立。

此墓雖然曾經蔭護一時，現在卻已經失祭，墓前有一小碑，為「劉門馮氏墓」，應該為劉氏家族另一媳婦。此小墓正位於邱氏墓正前方，不符合後代附葬的規矩，也許是後來劉家遇上不如意事之故，又在壟環

笑天獅子墓的右眼，水泥砌作，現在已經被樹木根部破壞

笑天獅子邱氏墓碑，標註本基喝名

與護嶺之間，立一仰天水泥碑，上書「劉門邱氏之墓」，然而似乎改葬亦無大幫助，故今日整座墓已經失祭，兩只醒目的大「眼睛」其一已經被榕樹根所纏繞，樹根已將眼珠捆住。另一眼更加崩壞，黑紅相間的顏色塊已然褪色，一代堪輿名墓，亦逃不過失祭下場。

藍地廖氏孺人「黃蛤莆頭」墓

新界地區傳統祭祖風俗中，有一種「食山頭」，即清明、重陽祭祖時，在墓地附近烹煮帶來的祭祀用肉，即場分食。這種傳統來自於昔日肉食頗為矜貴，窮人家一年也吃不上幾回，而祭祖則為難得的能集體吃肉的機會，有肉食能吸引子孫來參與，且能增進子孫之間感情。昔日祭祖的只能是男丁，人數不多，今日女性也參與活動，但食山頭的風氣因在郊野煮食，日漸不便，且市民對於飲食衛生要求日益增加，很多古墓的「食山頭」活動已經改為拜祭之後在其他地方進食。

屯門藍地「黃蛤莆頭」廖氏墓為較罕見的無墓碑式，現在仍保存祭祀時墓前煮食傳統

新界現存在古墓前保留有爐灶的很少，典型的一處則是屯門藍地的鄧母廖氏孺人墓。此墓因地處平地，較為開闊，因此能容納較多後裔參拜及煮食。墓為交椅式墓，一字後屏，無壟環，亦無墓碑。墓在2007年重修，已無文物價值，左右掛榜各嵌一碑文，左側碑文記錄鄧母廖孺人生於明萬曆年間，康熙初過世，葬屯門藍地，喝名「黃蛤莆頭」，莆為粵語，意思是露頭。墓地月池旁有二座爐灶，亦為新建，卻是新界難得的一處保留「食山頭」傳統的實例。

元朗大頂頭鄧勳猷墓

　　新界鄧氏除了培養出香港清代唯一的文進士，也培養了幾位鄉試舉人。道光年間，屏山鄧勳猷（1812－1874）在丁酉（1837）科武鄉試中舉，授武略騎尉揀選尉守備，大鵬鎮總兵。他所創立的「達德公所」迄今仍保存完好，坐落在屏山村口。達德公所得名來自於屏山鄉民組織的

鄧勳猷墓全景

鄧勳猷墓俯瞰氣勢頗開闊

自衞機構「達德約」，其首領人物即擁有舉人功名的鄧勳猷。

鄧勳猷墓位於元朗大棠公庵路後山，土名大頂頭山。墓為灰砂砌砂手墓，由后土、護嶺、壟環、拜台、掛榜、踢靴及月池組成，穴場屬於橫龍結穴，堂局開闊。墓為民國初重修，碑為麻石質，宋體字楷書，正中為：「清廿一世顯考鄉進士勳猷鄧公，妣六品太安人黃氏之合墓」。右側記錄鄧勳猷科舉年月及地名，左側為奉祀子孫名，年款為「皇帝紀元四千六百零九年歲次辛亥十一月」，「鄉進士」即舉人，並非真進士。皇帝紀元本為道家紀年法，只在清末民初革命黨語境中使用，此墓之年辛亥正是辛亥革命之時，當時清帝尚在位，可見新界鄧族對於辛亥革命的積極態度。

蝴蝶山陳天申墓「真武步龜」

粉嶺蓬瀛仙館後山土名「蝴蝶山」，為一大型葬區，大小墓穴錯落排布。其中年代較舊、規模較大的當數台山賭博業大亨陳天申（1849－1925）的墓地，由湖南地師指穴，喝名「真武步龜」，而最為吸引遊客的則是墓前一對花崗巖石華表（見前文介紹）。

墓為混凝土砌砂手墓，由來龍后土，兩重護嶺，壟環，掛榜，踢靴及月池等組成，保存完好。正中墓碑為花崗巖石質，碑框上方為蝙蝠銜福祿壽團，碑正中楷書：「清封資政大夫二品頂戴候補用道銜顯二十三世祖諱錫鴻號樹芬陳公，妣何氏太夫人墳墓」。兩側楷書：「世居新寧縣朗美槎洲村，民國三年湖南蕭味峯先生指扦」。

陳天申為台山華僑，早年在美國舊金山經營賭館致富，後來回香港定居，在港澳兩地捐建廟宇，熱心公益。此墓為湖南人定穴，其年代在1914年，應該是預選生壙。墓地在近年重修。

蝴蝶山陳天申墓「真武步龜」全景

陳天申墓碑文

陳天申墓前華表上雕刻獅子

附：蝴蝶山葉問墓

蝴蝶山名人墓不多，除真武步龜之外，則數半山的葉問墓較為知名。葉問（1893-1972）出身南海，為武術詠春拳大家，因近年系列電影而知名，其墓地也吸引遊客到訪。葉問墓位置在蝴蝶山的山腰，為混凝土砌交椅式墓，墓碑為麻石質，正中楷書：「詠春拳宗師佛山葉公繼問之墓」，並嵌有其黑白瓷相一幅。墓地較為簡樸，無特別裝飾。

葉問基碑

東普陀墓園諸墓

荃灣老圍後山有眾多宗教寺廟，其中不乏歷史較為悠久者，當中規模大而知名度高的首推茂峯法師在一九三〇年代開山的「東普陀講寺」，普陀為浙江佛教名山，傳為觀世音菩薩道場，茂峯法師取「廣東的普陀」寓意，將寺院命名「東普陀」，賴際熙太史題寫的牌坊至今仍然屹立在講寺後山門。東普陀後山及左側山坡，有數座古墓值得一記。

茂峯法師塔

茂峯法師（1888-1964）為廣西博白人，早年曾應邀前往台灣講經。1927 年，茂峯法師從台灣到香港弘法，經過老圍村一帶，見此地飛泉茂林，前臨淺灣，氣象非凡，遂發願在此開山。東普陀於 1932 年落成，吸引了眾多政要和文人到此遊覽，1940 年，蔡元培在香港病逝，因其晚年常到寺遊覽，因此亦在東普陀設靈。

茂峯法師因在抗戰時期和五、六十年代收容各地來寺的佛教徒，因此贏得「慈悲王」的稱號，他也精堪輿之學，東普陀的選址、各殿堂的方位等，都是他親自選定，至今寺中還保存他所用的羅庚等用具。茂峯的靈塔位於東普陀墓園內中心位置，這片地原本是附近張姓村民的葬區之一，保存有張氏民國初年的一座大墓，茂峯建寺時，預留了部分地作墓園，他的墓塔在中間，由圓形墓包、墓亭與一座碑記亭組成。月池裝飾為木魚形狀，是其一大特色。墓前方明堂開

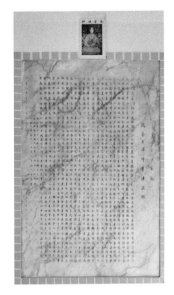

茂峯法師塔銘及瓷相

闊，遠眺荃灣海，背後為大霧山支脈，來龍雄厚。茂峯墓右側為第二任方丈了一和尚塔，規模稍小。

岑氏始祖墓

茂峯法師塔後方，是一座較大型混凝土砂手墓，這是 1959 年香港岑氏宗親會為紀念遠祖岑堯俊而立的神明之墓，亦即紀念性質的墓。岑堯俊原名一猷，為南宋末年河南鄧州人，在咸淳年間遷居廣東新寧，遂成為廣東岑姓始祖。岑一猷墓位於新寧縣城外，縣志記載喝名為「白鶴穿雲」。1959 年因香港岑氏宗親繁多，回鄉拜祭又不便，遂有在港設神明墓拜祖先之倡議。

岑堯俊墓僅一重壟環，墓碑為連州青石，上楷書「粵岑氏始祖堯俊公神明之墓」大字，無款。拜桌上深刻「拜桌，己亥仲秋，裔孫光樾

由岑光樾太史題寫的岑氏先祖墓碑

岑氏先祖墓碑掛榜兩側的岑氏子孫題名，
包括上世紀中葉多位岑姓名人富商

敬書」字樣，為香港最後一位正科翰林順德岑光樾所書，此墓後方有來龍，后土碑各一方，亦為岑光樾太史手筆。此墓立於 1959 年秋，其後不久岑太史即過世，屬於其最晚年手筆，頗為珍貴。

掛榜處有碑記兩方，記錄了此次岑氏宗親會修墓的經過及募捐善長芳名等，參與捐款的包括當時香港岑姓富商岑日初（字卿乾，景賢里第一任主人）、報業大亨岑維休等。

「御林軍前衞」許崇年夫婦合墓

廣州在清代出現很多大家族，人才輩出，大族通常因為有良好的教育背景，以及人際關係網絡等，能夠培養出下一代的才俊。近代廣州最有影響的大家族，當推高第街許氏家族。許氏家族的祖先，於北宋時期

許崇年夫婦合墓碑

從福建遷居潮州，再從潮州遷居廣州，清末曾經培養出尚書許應騤、巡撫許應鑅兄弟等，民國初年又培養了中山大學校長許崇清、軍長許崇智等。許氏家族中，也有不少移居香港，其中曾任孫中山侍衞長的許崇年則長眠在東普陀。

許崇年（1890–1958）是許崇清和許崇灝的親弟弟，他的兩位兄長，都參加了辛亥革命。許崇年也跟隨兄長參與革命，北伐時期，他在粵軍中職務為北伐軍大元帥前衞，總司令部中校副官，其職責為保衞孫中山的安全，故有「御林軍前衞」的稱號。

許崇年晚年移居香港，潛心學佛，其夫人鄧不奴為民國時期廣東著名的女權主義者。許崇年病故後安葬於東普陀，與夫人合葬，墓為單層壟環式墓，花崗巖石質，上鑲嵌許氏夫婦瓷相，形制較簡樸。

離島區諸古墓

離島與香港島，在清代開埠之前，並沒有甚麼太大區別，因交通隔閡，只有少量居民，鮮有大戶巨族選擇居停於此，因此離島現存古代及近代名人墓葬不多，合為一篇略作介紹。

大嶼山

大嶼山古稱大奚，是香港最大的島嶼，比香港島大一倍，但島上多高山，少平原，亦缺乏種植大量糧食作物的條件，古代以來多為漁民或海盜嘯聚之所。

大嶼山上現存最早的有碑記古墓，當數梅窩地塘村坳仔後山的陶崇信夫婦墓。陶崇信是屯門原居民陶氏家族的成員，據墓誌銘記載，其號林間散人，生於明正統丁卯，卒於弘治己未，他生性淡泊，考取了縣秀才之後，立志在梅窩執教，鄉民對其敬重，時常以草糧家禽致謝云云，因此過世後與夫人鄭氏合葬於此，時在明嘉靖年間。

陶崇信墓為水泥石米砂手式墓，歷經重修，現已看不到多少明代的樣子，與普通原居民墓無異，現存墓碑為 1952 年重修時所換。

大嶼山現存清代墓葬均為規模較小型者，北大嶼山醫院旁莫家村山坡有小型墓一座，無壟環，墓碑框為花崗巖石，上浮雕浮雲湧月圖案，墓碑麻石質，有

明代陶崇信墓碑為一九五〇年代重立

同治十一年款及「加副將賞戴花翎」字樣，墓主為廖氏安人，類似這樣的晚清墓，在大嶼山現存尚多，但少見具官銜者。

大嶼山從光緒朝開始，成為宗教寺廟匯聚之地，最初時是道教，後來變為佛教名山。大嶼山現存最早的寺院「鹿湖精舍」，在開山的時候曾經名為「純陽仙院」，其開山祖師為道士羅元一（俗姓陳氏），純陽仙院開創在光緒九年，規模頗壯觀，門額上題字者為閩浙總督何璟（1816－1888），正門兩邊的對聯則為狀元梁耀樞（1832－1888）所題寫，仙院中現存有新安縣府為保護院產所立碑記，說明當時羅道士的勢力頗廣。後來羅在宣統元年過世，其家屬將仙院交託與高僧觀清法師，仙院遂改為佛教道場。

羅道士羽化之後，並沒有葬在鹿湖後山，而是安葬在大嶼山靈隱寺附近，唯心精舍的後山上，這裏俯瞰薑山一帶的深谷，氣勢頗為開張，墓為灰砂砌砂手墓，設有護嶺兩重，壆環、掛榜、踢靴均保存完好，月

純陽仙院開山祖師羅元一墓全景

羅元一墓碑細部

池稍向外，以傾泄雨水。墓碑為黑石質，文字為：「鳳凰山鹿湖仙院開山始祖元一羅煉師之墓，宣統元年歲次己酉仲春吉日，奉祀比丘僧觀清，優婆夷日禪同建」。

這座墓與香港其他清末墓分別不大，有意思的則是墓主為「煉師」，即道士，奉祀的卻是兩位出家人，其中觀清法師來自鎮江金山寺，與羅元一是好朋友。羅創立的「純陽仙院」門額一直保留到一九五〇年代才改為現在看到的「鹿湖精舍」四字。道士的墓由和尚奉祀，這樣的墓碑在香港恐怕也是唯一的。由於在《大嶼山志》中誤記為「民國初年觀清法師到大嶼山，羅元一道長一見如故」，因此今日很多引用者均以為羅卒於民國時期。

大嶼山三大古寺之中，創立最早保存最好的是鹿湖精舍，最「年輕」的則是創立於宣統二年（1910）的薑山觀音寺，開山祖師為葉善開女居士，據《大嶼山志》記載，觀音寺原名「蓬瀛古洞」，葉氏在開創之初，是簡單的幾間靜室，屬於先天道的道場。先天道儒道釋兼修，故洞中供奉觀音像，附近大嶼山的鄉民都來拜觀音，故俗稱「觀音廟」。葉氏與其他修道者依照先天道的制度精修，人稱其為「東姑」。1940 年葉在古洞過世，遺骸安葬在今日觀音寺山門牌坊右側。墓地規模較簡單，為單重護嶺加壟環砂手墓，灰砂砌作，樸實無華，墓碑銘文為：「蓬瀛古洞開山祖葉善開壽塋，乙卯年吉日立」。按乙卯為 1915 年，碑上寫「壽塋」，即預設的生壙，東姑於 1940 年羽化，其後古洞的一眾道姑皈依筏可和尚，古洞也改名觀音寺，經歷多次重修，寺中現存的古物，最早也

大嶼山觀音寺葉善開女居士墓

就是這塊墓碑。

　　大嶼山在上世紀二十年代開始成為
佛教寺廟聚集地，因此山上所存舊墓，
除原居民之外，以僧侶墓居多，除上述
幾座外，較有價值的還有如地塘咀的
寶林寺普同塔，這是一座六角形的石砌
塔，建於 1958 年，塔正立面有鐵門，上
為水泥匾額「寶林普同塔」，普同塔是佛
教徒眾葬的塔，裏面通常安葬多位僧侶
的骨灰。兩側有石米砌隸書對聯：普觀
有漏根身緣生緣滅；同人無為法性即色
即空。上下聯鶴頂格嵌「普同」二字，書
寫者為番禺籍的書法大家馮康侯。塔前
香爐上有「法供養為最」五個字。

寶林寺普同塔由名家馮康侯題
對聯

地堂咀另一處高僧塔是遠參法師墓，塔高兩層，為混凝土砌印度式塔，正面鑲嵌兩方碑文，其一為灰石質碑文，兩側對聯為「法運靈山千古秀，華藏寶塔四時香」。鶴頂格鑲嵌「法華」二字，並有法師瓷相一幅；另一方為隸書《法華寶塔捐建芳名》。法師俗姓高，廣東吳川人，生於 1873 年，卒於 1966 年，因常年在香港弘傳《法華經》，依據《法華經》，提出佛教有權實之別，並主張唯有一乘法才是究竟的，被佛教界尊為「法華王」，與茂峯的「慈善王」等並稱四大法王之一。他在香港有兩處道場，其一在銅鑼灣光明台，其二即在大嶼山地堂咀，抗戰勝利後，就在香港講《法華經》，當年很多信士為了連續聽法師講經，甚至辭去工作。法師圓寂之後，即安葬於此。

大嶼山上有一處不顯眼的近代文人遺跡，是地堂咀半山的「雙樹居」，其舊主人為香山（今中山）人楊鐵夫（1869－1943），名玉銜，字懿生，號鐵夫、季良、鶯坡，以號行，光緒二十七年（1901）舉人，光緒三十年（1904）考取內閣中書。民國間曾任無錫國學專修學校詞學教

遠參法師塔銘文碑

牌坊上書「雙樹居」三字，為楊鐵夫手筆

楊鐵夫生壙形制較為特別，以界石為後靠

授及香港廣州大學、國民大學教授。曾從近代大學者朱祖謀學詞學，後即以箋釋吳文英的《夢窗詞》揚名詞壇。著有《抱香室詞鈔》、《夢窗詞箋》等。晚年蟄居香港，以著述自娛，他所隱居的靜室今尚存，門樓以水泥砌出「雙樹居」字樣，小屋一間，內供佛像一堂。

楊鐵夫在靜室外自營生壙，今日尚存，生壙規模很小，僅得一方小碑與一方界石碑，墓碑為高約 60 厘米之火山巖質石碑，上部稍圓拱，銘文為楷書「香山楊鐵夫詞人墓」字樣，後方為一方形碑，僅有「楊界」兩字。兩碑相去不到 30 厘米，界石碑又比墓碑高 10 厘米，這種結構頗為奇特。

楊鐵夫在香港的詞集名為《雙樹居詞》，其中有一首詞專記此事：

水龍吟　鳳皇山居旁營生壙，漫賦

詞仙宜佔名山，一抔淨土還吾待。燈殘酒罄，鐘鳴漏歇，川終歸海。生豈無涯，死如有約，例難逃外。況老夫耄矣，鹹酸飽飫，翻將絕，驚加駭。

荷鍤劉伶留誡。遇青山、何須價買。無分歸元，生防瘞骨，臨時
狼狽。掘為狐狸，窟營兔近，身焉是賴。付阿誰廝守，馬鬣花事，有
蠻春在。

據史料記載，楊鐵夫在香港淪陷之前，已回到香山故里，雖然沒有
埋骨青山，卻記錄了一段近代詞人與大嶼山的因緣，在香港文學史上亦
不應湮沒。

長洲島

長洲島位於大嶼山與喜靈洲之間，早在明清時期，是漁民與海盜聚
集之地，亦擁有眾多古廟與數處市集，居民較多。長洲島上有原居民墳
場，也有一些較大型古墓。其中最大規模的是民國二十二年（1933）所
立「四邑義冢」，四邑指廣東的恩平、新會、開平、台山四縣。長洲的
益善堂是這四縣鄉民的合眾組織，已經有過百年歷史，迄今仍然運作。
在清末，四邑人已經大量旅居長洲，義冢建成於 1933 年，為安葬長洲
島上過世的無依四邑鄉親。

義冢位於長洲墳場的另一側，面向大嶼山，堂局開闊，官星重疊，
前瞻海水有情迴旋，確具名穴氣象，惜來龍較單薄不相稱耳。墓為砂手
式墓，由兩重護嶺、壘環、拜堂和月池組成，壘環與護嶺均為灰砂砌
作，護嶺正中有雲月圖案，掛榜處裝飾菊花與金錢圖案。碑龕為灰砂砌
廡殿頂，左右灰塑行書對聯：「益澤僑先歸土穴，善修義冢納山靈」，鶴
頂格鑲嵌「益善」二字在內。墓碑為花崗巖石質，正中為「四邑義冢」大
字，兩邊款為「民國二十二年仲夏，益善堂拜祭」，拜桌一方為花崗巖石
質，上刻大字行書「拜桌」及民國二十二年款。

長洲島四邑義塚遠望大嶼山，近處小碑為
按年份安葬的標誌

長洲四邑義塚正面及碑記

　　義塚按下葬年代在護嶺寬大的間隙上以小型水泥碑表示，每年新下
葬的骨灰都會安放在一個小水泥碑下並標記年份。左側有交椅式后土碑
一座，麻石碑文上刻有「四邑后土龍神」。長洲島上另有一座始建同治
年間的醫院義塚（見前文介紹），但規模遠不如這座，在香港的離島中，
這座四邑義塚規模也是最大的。

張紉詩墓（附宜亭）

　　長洲的一處文化景點是家樂徑上的中式亭子「宜亭」，這座亭子位於遊
客上山的必經之路，但很少人會關注亭子是紀念長眠在此的女詩人張紉詩。

　　張紉詩（1912－1972）原名宜，號紉詩，南海人，早年受業於桂坫太
史，並擔任詩人陳融的文書助理，抗戰勝利後移居香港，任教於中小學
校，擅長詩詞和畫牡丹，經常與香港文人詩詞唱和。張過世之後，其丈

夫富商蔡念因懷念夫人，在張氏生前經常遊玩的長洲島建「宜亭」作紀念。

宜亭是一座中式六角亭，紅色水泥柱，綠琉璃瓦覆頂，正面懸掛蔡念因所書「宜亭」隸書石匾，兩側紅色柱上鑴刻張氏手書對聯：「一水抱山朝日月，萬松激響蕩風沙」，各側面均鑲嵌有雲石匾，上刻張夫人手寫詩稿。

宜亭四周有數塊大巖石，蔡念因特意請工匠用水泥覆蓋部分石面，再鑴刻朋友題宜亭的詩句，但歲月也使這些題詩模糊不清，今日能完整讀全篇的刻石已經不多，殊為可惜。

張紉詩墓位於長洲火葬場正面對開的路邊，是一座簡樸的小型墓，唯一容易辨認的是上面以紅色鐵質四柱支撐的水泥小亭頂。大理石質墓碑上方，嵌有張紉詩的瓷相一幀，碑文為「蔡張紉詩夫人墓」，蔡念因親自題寫墓碑。碑兩側有一副長聯，乃是 1978 年蔡念因懷念夫人所撰寫，伉儷情深，令人感動。

長洲宜亭為紀念張紉詩所建，附近多題詩石刻

長洲墳場張紉詩墓

坪洲　塔門　南丫島

坪洲唐宋時期已經有漁民居住，但直到清末因附近海域盛產珊瑚，方便燒製石灰而開始成為工業區。

坪洲

坪洲現時原居民墓葬區很少古代墓穴，唯一值得一提的是位於手指山（坪洲最高峯）靠近山巔位置的林德暢墓。此墓形制較大，且做工精美。

林德暢墓屬於橫龍結穴，背靠手指山龍脈，面朝東灣，由護嶺、壆環、拜堂等組成。護嶺一層，與壆環均為灰砂砌作，壆環正中為雲月圖案。碑龕共兩層，外層為灰砂砌作，上方為雲月圖案。內碑龕與石碑為同一麻石雕成，做工精美厚重。碑龕上方為高浮雕裝飾，左側為丹鳳朝陽，右側為麒麟吐書，正中為雲月。碑龕兩側為浮雕羅馬柱，柱礎則為廣式花籃型。

墓碑正中為宋體字楷書：「顯祖林德暢府君妣趙氏安人合墓」，落款為「民國癸酉重修」。兩旁對聯為：「德望允乎新會志，暢流猶溯獨洲鄉」，鶴頂格嵌墓主名諱。坪洲林氏原居民自稱來自元朗林村和南嶺圍，然而此墓對聯則自稱來自新會獨洲，待考。壆環掛榜有西式圓柱一對、砂手兩側，各嵌麻石一方，上有楷書「林保生堂」字樣。墓左側有后土一座，灰砂砌作交椅式，上方嵌菱形紅色瓷磚一方，麻石質碑文為「林山后土」四字。

坪洲林氏墓為島上最大型古墓

塔門

塔門島從市政上屬於大埔區，原居民多為漁民，雖然歷史可以追溯到明末清初，迄今所見古代墓葬均為清代中後期營葬。有規模者較罕見，在島東面靠近塔門口一側的清代黎進佑墓屬於較早期的一座，墓為砂手式廣式墓，原為灰砂質地，今已改建

塔門島清代黎氏墓

為混凝土石米質地，設有護嶺一道，壟環、掛榜、月池等均保持完好。壟環內碑龕上方鑲嵌「福祿壽」字樣大理石塊，墓碑為黑色大理石質，正中一行：「清十三世祖諱進佑黎公之墓」，右側為墓所在方位，左側為子孫名。墓前拜堂高度不小，可見為清代中期左右原貌。

南丫島

南丫島古稱博寮，漁民在唐宋時期已在此居住，但島上現存墓葬只有清代到近代營葬。島上居民最大姓氏為周姓，著名人物如周潤發即屬其中成員。

現存較大型墓葬多為周氏家族營建，在靠近水塘道側的「十四世縣祖周太公墓」為砂手式墓，由護嶺及壟環、掛榜、月池等組成，墓碑無墓主全名，屬於少見例子，正中一行為「十四世顯祖考周太公墓」，南丫島周氏從康熙初年的六世祖開始遷入，十四世祖當為乾隆末年左右生人。島上尚存十八世祖等墓，此墓所建時期已屬清末，今已全部翻新，無舊物可觀。

另一座古墓位於鹿洲村山巔，為廣式砂手墓，由一重護嶺及墓環、掛榜、月池等組成，前瞻南丫島發電廠及海灣，景色不俗。墓已全部翻新，墓碑為黑石雲石質，墓主名陳就生，營葬於光緒三十二年（1906），碑石亦為新修之後重刻。

南丫島上清代周太公墓

南丫島山巔上的清末陳氏墓

香港仔華永諸墓

香港仔華人永遠墳場名人墓數量眾多，可以專門出一書介紹，篇幅所限，此只介紹墓主身分較重要或者墓葬規模具有代表性者。

一品高官陳望曾

香港在辛亥革命之後，雖然迎來了很多清遺民，其中不乏榜眼、探花、翰林，不過在香港長眠的清代官員之中，官職比諸位太史公高的還有福建籍的一品官陳望曾。

陳望曾（1853－1929），字省三，號魯村，原籍福建漳浦，初居宜蘭，16 歲入泮，同治九年（1870）舉於鄉，後遷居台南。同治十三年（1874）會試登科進士，授內閣中書，先後署廣東雷州、韶州府知府，光緒二十五年（1899）三任廣州府知府，繼而奉委提調廣東海防兼善後總局，管理全省軍需，前後任事二十餘年，光緒三十四年（1908）擢任廣東勸業道，任內創水泥廠，辦理電力、自來水公司，為振興實業不遺餘力，其間並曾歷署按察使司、提學使司等銜，賞賜二品頂戴，誥授榮祿大夫。因久任官內地，鮮少返鄉省親，辛亥革命後退隱香港太平山，民國十八年（1929）過世。

陳是正途進士出身，他的加銜至正一品光祿大夫，因此可算為一品大官。陳墓位於華永南海義墳下方，面朝香港仔海峽，為福建式墓，後屏為花崗巖石質，楷書刻有「福建漳浦陳氏宅兆」字樣，設有護嶺一重，花崗巖石質，正中為龍雲紋樣，比起廣式墓葬常用的祥雲湧月紋較為罕見。墓碑為連州青石質，字體疑似為岑光樾太史手筆。

福建式的大墓，以精美的石雕著稱，除了福建沿海之外，在南洋地

陳望曾家族墓羣氣勢莊嚴

陳望曾墓碑與壟環為
全連州青石雕成

陳望曾墓雕刻於廣式不同，以雙龍繞護

區保存較多，但像陳望曾這樣的清代高官則非常罕見。福建式的石雕，
與廣式不同，廣式石工按照本地習俗，只用花鳥圖案或者動物裝飾，不
雕人物。而閩式大墓則流行以八仙為裝飾，陳望曾墓最精美的雕刻在其
后土碑上，八位仙人各具姿態面目，非常生動。

陳望曾墓左側為陳兩位夫人劉氏、曾氏合墓，兩夫人均獲清廷封一品夫人，按清代制度，婦女品級與其丈夫同等，漢官最高的為一品夫人。

傅氏家族墓

　　來自佛山的傅氏家族墓，由傅翼鵬與兩個兒子，以及傅翼鵬的母親墓組成。傅翼鵬（1860－1936）出生於佛山，在港督寶雲年代，他因接辦了多處政府大型工程而成巨富，致富之後他按照母親李氏的囑咐，在佛山開辦學堂，興辦新式教育，也熱心公益。傅翼鵬的姪子傅秉常1912年報讀香港大學，並成為著名外交官。

　　傅氏家族墓位於南海義塚下方，傅翼鵬父子墓為中西結合式花崗巖石墓，碑龕為花崗巖石質，上方雕琢嘉禾圖案，三座碑均為連州青石質。拜台為花崗巖石質，正中傅翼鵬墓為六角形龜甲形，正中拜石為方形，砌作精美，在華永諸墓中為僅見，左側為傅金城墓，右側為傅楹墓。

　　傅氏夫人墓位於陳望曾墓上方，碑中一行為「清誥封正二品夫人傅母李太夫人墓」，李氏為傅翼鵬之母。1916年，傅翼鵬按照母親的吩咐，在佛山家鄉建築了「傅氏家廟」，今日已成為佛山文物保護單位。

傅翼鵬家族墓裝飾風格頗具民初特色，西方元素較多

傅翼鵬家族墓鋪地採用六角龜背圖案，較為罕見保存完好

按照墓碑上「誥封」字樣，可知李氏是在過世後才得到誥命，其二品應該是兒子傅翼鵬在晚清時期捐的二品資政大夫，但是傅翼鵬與兩子墓已不再使用清代官銜，這反應了民初香港華人對於清代官銜的有趣態度。

戴氏家族墓

來自東莞蓮溪的戴氏家族，其主要人物為戴東培，以經營地產業致富，在一九二〇年代起擔任東華三院總理。戴氏家族墓是華永建築最輝煌的家族墓羣，其氣勢超過了利氏與寶安周氏等本地大族。

戴氏家族墓按山勢分為兩層，層高五米以上，遠眺海峽，氣象不凡。上層為戴子豪夫婦墓，墓後屏為石牆，上有灰砂砌「戴府墳場」字樣。戴子豪墓為典型晚清廣式石工，後屏之下，為兩重麻石護嶺，壘環石工雕刻花籃及廣東水果。墓碑龕與碑均為連州青石。戴子豪夫婦墓左側有遺像亭兩座，麻石質碑框上方浮雕雕刻為蝴蝶紋樣，寓意瓜瓞連綿，下方雕刻纏枝牡丹紋，寓意長年富貴。正中鑲嵌戴氏夫婦瓷相各一幅。遺像亭是晚清特有的新式儀仗，在照相術引進之後才開始出現，今日廣州已經沒有保存完整的遺像亭。

兩座遺像亭中間是高逾兩米的墓誌銘亭，亭為麻石質，框為重簷廡殿頂式，這種制式在清代只有朝廷欽賜的特恩才能使用，但此墓建造已經是民國時期，故無違制之虞。墓誌銘為黑石質，撰寫者為順德人龍建章，龍氏進士出身，曾任交通總長，與戴氏為姻親。

墓誌銘碑前有石雕桌椅一套，又有石雕花籃一對，戴子豪墓雕刻精美富麗繁複，為華永之最。戴子豪本身並非讀書人，他早年經營茶葉，在香港地價低微時買入了產業，也成為戴氏後來經營地產的開端。其四子戴東培，與兩位夫人墓在戴子豪墓下方，採用簡樸大氣的藝術裝飾風

戴子豪墓誌銘亭及龍建章撰
墓誌

戴子豪遺像亭及瓷相

戴子豪墓廣式石雕細部

戴東培墓簡樸的西式風格立面

格（Art Deco），墓碑為連州青石質，宋體大字。墓前為開闊的拜堂，麻
石鋪地，設有墓廬一座，全石砌作，形制簡樸，墓廬中鑲嵌戴氏與兩位
夫人瓷相，由區大原題「永言孝思」楷書大字，並書《龍夫人墓誌》，刻
於一方連州青石。

葉蘭泉家族墓

來自鶴山的葉氏家族，主要人物葉蘭泉（1866－1946）早年畢業於皇仁書院，後應何東之聘請，往南洋辦理食糖等生意。民國初年，葉蘭泉籌組鶴山商會並任主席，復與劉鑄伯等組織華商總會並任司理多年，同時向政府請撥土地興建華人永遠墳場。

葉蘭泉墓廬內部特寫

葉氏家族墓園是華永早期較大型的家族墓地之一，雖然沒有戴東培家族的氣派，卻顯得低調奢華。墓道與墓廬為一體的形制較為罕見，是一座中西合璧的紅磚砌方形亭子，紅磚在 19 世紀後

鐵禪和尚所書葉氏墓羣後屏題字及葉太夫人墓，墓碑為西洋花崗巖石質

期比青磚更加名貴。亭子上方為西洋方格山花，中間嵌有「葉府墓道」字樣，門前蹲伏一對廣式獅子，正面紅磚立面牆兩道，各開一六角形花窗，飾以萬字回文圖案。

葉氏家族墓的後屏，為麻石砌石牆，整潔平整，上嵌一巨型石匾，大字「葉府墳場」及碑記一段，碑記中提到籌建華永墓園的初衷以及自己預營壽地以備他日長眠等，由清末民初廣州著名僧人鐵禪和尚題寫，款為民國十二年（1923），上方嵌葉蘭泉瓷相一幀。葉蘭泉母親的墓後屏有鐵禪所書「昊天罔極」行書，及隸書墓聯一對，嵌葉太夫人瓷相一幀。太夫人墓碑為西式，以名貴的歐洲進口大理石雕成，坐向與家族墓

園其他墓碑並不相同。

台山黃氏家族墓

桂坫太史書黃耀東墓誌銘

　　台山黃氏家族墓位於葉氏墓左側，其主要人物為來自南海的黃月榮，字耀東，其先世祖籍台山，移居南海，在深水埗一帶經商致富後，回南海創辦了著名的石門中學等，又樂善好施。黃氏家族堂號名為「裕昌堂」，墓羣的後屏頗具氣派，為麻石砌作，上方為欄杆式樣，正中為廡殿頂式石雕龕一座，下方嵌石匾一方，刻有「黃裕昌堂墓地」金漆楷書。墓地羣由四座夫人墓與黃耀東墓組成，四座夫人墓在後屏之下，其中最早一座「誥封宜人黃太宜人墓」建於民國五年（1916），屬於華永最早期營造墓地之一。

台山黃耀東家族墓羣

黃耀東墓建於民國二十九年（1940）八月，設在四位夫人墓碑之前，碑為連州青石質，正中一行楷書「民國顯考念二世祖黃公耀東府君之墓」及兩旁小字，為桂坫太史手筆。

墓地左側有碑龕一座，麻石碑框上方雕有雙龍紋，碑龕中鑲嵌連州青石質大碑一方，此為桂坫太史所撰書的《台山黃公耀東墓誌銘》，記錄了黃氏先世起家，晚年熱心慈善等事跡，這是桂坫在香港留下的幾篇長篇碑文中書寫較出色的一座。具有較高書法藝術價值。

鄧志昂家族墓

鄧多福堂墓羣位於台山黃氏墓羣前方，由鄧志昂父子及夫人墓組成，鄧志昂（1872－1932）為廣東南海人，創辦鄧天福銀號，晚年熱心公益，創立多所醫務所，贈醫施藥，並資助香港大學成立中文學院等。其子鄧肇堅（1901－1986）早年協助父親打理銀行，年僅 23 歲即擔任東華醫院總理及保良局主席等。在抗戰前是僅有的幾位華人爵士之一。

鄧氏堂號名「鄧多福堂」，後屏為麻石砌作，正中鑲嵌「鄧多福堂後屏」楷書石匾，匾額上方為「福」字陽文篆書裝飾，兩旁為海棠型石雕欄板。

鄧志昂父子墓

鄧氏家族墓後屏裝飾及文字

墓羣正中為鄧志昂夫婦合墓，左側為鄧肇堅夫婦墓，右側為鄧墓陳安人墓，鄧氏家族雖然顯赫，但生活簡樸，墓地裝飾較為簡單。

郭少流夫婦墓

　　郭少流夫婦墓是華永富商之中低調奢華的一座，位於鄧志昂墓的前方。郭少流（1859－1936）為廣東三水人，富商兼慈善家，曾任東華醫院總理、保良局主席等，1936年病逝後營葬於華永。所謂「低調奢華」，意思是此墓雖然無誇張的石雕羣組牌坊等，但用料毫不含糊，因其坐落於較為平坦的位置，並不像山坡墓地那樣需要後屏，故墓碑和後屏是一體的，也就是說，墓碑高聳且厚實，作用與後屏相當。因此正中的連州青大碑，厚達30厘米，高近150厘米，這樣的大石料，當年價值不知要幾何。

　　墓碑上方為麻石雕祥雲擁月紋樣，浮雲立體生動，兩端各豎立一只連州青石廣式獅子。墓碑正中為：郭公少流郭母何氏合墓，楷書經辨認為區大原太史手筆，兩邊各鑲嵌連州青石一方，刻有鎏金楷書對聯一副，亦為區大原所題寫，兩旁又有麻石砌作欄杆及欄板一組，麻石板上鐫刻

郭少流夫婦基碑及墓讚均為區大原太史書寫，基碑整幅使用一塊巨型連州青石料，為華永之最

郭少流夫婦墓讚文細部

長聯一對，亦為區大原所寫。整座墓地細看之下兼具文氣與富貴之象。

馮平山家族墓

馮氏家族墓的主要人物為馮平山（1860－1931），廣東新會會城人，幼年跟隨叔父在泰國經商，逐步通過藥材和物流業成為富商。後來更成為東華醫院總理，他的慈善事業廣為粵港澳所熟悉，除了籌建廣州方便醫院、香港廣華醫院之外，還在新會一帶建設很多市政與學校。東華醫院的義莊，也是在他和其他慈善家的倡議下成立的。

馮平山墓為一排三座並列的砂手墓與墓廬組成，後屏為麻石質，正中為石雕西洋山花，上有石雕花籃一座及一對廣式石獅子，正中石匾為岑光樾太史題寫「始平塋域」楷書鎏金大字，落款為 1932 年，始平為馮姓的郡望。

馮平山墓誌銘由吳道鎔撰寫，
鑲嵌在墓廬後牆中

馮平山墓連州青石大碑細部，
字體似為岑光樾所書

馮平山墓後屏岑光樾題字

　　三座山手墓均為連州青石砌作，正中為馮平山墓，兩側為其兩位夫人之墓，用料極為奢華。正中的馮平山墓，墊環和砂手、掛榜均為連州青石，墓碑上方為五福擁月浮雕，墓碑正面一行為：「前清誥授中憲大夫光祿寺署正，民國特授四等嘉禾一等獎狀顯考平山馮府君之墓」，左側為三位兒子的落款。馮平山兒子之中，最為香港人熟知的是馮秉芬爵士（1911－2002），馮爵士墓在馮平山墓的左側墓廬之中，仰天石碑安放在《馮平山墓表》大碑之下。如前所述，此墓基表為一巨大連州青石，外鑲麻石碑龕，墓表全文為吳道鎔太史撰寫及書丹，來龍及后土碑，也由吳道鎔書寫，是一大特色。刻字匠為梁俊生，是高要籍的著名刻工，廣州很多大型碑刻出自其手筆。

周東生墓

　　不少香港古墓迷喜歡在華永尋覓「陞官圖」，即尋找華永長眠的清代一品至九品官職墓主。其中最高職官的當推前述正一品光祿大夫陳望曾，但另一位一品官的墓卻相當低調，幾乎不為人所注意，就是位於高可寧家族墓旁的周東生墓。

　　周東生（1856－1936）原名周榮曜，南海人，因排行第十，坊間人稱周老十。早年在兩廣總督譚鍾麟的庇護下，出任粵海關書吏，這個位置雖然職位不高，卻是一個肥缺，周在舅父手中接過這個職位，多年經營之下，貪污多達萬兩白銀以上。光緒末年，廣西籍的岑春煊接任粵督。岑素以對官吏嚴酷著名，有「官屠」之稱，他在此前任廣東布政使，早對周東生貪污有所耳聞，上任之後，即參奏其貪墨諸事。周聞風即帶着小妾逃亡泰國，輾轉定居香港。此事在晚清民初廣為傳聞，甚至有人寫成小說《周東生十載繁華夢》，坊間則流傳有「周東生嫁女：不求人」的歇後語。

　　周東生在 1936 年病逝於香港九龍帝街 39 號寓所「榮祿第」，當時香港《華字日報》亦對此有所記載，從榮祿第發引，再由港石碼頭登岸，經過永別亭祭祀之後，安葬華永。

　　周東生在晚清富甲一方，但晚年已經大不如前，榮祿大夫是從一品銜，比陳望曾的光祿大夫稍低一點。周墓現在被前後墓碑所圍繞，已經不容易拜訪，後屏為麻石質，正中石區為「周榮祿第地墓」楷書字樣，墓碑稍向西扭碑，碑文花崗巖石質，外鑲混凝土石米碑框，碑框上方為雲月紋飾。墓碑魏碑字體碑文為：「清封榮祿大夫諱榮曜號東生周府君一品夫人周繼母馮太夫人合墓」，落款為周榮祿第子孫立石。周東生有夫人及眾多小妾，但跟隨南渡香港的只有馮夫人。周東生到港後，仍然

周東生墓碑　　　　　　　　　周東生墓前一對石獅，形態
頗為尷尬

坐擁巨資，據說當年香港的重慶戲院就是周為了博取馮夫人一笑而建
立的。

　　周東生晚年落寞，有子九人，但其墓今已不為人所注意，兩隻石獅
子頭緊靠前方墓碑後背，其狀頗為可憐。

高可寧家族墓羣

　　高氏家族墓羣位於華永最靠近香港仔海峽的一側，其位置原朝海
峽，並正好位於山坡的突出部分，堂局不俗。可惜歷經數十年滄桑變
化，現在墓前已矗立起工廠大廈，前景被阻，幸墓羣面貌未變。

　　高可寧（1878－1955）番禺沙灣人，幼年貧困，後在澳門經營博彩
業致富，抗戰前，與著名富商傅老榕一起投得澳門賭博牌照，因此成為
澳門巨富。後來移居香港，並且在香港開設多家當鋪，為省港澳著名的
典當業大亨，也熱心慈善，為東華醫院捐贈不少設施。

高可寧家族墓全景

　　高可寧家族墓羣建築較具特色，前
方為牌坊一座（見前文介紹），雙柱單
間，其上楷書「朝氣長存」與對聯均為區
大原太史所題寫。

　　由於墓地選址局限，後屏與上層
之間高度超過兩米，而前方山坡又較陡
峭，因此墓羣設計將墓碑鑲嵌在後屏之
中，不設獨立的壟環，在上世紀中期，
這是一種比較新穎的概念，也反映了當
時的風氣已經將壟環視為過時。

　　後屏為麻石砌作，上方有大型石
匾，上刻「高德成堂」楷書鎏金大字。
一字並列的五塊墓碑，正中為高可寧墓

高可寧墓，張學華太史題墓聯

碑，左右兩側為幾位女眷的碑，立碑時間從 1955 年到 1994 年不等。墓碑均為連州青石質，保存完好。

高可寧墓另一特色是後屏向左右兩側各伸出一段石牆，起砂手的作用。兩牆各以一段石柱作支撐，其上刻楷書對聯一副：「苦盡甘來天玉汝，福隨心至地留人。可寧道友自營生壙屬題，羅浮閣道士張學華」。

張學華太史的書法刻石，現存於香港的並不多，僅見此石柱對聯和咖啡園墓園的胡禮垣墓。對聯暗含着高可寧早年貧苦的生活，並且以「道友」相稱呼，清末廣東士大夫喜歡奉道並且有道號，高可寧很可能就是這種信徒，張太史卒於 1951 年，因此寫「生壙」說明當時高可寧尚在世已經營造此墓羣。

霍芝庭墓

霍芝庭墓位於高可寧墓右側，他的事跡今日已經較少人提及。霍芝庭（1877－1939）廣東南海人，早年助父經商，1910 年為岑春煊所設新軍籌集軍需品，後又承攬陳炯明陸軍軍需品的供應，成為暴發戶。1915 年起，霍芝庭在廣州開辦煙賭業，但陳炯明任廣東省省長兼粵軍總司令時禁止煙賭，遂逃至香港，入葡萄牙籍。1925 年起，霍芝庭先後在宋子文、陳濟棠的支持下，大辦煙賭業，以所得利潤開辦企業，1936 年因參與陳濟棠、李宗仁等人倒蔣（介石）活動，避居香港，1938 年在澳門經營木柴生意，並投資興建國

霍芝庭墓，連州青石碑與雲紋繞護的麻石墓環

際酒店，1939 年秋在香港病卒。

霍芝庭在抗戰前是省港澳著名的富商，傳說他早年貧寒，靠做收買佬為生，後來收購到十二尊誤認為銅質的金羅漢像而致富，並由此成為巨賈。其子霍寶材後來成為銀行家，也是著名的文物收藏家。霍芝庭墓為單壟環式砂手墓，雖然佔地不大，卻頗低調奢華：壟環為麻石砌作，上端有一圈浮雕雲紋，壟環以每邊六塊大麻石砌成，雲紋環繞整座壟環，此種裝飾在華永為孤例，砂手兩側為廣式石獅子一對，雕工威武。墓碑為連州青石質，正中鎏金楷書：「顯考芝庭

霍芝庭墓的廣式石獅子座上也遍刻雲紋，較為罕見

霍公墓」，兩側寫方位及子孫名。墓碑上方為雲蝠紋樣，四周浮雕牡丹和龍紋，極為繁瑣，后土碑亦為連州青石質，拜桌為麻石質，四周滿鑿雲紋，石獅子座上亦全用雲紋裝飾，顯得較為莊重而脫俗。

伍漢墀夫婦墓

伍漢墀夫婦墓位於霍芝庭墓右側，在華永靠近香港仔海峽的最前排，但現在海景已經被樓宇所阻擋。後屏為麻石牆，上鑲嵌「伍存一堂先塋」楷書字樣。

伍漢墀（1877－1923）生於香港，在皇仁書院畢業，從事南北行貿易，辛亥之前已經獲政府委任為東華醫院和保良局總理，1913 年華永成立伊始，伍即參與管理委員會工作。1922 年，他促成西環贊育醫院

伍漢墀夫婦墓碑框與上方裝
飾頗為特別，墓碑兼具清代
與民國封銜

伍漢墀墓誌銘，款署「舊史官
賴際熙撰」

創辦，同年獲政府委任為定例局議員，可惜不久即病逝，得年 46 歲。

　　伍漢墀夫婦合墓為壟環式墓，壟環與墓碑均為連州青石質，光澤
照人，墓碑上方為祥雲擁月紋浮雕，並鑲嵌伍氏夫婦瓷相，民國初年瓷
相流行之時，在墓碑上鑲嵌瓷相成為時興，伍墓則將瓷相鑲嵌在傳統上
雕刻雲蝠的位置，屬於一種創新形式。墓碑正中楷書鎏金字：「中華民
國特授三等嘉禾章，清封資政大夫顯考漢墀伍公府君，二品夫人顯妣陳
太夫人墓」，碑龕兩側浮雕對聯一副：「山環水繞活屏障，地久天長衡氣
機」。對聯所指乃是當年墓地位置面對海峽，對岸有香港仔山一道作為
案山。這副小對聯裝飾精緻，上方為蝙蝠一對衡着對聯，下方為廣式花
籃，分別裝着佛手和石榴，寓意吉祥。拜桌為連州青石，裝飾蓮花狀燭
台及海棠型香座。

伍氏夫婦墓後方，有碑亭一座，麻石碑框為廡殿頂式，中鑲嵌大碑一座，為賴際熙太史所撰寫的墓誌銘，屬於華永保存的居港太史墓誌名品之一。

唐紹儀墓

華永安葬着眾多曾經居港的晚清民國官宦富商，若論民國人物，職官最高的當屬國務總理唐紹儀（1862－1938）。唐紹儀是香山唐家灣人，早年曾就讀於皇仁書院，後往上海學習經商，同治末年加入第三批留美幼童，一度考入哥倫比亞大學，但後來被清政府召回。1884 年，唐紹儀被派往朝鮮平定甲申之亂，因而結識袁世凱。1910 年，唐署任郵傳部尚書，清制尚書為一品官，即以清代封銜而論，他在香港長眠的人物之中也是最高等級的。辛亥革命爆發之後，唐被清政府任命為清廷議和代表，與代表民國的伍廷芳談判，雙方代表均為廣東人，也是當年的趣談。

由於密切關係，民國元年（1912）袁世凱任命唐紹儀為首任國務總理，但數月之後，唐即因袁欲大權獨攬而辭職，並於此後長居上海，與孫中山的關係若即若離。1938 年，唐紹儀已 78 歲，日本佔領上海之後，唐隱居法租界，蔣介石擔心其出任日本人的偽職，戴笠掌握一定證據之後，報請蔣介石下令制裁，由軍統局上海行動站負責在其府邸內殺害。唐遇害之後，于右任等元老向蔣提出抗議，蔣於是下令支付治喪費5000 圓並將唐事跡「宣付國史館」以息事寧人。

唐紹儀墓位置在一處凸起的山坡角上，較為低調，佔地面積不大，不容易發現。後屏因地形三角而作摺疊狀，混凝土石米質地上裝飾以祥雲紋樣石匾。壟環為混凝土質地，墓碑則為連州青石質，雕刻精美，上方為五福捧月浮雕圖案。墓碑正中楷書鎏金字：「中華民國首任內閣總

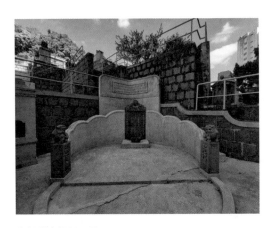

唐紹儀夫婦墓全景

唐紹儀夫婦墓碑為連州青石質，
保存完整

理顯考唐公紹儀字少川，嘉諡溫良恭儉顯妣吳維翹夫人墓」。所謂嘉諡，是沿用古代的習俗，諡法原本是朝廷賜予的一種給死者命名的禮法，表示嘉獎過世者的功績等，至於私家的諡法，稱為私諡，多用於婦女，尤其是南方比較流行，此墓碑中的「溫良恭儉」，即是私諡。

墓碑兩側刻對聯一副：「癸爵紀佳銘，奕世子孫其永寶，丁年登顯宦，生平功業足懷思」。因為墓地方位為座癸向丁，故對聯以鶴頂格鑲嵌「癸丁」二字。壟環砂手兩側，有連州青石獅子一對，底座浮雕瓶花裝飾甚精美。

蔡元培墓

蔡元培墓是華永地標之一，雖然建築和裝飾非常簡樸，然而墓主的名氣卻是華永諸墓之冠。

蔡元培（1868－1940）為浙江紹興人，近代教育家、革命家，早年科甲出身，中光緒庚寅科進士，並選庶吉士，原本應該有一條很正常的

入仕之路，但是他思想很開明，戊戌變法失敗之後，他離開翰林院，到上海新式學堂任教，並且加入同盟會，又留學德國三年。辛亥革命後，蔡元培回國就任北京大學校長，在任內將北大培養成新思想的搖籃，1927年起又籌辦民國大學院、中央研究院等機構，倡議成立國立藝術院，提倡美學教育。抗戰開始，蔡投身抗

蔡元培墓地，葉恭綽撰碑銘，為防止遭破壞而加上透明擋板

日，與宋慶齡等籌組中國人權保障同盟。全面抗戰爆發之後，蔡元培年事已高，離開上海移居香港，一直深居簡出，期間只在「保衛中國同盟」發表過一次演講。1940年3月，蔡元培在家中跌倒，被送入養和醫院，並於3月5日逝世，安葬華永。

　　蔡元培墓結構簡單，墓碑與墓誌銘由四方連州青大石組成，由葉恭綽撰寫，墓碑為行書字體「蔡子民先生之墓」字樣。蔡元培墓自抗戰之後，一直沒有遷回內地，北大香港校友會等組織也自發每年祭祀。2019年11月，墓碑曾經遭到破壞，為防止再次遭到破損，現在墓碑與墓誌銘上加設了塑料擋板。

馮帥韓夫婦墓

　　馮師韓（1875－1950）為香港民國時期著名篆刻與書法家，廣東鶴山人，齋名百漢鏡齋，晚號無沙老人，早年就讀皇仁書院，後往天津北洋工業學校，曾參加甲午海戰，後回到香港以書畫家終老。他的隸書沉

馮師韓夫婦墓

馮師韓墓誌銘由馮氏女兒，有「才女」之
稱的馮文鳳撰書

厚穩重，篆刻學黃士陵，為世所珍。馮師韓夫婦墓在蔡元培墓下方，設
計較為特色，並非廣式風格，樣式為中國傳統碑刻造型，以一頭巨型贔
屭（即大龜）背負大碑，碑額亦為傳統漢唐制式，正中為篆書大字：「馮
公師韓之墓」。馮夫人墓為簡樸花崗巖方形石碑，上篆書：「馮母李太夫
人墓」。馮氏夫婦墓有花崗巖石後屏一道，上嵌墓誌銘一方，乃馮氏女
兒馮文鳳以隸書撰寫，馮文鳳早年即以才女著稱香港，甚至得到孫中山
的接見，後長年居上海，是著名的「女子書畫會」創辦人之一。

周壽臣家族墓

華永留下眾多清末民初高官的書法字跡，連國務總理梁士詒也在此
留下了幾處墨寶，除了「四望亭」題額之外，尚有周壽臣的墓碑題額和
對聯。梁士詒不輕易為人題字，由此也能看出周壽臣的身分特別。

周壽臣家族墓羣全景

周壽臣父母合墓碑，左側可見其題名

周壽臣墓碑

　　周壽臣是典型的香港本土人士，1861 年出生於香港黃竹坑，早年
被選為第三批留學美國幼童，與詹天佑等為同學。被清政府召回之後，
他先後出任招商局副幫辦、關內外鐵路總辦等職務。辛亥革命之後，他
回到香港，開始在香港從政，因其精通英文和豐富的行政經驗，港督任

命其為第一位華人議政局成員，成為華人和英國人之間溝通的橋樑，更與港督金文泰一起受封為英國爵士，是當時僅有的四名華人爵士之一。抗戰勝利後，他歸隱林泉，1959 年病逝，享年 97 歲。

周壽臣家族墓由其父親周錦書夫婦墓與周壽臣夫婦墓等幾座組成，最先營建的是周錦書墓，後屏由梁士詒題寫「寶安周氏塋地」，落款為民國十年孟秋。周錦書墓碑為麻石質地，上方為雲蝠湧月紋樣，周錦書（1832－1892）因兒子的身分獲得清封資政大夫，配偶吳夫人則獲封二品夫人。墓碑上註明「民國十一年遷葬」，即周錦書原本並非安葬於此，因此拜桌鑴刻有金塔安葬方位的提示（見前文）。由此可以看出，民國初年，大家族對於公墓的概念已經接受，即使顯赫如周氏家族這樣的本土人士，也接受讓已經入土多年的父親再遷入永久公墓中。後屏兩側鑴刻梁士詒所書楷書一對：「閱盡滄桑歸泡影，永留喬蔭護雲礽」，兩側為周錦書的兩位夫人墓，後屏為西式山花結構，似乎暗示了墓主的中西結合文化背景。

周壽臣墓在其父親墓左側，墓碑為花崗巖石質，上方鑲嵌周氏瓷相，墓碑正中楷書：「二十四世顯考壽臣爵士周公府君之墓」，左側為生卒年，右側為子孫名及紀年。周壽臣墓結構樸素簡單，也反映了上世紀五十年代末，社會風氣的變遷。

利希慎夫婦墓

華永眾多名人墓葬，吸引了香港一眾堪輿家的眾說紛紜，關於哪一座的風水最佳，更是見仁見智，不過在芸芸眾墓中，利希慎墓的風水，則是公認最佳之一。

利希慎墓位於墓園中部，背靠太平山的落脈，後靠有力，前瞻香港

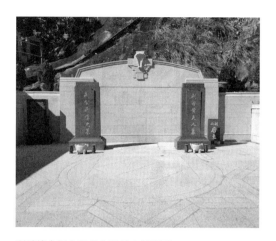

利希慎夫婦合墓後方可見山骨巖石

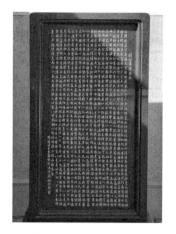

利希慎墓，賴際熙撰墓誌銘

仔海峽（今日已被遮擋），左右砂手環抱，穴場正好位於山坡的突出部分，大有指點風雲之勢。

利希慎（1879－1928）為廣東新會人，其父親為早年的赴美華工。利希慎生於夏威夷，早年就讀香港皇仁書院，並進入匯豐銀行工作，後來繼承父親的鴉片生意，成為省港澳著名的公煙（鴉片）大王，後又發展銅鑼灣一帶地產業務，1928 年因生意糾紛，被仇家派殺手在中環連開三槍被害。

利希慎夫婦墓地勢不凡，裝飾卻相對簡單：墓廬一座，為西式石屋，外牆線條沿着山坡為半圓形，後屏為麻石質，西式山花拱頂，無石額，並排兩座墓碑，為綠色大理石質，左側為利希慎墓，右側為黃氏夫人墓，後屏背後即為山坡的石骨，堪輿家由此得出龍脈之說。

此墓的一個看點為賴際熙所撰墓誌，賴際熙與利希慎關係頗為密切，也成為當年不少遺民對賴氏的疵議之一，此墓誌收入賴氏文集中，

其中對於利的遇刺，用了「征羌舞陰之厄」，這是漢代征羌侯與舞陰侯的典故，比喻刺客，可見當年文人的學問之高深。

桂坫墓

桂坫（1867－1958）為廣東南海人，出身學術世家，光緒二十年中進士，選翰林院庶吉士，官至浙江嚴州知府等，後長期在廣東各大書院任教，辛亥之後在香港居住，抗戰時期回到廣州，1949年再次南下，並在香港逝世。

桂坫是民國時期廣東清遺民中德高望重的一位，學問淵博，書法尤其著名。他也是長眠在香港的四位清代翰林之一（其餘三位是蔡元培、左霈、岑光樾）。華永內《黃耀東墓誌》即為桂太史手筆（見前文）。

桂坫太史墓非常簡樸

桂坫墓位於華永的高處山坡，佔地不大，墓碑為石米碑龕，上有簡潔雲月圖案。墓碑為花崗巖石質，正中隸書一行：「清翰林院檢討桂公南屏之墓」，字體似為南海籍名家羅叔重手跡，右側為戊戌（1958）年款，左側為子孫名，無拜桌亦無瓷相，顯示這位老太史的質樸一生。

荃灣華人永遠墳場

岑光樾墓

岑光樾（1876–1960）為順德桂洲人，早年跟隨簡朝亮學經史，光緒三十年中進士，並進入翰林院，後官至侍講銜翰林編修，辛亥革命之後移居香港，抗戰時期曾返鄉，後又回到香港，長期主講學海書樓，並創立私立成達中學。

岑光樾居住香港時間長近半世紀，學生眾多，影響較大，他的書法很早就馳譽文壇，光緒三十年是中國歷史上最後一科殿試，這一科的進士題名碑即由岑光樾書寫。岑光樾的書法，今日在香港各大廟堂館所仍保存不少，他的墓位於荃灣華人永遠墳場。

岑光樾太史墓碑

岑光樾墓規模較簡單，墓碑龕與桂坫墓一樣，為石米質地，上方鑲嵌岑太史瓷相，長鬚飄然，下方有簡單的雲紋裝飾。墓碑為連州青石質，正中楷書：「清誥授通議大夫翰林院編修顯考敏仲岑府君之墓」。這則銘文嚴格遵循了清代的墓碑規格，先是封銜，再寫職官，然後是墓主名，而在抗戰之後，這樣的寫法已經非常罕見了，可見岑太史家風的傳統。相比起此前兩年過世的桂坫墓碑，其寫法也未臻嚴謹，岑太史的墓碑可能是香港最後一塊具清代實授職銜的碑刻。

沙嶺墳場

　　沙嶺墳場位於羅湖沙嶺村後山，這裏距離深圳邊界只有一條小河之隔，昔日是邊陲禁地，今日只有清明重陽才開放供拜祭。沙嶺墳場於一九五〇年代開始建設，現存比較具有工藝價值的則是 1957 年遷來的福建墳場。

　　福建墳場原址是在港島的雞籠環一帶，始建於 1917 年，後來 1947 年港府要收回土地，福建墳場董事會遂將原來的部分墓遷移至此。這裏保存了一些抗戰前的墓碑和石雕。其中規模最大的則是福建先友之墓。

　　福建墳場規模頗為完備，前有牌坊一座，由書法家謝熙題寫隸書對聯，又有山亭一座，由探花商衍鎏題寫亭聯（見前文）。福建先友之墓為福建式大墓，設有墓環一層，墓環正中為烏龜背狀石雕墓包，正中隆起，符合福建風格。前為山字型墓碑，背為青石質，正中為「福建先友之墓」楷書大字，兩旁為閩南風格石雕龍柱一對，再兩旁為牡丹鳳凰浮雕裝飾牙板一對。碑下方為一青石巨型拜桌，正面有篆書銘文，記錄年份為庚申（1921），應該為雞籠環遷來之原物。拜桌前有青石雕大型燭台及香爐一座，砂手與踢靴均為青石砌作，轉角處有石獅一對，欄板全部帶有浮雕裝飾，工藝精湛。

　　此墓之后土稱為「福神」，亦為青石雕成，應為百年原物。先友墓下方有一座較為引人注目之閩式青石墓，為福建商會創辦人杜正（1857－1940）之墓，青石大碑上楷書：「民國四等嘉禾章顯考四端杜公之佳城，念玖年季夏卜」，左側為子孫題名。杜正為福建同安人，幼年家貧失學，到香港打工並且創辦自己的商號，為人樂善，黎元洪總

沙嶺墳場福建先友之基正立面，可見墓碑
兩側的精美閩南石雕

福建先友之基包由六角青石砌成龜背樣
式，頗為特別

杜正之基碑為 1940 年所立

統頒授其四等嘉禾勳章以示表彰。他在 1916 年創辦香港福建商會，
晚年卒於香港，享年八十二歲。這座閩式墓正是他過世當年所建，後
遷於此。

柴灣佛教墳場

陳佐乾墓

祖籍順德的紡織業富商陳佐乾（1883－1973）是香港上世紀和平之後著名的慈善家，享年九十歲，可謂福壽全歸。

陳佐乾的父親陳石崖，早年在廣州經商，擅長金石篆刻，也能書畫，與書畫家梁于渭為好友，並且長期代理梁氏的書畫作品。陳佐乾早年移居香港，從事紡織業，因經營泳裝而名噪一時，當時中國人對於泳裝還是新鮮事物。陳佐乾致富之後，不忘回饋社會，參與創辦鐘聲慈善社，他的善舉之一就是將父親留下來的梁于渭書畫作品捐贈出來供義賣籌款，所得捐獻香港佛教醫院。

陳佐乾家族墓位於柴灣佛教墳場，後屏為麻石牆，石匾楷書「陳怡安堂祖塋」，下方鑲嵌瓷相若干，最上排為陳石崖夫婦像，中排正中為一小龕，中有陳佐乾銅質頭像，其下為陳佐乾夫人等像。

佛教墳場建於一九六〇年代初，當時土地的規模已不容易建築華永那樣的大墓，但設計者也儘量使墓地保持傳統特色，陳佐乾墓仍然具有一重護嶺，壟環與砂手的基本形制，並且後屏兩側還有來龍和后土碑各一方。護嶺與壟環為麻石質，墓碑則為連州青石，砂手兩側為麻石質廣式石獅子一對。

陳佐乾墓誌為廣東興寧籍的外交家刁作謙（1880－1974）所撰，刁早年留學英國，因成績優秀，清末獲得「翰林院編修」的職銜，是清代歷史上最後一批授予翰林編修的學子之一，民國時期出任多國公使，又曾擔任外交部駐兩廣特派員等。刁作謙晚年在香港致力教育，經常與陳佐乾等一起聚會，長袍馬褂，儼然古風，是香港當年一道風景。

陳石崖夫婦像，石崖夫婦葬於廣州

陳佐乾家族墓上方的瓷相及銅像

陳佐乾墓兩側的墓誌銘由刁作謙太史撰寫

黃了因家族墓

　　黃氏家族墓在佛教墳場屬於佔地較大的一例，其主要人物黃梓林，道號信乾，佛號了因，惠州人，生於同治十一年（1872），跟隨張學華、區大原等學習經史，篤信佛法，卒於 1966 年。其子黃允畋，早年移居香港，經商致富，在父親影響下，也成為一個忠實佛教信徒，捐贈不少資金興建佛教醫院及中學等。

　　黃了因墓由護嶺、壟環及砂手、拜堂組成，其碑向與黃允畋墓不同，而與鄰近的馬氏家族墓相近。墓碑為連州青石質，立于 1966 年，砂手兩側鑲嵌連州青石碑一對，鐫刻黃允畋所立的《先考自述》，自述中提到黃了因曾經為張學華太史印行文集一事。黃允畋墓在黃了因墓右

黃了因夫婦墓碑　　　　　　　　　黃了因居士生平自述代替了墓誌銘

側，無護嶺，設有壘環一道，砂手兩側有麻石質廣式獅子一對，月池與壘環為麻石質，墓碑為連州青石質，碑龕上方有蝙蝠雲月紋樣。

馬氏家族墓

　　來自潮州的馬氏家族墓為佛教墳場佔地最大的家族墓，其重要人物為銀行家馬錦明（1917－2003），馬氏家族祖籍潮陽，馬錦明是大生銀行的創辦人，此家族墓羣以其父親馬可賓的墓佔地面積最大。馬可賓墓由堪輿家吳師青扦穴，由一重大型壘環及砂手、拜堂、月池組成。砂手兩端鑴刻楷書對聯一副，為吳師青所撰，讚譽此穴之風水。因墓主姓馬，故別出心裁在壘環內以泥堆成墓包，長年青草茂盛，可保馬氏豐腴。

　　馬可賓墓背後為三座馬氏子孫墓，馬錦明墓規模較大，為交椅式墓，家族墓羣左側青龍位為山坡傾斜處，故種植竹樹一大叢以填補之。

馬錦明墓保留了泥質墓包，以使青草長年保持翠綠

呂燦銘墓

呂燦銘（1892－1963）為香港近代名
畫家，祖籍鶴山，生於佛山，號智帷居
士，工書畫，抗戰後居香港，尤其擅長
山水，著有《中國畫學縱談》，其子呂壽
琨亦為畫學名家。

呂燦銘夫婦合墓為單碑式墓地，無
壟環，僅一花崗巖石碑和拜桌，墓碑上
書「呂燦銘號智帷，蔡祥齡號醒華居士
高臥處」，不稱墓而謂高臥處，確實別具
匠心，墓碑上雕小佛像一座。

呂燦銘夫婦墓碑

昭遠墳場諸名人

昭遠墳場自 1892 年開始下葬以來，為近代廣式大墓的集中地，其中幾座重要形制的大墓，前章已經有介紹，這裏再補充介紹其中長眠的幾位名人墓。

羅文錦家族墓

昭遠墳場並非何氏一姓的墓園，而是香港歐亞混血族羣的墓園，因此不少墓主都是歐亞混血身分。羅文錦 1893 年出生於廣東番禺，父親是早年與利希慎等齊名的華人富商羅長肇，母親則是英國與德國血統的施氏家族（Zimmern）成員。

羅文錦早年留學英國，學成回到香港，在 1916 年開設自己的律師樓，是香港第一代華人血統的律師，1921 年成為太平紳士，1930 年成為東華醫院主席。日軍淪陷時，曾威逼其出任日偽政權立法局職務。香港重光之後，他重新成為首位華人非官守議員，並獲得英國頒授爵士勳銜，1965 年因心臟病逝世。

羅文錦家族墓為並排三座墓組成

羅文錦家族墓由並排三座墓碑組成，背後為一重護嶺及一重壟環，均為麻石砌作，護嶺正中為雲月紋飾，壟環一道，正中為廡殿頂碑龕覆蓋的三座墓碑，墓碑為雲石質地，正中為羅文錦墓，羅文錦右側安葬的是其夫人，即何東長女何錦姿，右側為

羅德權墓。

整座墓結構平實無華，月池為麻石鋪地，前有拜桌及石雕香爐等，反映了上世紀六十年代中期，傳統廣式大墓的奢華已經逐漸轉向簡樸。

張蓮覺墓

昭遠墳場的主要發起者為清末香港首富何東，然而何東自己卻沒有長眠於此，成為昭遠墳場的一個謎。何東的平妻（何東正妻為麥秀英，平妻即地位相當於大夫人的妻子）張蓮覺則安葬於此。

張蓮覺（1875－1938）原名靜容，原為麥秀英的表妹，寶安籍人，有英國血統，其祖父為連卡佛創辦人之一蘇格蘭人 Ash Lane。張氏家族原本信奉基督教，張蓮覺嫁與何東之後，便篤信佛教，

張蓮覺墓的四柱石亭非常有近代特色

並且訪問國內多處名山大川，遍訪高僧大德。在上世紀初，一位香港貴婦能這樣做極為罕見，也感動了很多當時的高僧。張蓮覺拜在虛雲，太虛等門下，又積極籌建港島的「東蓮覺寺」（即今日東蓮覺院），花光了何東在結婚時贈送給她的十萬港幣之後，由何東再資助五萬港幣才告竣工。1935 年，東蓮覺苑內舉行了香港歷史上第一次規模龐大的水陸法會，由虛雲大師與若舜大師一起主持，引起轟動。

張蓮覺逝世於 1938 年，享年 63 歲，其墓為典型廣式大墓，最高處為來龍與后土碑各一道，護嶺兩道，均為麻石砌作，二護嶺正中為雲月，正中嵌壽字圖案。壟環一道，正中為麻石碑亭一座，四柱支撐歇山

頂結構，線條剛健有力，斗拱出挑等均一絲不苟。墓碑為連州青石質，正中楷書：「顯妣何母張太夫人之墓，民國二十八年孟冬」，左側為子孫名。掛榜與踢靴稍作半圓形，略具西式風格，砂手兩側為廣式石獅一對，月池兩側為石鼓一對。拜堂與月池均為麻石砌作，整座墓結構緊湊，用料精美，低調奢華也符合張夫人的生平。

何世禮夫婦墓

何東家族之中，既有首富，也有賭王，更有將軍，因此昭遠墳場的風水才被堪輿家所津津樂道。這位將軍就是何世禮（1906－1998）。何世禮早年就讀皇仁書院，後轉往英國讀軍校，又轉往法國讀炮兵。 1930

何世禮將軍夫婦墓位於張蓮覺墓左側

年，何世禮在法國獲得學位之後，主動寫信給張學良，願意在其麾下效勞，遂成為張學良的侍從副官。

抗戰爆發之後，何世禮在第三路軍長薛岳手下，曾親自到第一線指揮作戰，後因其特殊背景，派往香港任情報工作，偵查日軍海軍戰艦情況。抗戰後期，因何世禮與美軍將領魏德邁的特殊關係，被蔣介石擢升為中將參謀，直接

何世禮將軍的忠犬長陪伴主人身邊

受命於蔣。1949 年，何世禮隨蔣到台灣，此後偶爾在台港之間居住，1998 年逝世，享年 92 歲。

何世禮夫婦墓在其母親張蓮覺墓左側，以示母子情深，何世禮之夫人為洪興全之女洪奇芬，亦為歐亞混血家族。何世禮夫婦墓為傳統廣式大墓，與周圍大墓同一制式，一重護嶺與壆環，為麻石質地，兩者正中均為雲蝠圖案裝飾，壆環兩側有球形裝飾，墓碑為連州青石質，上刻兩行楷書：「何世禮將軍洪奇芬夫人合墓」，左側為子孫名。有趣的是，將軍墓左側有一小石碑，上有「忠犬之墓」四字，按石碑記載，這是何世禮所豢養的一頭犬只，因其忠心將軍多年，故特意讓其陪伴主人一起安葬。

何甘棠夫婦墓

何甘棠是何東的同母異父弟弟，與具有歐洲血統的何東不一樣，他其實是純粹華人，是其母親施娣與中國商人郭氏所生之子，早年畢業於中央書院（今皇仁書院），後在渣打銀行任職，並經營金融、糖業等，

何甘棠夫婦墓採用羅馬迴廊式，在廣式大墓雲集的昭遠墳場顯得鶴立雞羣

致富之後積極熱心公益，又篤信風水，他在何莊的墓地據傳為其親自所扦定。

何甘棠夫婦墓坐落在昭遠墳場靠近何莊的一側，其坐向與何仕文墓剛好垂直，穴場所在為一片小平地，下俯瞰何莊建築。何甘棠墓的「山亭」在香港墓地中頗具特色（見前文），何氏夫婦墓卻不是傳統廣式結構，而是歐洲羅馬迴廊式，左右兩側兩座羅馬式神廟風格廊亭，中間以小迴廊聯通。兩亭為四根多立克式柱，上方為拱形券頂，莊嚴簡樸，墓碑為花崗巖方尖碑，分別鐫刻「何公甘棠之墓」及「何母施氏之墓」字樣，兩碑之前方各有一方平整的仰天花崗巖石，應為棺柩所在。

香港墳場華籍名人

　　香港墳場從 1841 年開始已經有下葬記錄，是香港最早的公共墳場之一，但早期只允許歐洲人和奉教的華人下葬，一直以來，在此長眠的華人並不多，前文已介紹楊衢雲、徐善亭等數座墓碑，此再介紹幾位長眠於此的名人墓葬。

溫清溪墓

　　來自台山的溫清溪（1834－1915）早年在台山鄉間生活，1853 年到香港謀生，偶然聽到理雅各牧師的佈道，令他受到感召，1864 年受洗，1872 年任英華書院公會執事，1898 年倡建公理堂，為美華自理會的創辦人之一。又參與籌建著名的禮賢會堂，1915 年病逝後，安葬香港墳場。

溫清溪墓的石雕富有教堂建築元素

　　溫清溪墓為美華公會所建，為歐洲風格的麻石碑，墓碑為方尖柱式，上方為葫蘆形頂珠，中段為三棱形拱券，下方四面分別鐫刻文字，正面為溫氏夫婦名諱及生卒年，其夫人甄氏卒於光緒年間，亦為教徒。兩側則為溫氏夫婦的墓誌銘，用四言文言撰寫。這種中西結合的形式反映了墓主特殊的身分，也是香港華人古墓中有趣的一例。

何啟夫婦墓

何啟與何東兩位何姓富商的墓地是走訪香港墳場的必到打卡地，何啟（1859－1914）原籍廣東南海，香港出生，是香港首位被封爵士的華人，早年就讀中央書院，後往英國留學，在英國獲得醫生及律師的雙重身分，並娶英國夫人雅麗氏（Alice）為妻。何啟回到香港之後，1890年獲任非官守議員，1912年，獲得爵士封號，1914年逝世。

何啟夫婦墓

何啟父親何福堂為香港開埠初年著名的牧師，他本人也是基督教徒，因此能夠安葬於香港墳場。何啟墓建築較有特色，為一方形尖塔式墓塔，上方為攢尖頂，頂部有十字架，每一立面為一對羅馬柱支撐的雙拱券圓頂，每面均鑲嵌紅色大理石碑，正面為中英文標示的墓主名稱，中文為「何啟大律師」，與何啟合葬的是他的第二任妻子黎玉卿，其中英文名字刻在另一側。

墓塔正前方有大理石雕刻的花瓶一對，上面鐫刻「何啟府君墓瓶」字樣，下方為三級台階。奇數的台階符合傳統廣式大墓的習慣，於此可見何啟墓隱含的廣式元素。

何東夫婦墓

何東（1862－1956）作為香港曾經的首富，香港開埠初年的傳奇商

人，其生平不需多介紹，然而他選擇了將父親和家族安葬在摩星嶺的昭遠墳場，自己卻與原配夫人麥秀英長眠在香港墳場，關於他究竟是否相信風水之說，至今仍是一個謎。

香港墳場因其基督教背景，並沒有太多的堪輿傳說，何東的墓地位於山谷的中部，既沒有開闊的前景，也沒有雄厚的後靠，青龍白虎也欠奉，看來他對此並沒有太講究。

何東夫婦墓極為簡潔明快，也不似講究風水

何東夫婦墓可謂極簡，兩座白色的大理石十字架下，兩方大小不等的石座上，鑴刻何東與麥秀英的中英文名字，如此而已。兩米外是伺候何東夫婦多年的區成璋女士的墓碑，顯得謙遜而低調。何東生平簡樸成性，這樣的墓地似乎也切合他的一貫風格。

洪春魁墓

長眠香港的眾多近代歷史名人中，除了清代高官民國政要，還有一位太平天國的「三千歲王爺」，即洪秀全的族弟洪全福。

洪全福（1835－1904）本名春魁，字其元，花縣（今屬花都）人，因與洪秀全為同族，參與金田起義，成為太平天國的骨幹之一，被洪秀全封為「瑛王」、「左天將」、「三千歲」等。太平天國失敗後，他經東莞逃亡香港，並隱姓埋名在船上當廚師。光緒末年，他加入天地會和興中

會，與香港的革命黨人謝瓚泰、楊衢雲等結為好友，一起參與推翻清廷的秘密起義。1903年，他策劃在廣州起義，但事洩失敗，再次逃亡星洲，後因病回到香港，逝世後安葬在楊衢雲墓附近。

洪全福墓規模較小，位置也較偏僻，在楊衢雲墓上方平台靠近山坡一側，墓碑為西式，上方為半圓形，正中楷書：「顯考諱其元字春魁洪公之墓，民國十四年乙丑歲夏吉旦」，左側為子孫名。從墓碑可知他是在過世後二十年才安葬於此。

太平天國洪「三千歲」墓碑文上看不出他一生的傳奇

東華義莊

東華義莊為東華醫院在光緒初年成立的慈善機構，原為供在香港貧病過世的華工暫時停放棺木，並資助其還鄉歸葬的莊房，原址位於西環牛房一帶（今士美非路附近），1899 年遷至今日大口環村現址，不過現存建築及文物，均不早於民國十二年（1923），從今日正門牌坊「東華醫院新義莊」文字看，似乎之前有舊建築，但現已改建。東華義莊不屬於古墓建築，但與近代殯葬文化息息相關，且今日仍存放先人靈柩，還保留了不少與華永相近的文物，因此附錄於此。

東華義莊建築羣已被政府列入法定古跡，2005 年還獲得聯合國教科文組織的文物修復獎，義莊背後的歷史背景，也是香港作為中西交流重要樞紐的見證。

東華義莊本身作為慈善機構，沒有太奢華的建築和裝飾，現存建築基本保留了民國初年的原貌，唯一較具裝飾的就是牌坊、客廳以及花園涼亭等。

牌坊有數座，分別為正門一重，上有「東華醫院新義莊」及癸丑（1923）年款，入門右側為兩列莊房，莊房均為磚木結構平房，正門前為短廊，每間莊房尺寸不大，只能平行擺放兩副棺木，昔日最高峯時期，義莊保存多達六百副棺木，當年只能用木架疊放。今日大多數莊房已經空置或改為骨灰龕位。

今日仍有數十具棺柩存放在義莊之中，擺放於新舊兩處大堂，新大堂為混凝土結構平頂，舊大堂為磚木結構金字頂兩層結構。棺柩之中，放置時間最長的為 1906 年入莊的東華醫院早期總理鄧鑒之的夫人鄧謝氏，已存放超過一世紀。曾經在此暫厝的名人包括蔡元培、陳炯明，近

年入莊的名人包括何鴻燊等。

義莊的中軸線主要建築為客廳一座，為三開間磚木平房，兩側開窗，設木質百葉窗四扇。客廳中佈置簡單，除了酸枝桌椅，還懸掛有雲石質及木質對聯各一對。客廳中陳列有一對棺木模型，乃當年從美國運送回香港中轉回鄉安葬的棺木，俗稱「金山棺」，外棺為木質，內棺則是星鐵質地，隨着習俗改變，一九七〇年代開始，東華義莊已沒有再接受過世美國華人的棺木。

客廳後為庭院，兩旁有四座小莊房，其後則是「舊大堂」，樓高兩層，正門為廣式石門，有石額「東華義莊」及民國十三年款，兩側刻隸書對聯一副。舊大堂後為花園，現僅存的園林設施乃一座混凝土結構六角亭，柱六角形攢尖頂，上覆石灣綠琉璃瓦，柱間以鬥勾圖案裝飾，正面鑲嵌「棠梨院落」行書石額。

東華義莊是東華醫院的附屬機構，因此不乏文化名人的留題，有趣的是，因為義莊的白事背景，為此題字的名人多數不落款，筆者考察其中可確定的幾位太史墨寶包括：

朱汝珍太史題聯：「旅魄此憑依，山水徜徉，好吟赤柱曉風，香江夜月」，「舊莊今繕葺，春秋奠掇，記取清明紫筍，重九黃花」。對聯在後門「東華義莊」四字兩側，有落款，用香港風景對清明重陽祭祀，別有風情。

吳道鎔太史題聯：「慰感共羈情，離鄉有依，思鄉有夢」，「去留問他日，隨葬為達，歸葬為仁」。此聯無書者署款，書體為吳道鎔手筆，「隨葬為達歸葬為仁」乃古人豁達之語，典故出自《晉書王祥傳》：「祥二子烈，芳同時而死，將死，烈欲還葬舊土，芳欲留葬京邑，祥曰，不忘故土，仁也。不織本土，達也。唯仁與達，吾二子有焉。」以此典故對

328

上聯的離鄉思鄉，可見作者的巧思。

岑光樾太史題聯：「到此間權作居停，半是金谷衣冠，玉樓粉黛」，「向何處同參靜悟，也有離亭風笛，遠寺霜鐘」。此聯有署款，年款為疆梧單於（丁卯），即 1927 年，上聯寫即使生前如何富貴，終歸在此短暫居停，下聯寫到此當悟生滅之無常，聯末又一筆帶向海島的風景，令人回味不盡。大廳中另有一副長聯及一件木刻紀念牌，無撰書人落款，從書法看，亦為岑光樾太史手筆。

賴際熙太史題聯：「稅駕北邙，看白馬雲排，素車雪聚」、「栖真南嶺，有珠襦露咽，玉匣煙霏」。此聯鑲嵌在花園「棠梨院落」亭兩側，石匾屬粉紅色雲石質，所用材料在義莊中最為名貴，對聯與石額均無款，從書法看，為賴際熙太史書無疑。「棠梨」是兩種白色花，古代多象徵白事，如白居易《寒食野望吟》詩有句云「棠梨花映白楊樹，盡是死生離別處。」對聯用典古雅，北邙乃洛陽城北郊，為歷代墓葬之地，素車白馬則是古人送葬的儀仗。賴際熙為道家信徒，故下聯以道家語謂「栖

東華義莊舊大堂為存放棺柩之所

東華義莊內「棠梨院落」六角亭匾及兩側對聯為賴際熙手筆

「棠梨院落」六角亭長聯細部

東華義莊客廳內長聯和木牌記為
岑光樾所寫

東華義莊後門牌坊吳道鎔及岑光
樾等撰書對聯

東華義莊後門牌坊朱汝珍撰書長
聯落款細部

真南嶺」，珠襦與玉匣，為漢代帝王隨葬儀仗，此聯書法厚重，屬香港
現存賴氏大字之上品，且文辭古雅，可惜無落款，特宜表而出之。

　　東華義莊體現的文化氣息，與華永等廣式大墓一樣，結合了書法、
文學、歷史與工藝，乃是香港傳統文化的重要組成部分和珍貴遺產。

結 語

　　墓葬是古人的一種建築，在香港這片土地上，擁有不同文化、不同歷史的墓葬，雖然沒有人統計過香港墓葬的總數，不過從今日幾百萬人口而論，應該是一個很大的數字。長久以來，這些「陰宅」並沒有引起太多歷史或文化研究者的注意，然而香港的華人墓葬，正與華人在這裏的歷史密切關聯，例如開埠前的原居民葬俗與開埠後的客居者葬俗變遷，恰好是一部香港的早期移民史，更何況香港還保存了完好的晚清民國廣式大墓羣體，在整個華南地區獨一無二。

　　過去幾年，筆者與一眾山友重新走訪山林、尋碑訪碣，翻尋昔日搜集的資料，並有了全面整理香港華人古墓的想法，前後兩年多時間寫成這部小書，在整理過程中，也是對香港歷史和相關的華南歷史的一個重溫和重新認識。

　　此書寫作過程中，得到很多朋友的相助，黃文安先生和胡靜小姐是最經常一起行走山林的師友，黃憬珩和黃啟深兩位朋友則經常一起收集資料。通過社交媒體，筆者認識了一班志同道合的山友，包括李志成、陳偉明、林發、鄧明昌、劉寶茹、謝錦雨、陳建輝等，他們均給予筆者大力支持，李志成兄更為本書貢獻良多。

　　文獻資料方面，從事香港歷史研究的沈思兄經常給予提示；堪輿老前輩戴月安居士無私地分享所藏的舊日照片與族譜資料；李瑞翔、

林曉敏，鄧洪恩提供了很多古墓線索；朱樂庭女史為本文提供精美拓片；崔志民、黎潤輝提供廣府資料的指導。若沒有以上熱心者的相助，筆者難以完成這本小書。

從舊照片資料看，很多古墓（甚至百年內的不算很古的墓穴）在數十年間，已經變化很大，例如鄧氏宋代幾穴名墓，在二十年前並非今日所見樣子。在香港的私有產權及文物法律框架下，對屬於私人所有的墓地，政府並沒有保護及維護的權力，即使保育人士百般呼籲，很多古代墓穴都在數十年間被改造得面目全非。

歷史學者說過，一切歷史都是當代史，在這本小書中，讀者看到的古墓，也都是它們在這一時代的樣子，和這一時代的解讀。走筆至此，忽然想起跑馬地天主教墳場對聯謂：「他朝君體也相同」，生死本來就是人生必修的一課，在古人留下的遺產面前，我們更應保持尊重與謙卑。

王寅八月於紅香爐峯下